Dorfpolitik

Die Autoren dieses Bandes:

Dr. Hans-Georg Wehling, Lehrbeauftragter für Politikwissenschaft an der Universität Tübingen, Schriftleiter der Zeitschrift „Der Bürger im Staat".
Bellinostr. 118, 7410 Reutlingen

Prof. Dr. Hermann Bausinger, Direktor des Ludwig-Uhland-Instituts für empirische Kulturwissenschaft an der Universität Tübingen.
Moltkestr. 77, 6410 Reutlingen

Prof. Dr. Herbert Schwedt, lehrt Volkskunde an der Universität Mainz.
Baumschulenweg 26, 6504 Oppenheim

Dr. Utz Jeggle, Wiss. Assistent am Ludwig-Uhland-Institut für empirische Kulturwissenschaft an der Universität Tübingen.
Schulerstr. 6, 7407 Rottenburg 1

Dr. theol. Dr. rer. soc. Albert Ilien, lehrt an der Pädagogischen Hochschule Niedersachsen, Abt. Hannover.
Elsterweg 6, 7407 Rottenburg 6

Prof. Dr. Axel Werner, lehrt Stadtsoziologie an der Fachhochschule Wiesbaden, Lehrbeauftragter für Soziologie an der Universität Mainz.
Römerberg 23, 6200 Wiesbaden

Dr. Christel Köhle-Hezinger, Lehrbeauftragte für empirische Kulturwissenschaft an der Universität Tübingen.
Kelterstr. 55, 7300 Esslingen-Sulzgries

H.-Jörg Siewert, M.A., Wiss. Assistent am Forschungsinstitut für Soziologie der Universität Köln.
Talsperrenstr. 21, 5257 Bergneustadt 1

Prof. Dr. Karl-Heinz Naßmacher, lehrt Politikwissenschaft an der Universität Oldenburg.
Alma-Rogge-Str. 14, 2900 Oldenburg

Prof. Dr. Dr. Herbert Schneider, lehrt Politikwissenschaft an der Pädagogischen Hochschule Heidelberg, ist Gemeinderat in Neckargerach (Odenwaldkreis).
Amt Gertberg 29, 6934 Neckargerach

Hans-Georg Wehling (Hrsg.)

Dorfpolitik

Fachwissenschaftliche Analysen und didaktische Hilfen

Leske Verlag + Budrich GmbH, Opladen 1978

CIP-Kurztitelaufnahme der Deutschen Bibliothek

Dorfpolitik: fachwissenschaftl. Analysen u.
didakt. Hilfen / hrsg. von Hans-Georg Wehling. –
1. Aufl. – Opladen: Leske und Budrich, 1978.
(Analysen; 22)
ISBN 3-8100-0205-4

NE: Wehling, Hans-Georg [Hrsg.]

Satz: Volker Spiess, Berlin
Gesamtherstellung: Color-Druck, G. Baucke · Berlin
Printed in Germany

Inhalt

Hans-Georg Wehling

„Dorfpolitik"

Eine Einführung

1. Die Notwendigkeit einer Politik des ländlichen Raumes

Die Probleme ländlicher Räume werden in der Bundesrepublik bislang zu wenig beachtet, das Land wird stiefmütterlich behandelt. Das gilt für Politik, politische Öffentlichkeit, aber auch für die Sozialwissenschaften. Das Land und seine ihm eigenen Probleme standen bislang ganz im Schatten der Probleme städtischer Agglomerationen, der Verdichtungsräume, die seit Jahren lauthals diskutiert werden und die in dem Ruf „Rettet unsere Städte jetzt!" des Städtetags von 1971 ihre gängige und ins allgemeine Bewußtsein gedrungene Formel fanden. Dabei sind die Probleme der ländlichen Räume nicht geringer, sondern nur weniger beachtet. Ja, beide stehen sogar in enger Verknüpfung miteinander, sind die beiden Seiten ein und derselben Medaille: Was auf der einen Seite zunehmende Verdichtung ist, bedeutet für die andere anhaltende Entleerung, die Sogwirkung des Ballungsraums führt zu Entvölkerung und im Gefolge damit zur „sozialen Erosion" des Landes. Dieser Zusammenhang wird vielfach verkannt. Die Lösung der Probleme unserer Verdichtungsräume kann folglich nicht isoliert in Angriff genommen werden, Politik muß beide zusammen, mit einer *Gesamt*konzeption, zu lösen versuchen.[1]

Vor einigen Jahren wurde von *Rolf-Richard Grauhan* die „Politik der Verstädterung" als eigener Politikbereich wissenschaftlich entdeckt.[2] Nun ist es an der Zeit, auch eine Politik des ländlichen Raumes zu entwickeln und sie der Politik der Verstädterung – im Sinn der geforderten Gesamtkonzeption – an die Seite zu stellen. Damit gilt es, das „Denkdefizit" als Ursache des Planungsdefizits zu überwinden.[3]

1 Der bislang – soweit wir sehen – beste und immer noch allein dastehende Versuch, die Probleme ländlicher Räume zu fassen, ist das von der Konrad-Adenauer-Stiftung herausgegebene und von dessen Institut für Kommunalwissenschaften verfaßte Buch: Entwicklung ländlicher Räume, Bonn 1974, auf das wir uns beziehen.

2 Vgl. *Rolf-Richard Grauhan, Georg W. Green, Wolf Linder, Wendelin Strubelt,* Politikanalyse am Beispiel des Verstädterungsproblems, in: Politische Vierteljahresschrift (PVS), 12. Jg., 1971, S. 413–451, und *Rolf-Richard Grauhan, Wolf Linder,* Politik der Verstädterung, Fischer Athenäum Taschenbuch 4030, Frankfurt/M. 1974. – Daß letztlich nur eine Gesamtkonzeption weiterhelfen kann, sehen auch Grauhan/Linder, Politik der Verstädterung, S. 49 f.

3 Vgl. Entwicklung ländlicher Räume, S. XVIII

Zu fragen ist, warum der ländliche Raum als eigener Problem- und damit Politikbereich bislang so stiefmütterlich behandelt worden ist. Zunächst einmal ist der Zugang *ideologisch* verbaut, indem man die negativen Folgen der Industrialisierung in der Stadt, speziell in der Großstadt, lokalisierte und sie sogar mit diesen Folgeerscheinungen identifizierte. So wurde dann der Stadt als dem Unorganischen, Künstlichen, Ungesunden und Entarteten das Land als das Organische, Gewachsene, Natürliche und Gesunde kontrastierend gegenübergestellt – unbekümmert um den Wirklichkeitsgehalt. Davon legen Dichtung wie Trivialliteratur, ja sogar soziologische Deutungsversuche Zeugnis ab. Eine „heile Welt“ aber kann keine Probleme haben, sie müssen folgerichtig übersehen werden.

Was sich nicht übersehen ließ wie Krisenerscheinungen auf dem Agrarmarkt, wurde als Wirtschaftsproblem definiert und isoliert mit Hilfe eines ausgebauten Systems agrarpolitischer Maßnahmen zu lösen versucht. – Die Bildungspolitik liefert ein weiteres Beispiel für isolierte Betrachtungsweise: Als sich die mangelnden Bildungschancen auf dem Lande nicht mehr übersehen ließen, ging man tatkräftig daran, leistungsfähigere Mittelpunktschulen und neue weiterführende Schulen auf dem Lande zu schaffen. Die Erfolge konnten sich, in Prozenten gemessen, sehen lassen. Übersehen wurde dabei, daß damit die Probleme des Landes nur verschärft wurden: Wegen mangelndem Arbeitsplatzangebot für Qualifizierte wanderten die Nutznießer der Bildungspolitik in die Verdichtungsräume ab.

Es kommen aber noch andere Gründe hinzu, warum vorrangig – und leider eben auch isoliert – die Probleme der städtischen Agglomerationen gesehen wurden, das Land jedoch in den toten Winkel geriet:

Die Probleme der Verstäderung fallen besser ins Auge, sie treten massiert auf engstem Raum auf, sie verbergen sich nicht in den Weiten der Lüneburger Heide oder Niederbayerns.

Die Massenmedien haben ihre Standorte in den Städten, auf dem Land sitzen nur Außenposten (vielfach nur in Gestalt nebenamtlicher Redakteure, die sich z.B. ein Zubrot zum Lehrergehalt verdienen). Von daher werden die städtischen Probleme besser vermittelt als die ländlichen. Hinzu kommt, daß sich die Städter auch besser artikulieren können als die Bewohner des Landes; wegen der räumlichen Nähe ist die Kommunikation leichter möglich, selbst telefonische Kontakte sind nur Ortsgespräche, während auf dem Lande gleich ein teures Ferngespräch fällig ist. Der Bildungsvorsprung gibt dem Städter ferner einen Artikulationsvorsprung. Die Entstehung und die große Zahl der Bürgerinitiativen in den Städten kann als Beleg herangezogen werden.

Schließlich haben die Politiker die Probleme der städtischen Agglomerationen auch als drängender wahrgenommen: wegen der größeren Zahl (von Wählern) und der höheren Explosivität.

2. Die Inhalte einer Politik des ländlichen Raumes

Was müßte nun Inhalt einer Politik des ländlichen Raumes sein? Global betrachtet soll es der Politik des ländlichen Raumes darum gehen, die

Probleme, die der ländliche Raum – in wechselseitiger Abhängigkeit von den Problemen des Verdichtungsraumes – hat, lösen zu helfen. Dazu gehört:

1. Die Probleme des ländlichen Raumes zu erkennen und zu benennen

Der erste Schritt dazu ist, zu erkennen, daß das „Land" *keine homogene Einheit* ist, sondern differenziert betrachtet werden muß: je nach spezieller Lage und Funktion des jeweiligen ländlichen Raumes. Gerade zu einer solchen differenzierten Problemwahrnehmung und -benennung haben Raumordnung und Landesplanung bei uns oft den Blick verstellt, indem das „Land" als Restkategorie behandelt worden ist. Land ist danach alles, was nicht Stadt und Verdichtungsraum ist. Für Ballungs- bzw. Verdichtungsraum werden – je nach Autor – verschiedene Definitionsmerkmale angeboten[4]; wo sie nicht zutreffen, haben wir es mit „Land" oder „ländlichem Raum" zu tun. Damit aber wird übersehen, daß Dörfer in der Eifel oder im Bayerischen Wald andere Probleme haben als Arbeiterwohngemeinden vor den Toren Kölns oder Hamburgs, Fremdenverkehrsorte an der Ostsee oder im Berchtesgadener Land andere Probleme als Marschdörfer in Ostfriesland oder Weinbaugemeinden im Rheingau. Ist z. B. für eine Gemeinde im hessischen Vogelsberggebiet die Entleerung mit der sozialen und infrastrukturellen Erosion in ihrem Gefolge *das* Problem, so für ein Dorf im Einzugsbereich von Frankfurt der überbordende Zustrom von Zuzüglern aus dem „platten" Lande und von „Großstadtflüchtlingen" aus der Metropole, ein Zustrom, der überkommenes Sozialgefüge und Leistung der Infrastruktur zusammenbrechen läßt. *Land also ist nicht gleich Land,* exakter noch als vom ländlichen Raum zu reden wäre es, von ländlichen Räumen im *Plural* zu sprechen, wobei die jeweilige Zuordnung nach der entsprechenden Funktion zu treffen wäre.

2. Vorschläge zur Problemlösung erarbeiten und diskutieren

Vorschläge zur Problemlösung sind das eigentliche Ziel einer Politik des ländlichen Raumes. Sie setzen aber die Problembenennung als voraufgehenden Schritt voraus. Problemlösungsvorschläge lassen sich nicht unterbreiten, ohne daß man schon bislang (durch Raumordner und Landesplaner) gemachte Lösungsvorschläge und Programme erörtert und fragt, warum sie evtl. nicht greifen oder zu nicht angemessenen Ergebnissen führen. Dabei müssen die jeweiligen – ausgesprochenen wie unausgesprochenen – politischen Zielsetzungen herausgearbeitet werden. So ist z. B. augenfällig, daß Raumordnungsprogramme und Landesentwicklungspläne die Entleerung der Gebiete abseits der Verdichtungsräume nicht verhindern konnten. Die staatliche Verwaltungsreform als Gebietsre-

4 Vgl. *Gerhard Isenberg,* Die Ballungsgebiete in der Bundesrepublik, 1957, und Raumordnungsbericht 1972 der Bundesregierung, Bonn 1972, S. 62 f.

form[5] hat versucht, die Defizite ländlicher Räume durch Vergrößerung der Einheiten abzubauen. Dadurch sollte die Mindestbenutzerzahl von Infrastruktureinrichtungen (wie Schule oder Schwimmbad) gesichert und die nötige Verwaltungskraft der Gemeinde erreicht werden. Doch der Erfolg solcher eher reaktiver Maßnahmen ist fragwürdig, einer ständigen Größerschneiderung von Gemeinden und Kreisen bei anhaltender Entleerung sind irgendwann einmal Grenzen gesetzt.

3. Denk- und Verhaltensstrukturen und politische Ablaufmuster auf dem Lande wahrnehmen und würdigen

Will man den ländlichen Räumen bei der Bewältigung ihrer Probleme helfen, muß man sich fragen, ob hier nicht jeweils spezifische Denk- und Verhaltensstrukturen und – in Verbindung damit – eigenständige politische Ablaufmuster gelten. So geht es darum, das Dorf als eigenständige *Lebensform* wahrzunehmen, mit seinen ihm eigenen Strukturbedingungen, die sich aus seiner Größe, seinen geschichtlichen Erfahrungen, seinem Umgang mit der „Natur" und seiner traditionellen Wirtschaftsform ergeben.[6] Dieselben Variablen wirken sich auf den politischen Prozeß aus, der hier möglicherweise seine eigenständige Ausprägung aufweist. Wir sollten nicht außer acht lassen, daß die bekannten Strukturen politischer Willensbildung wie etwa die Rolle der Parteien, wie sie bei uns gelehrt werden, am Beispiel verstädterter Räume entwickelt worden sind und somit keineswegs ausgemacht ist, daß sie auch für das Dorf im ländlichen Raum gelten. Dabei wäre zu fragen, ob solche spezifischen Strukturen und Verlaufsmuster nicht teilweise auch im Einflußbereich der Verdichtungsräume weiter existieren.

Das Herausarbeiten der Besonderheiten von Politik im Dorf ist allein schon deswegen ein zentraler Bestandteil einer Politik des ländlichen Raumes, weil Lösungsvorschläge an den Betroffenen vorbei nicht verwirklicht werden können.

Beim gegenwärtigen Diskussionsstand und der Forschungslage, aber auch vom vergleichsweise eingeschränkten Rahmen der Reihe her gesehen, in der das Buch erscheint, ist es notwendig, sich auf den Bereich der Problembenennung und der Analyse von Denk- und politischen Willensbildungsmustern zu beschränken. Dabei haben wir dem letzten Bereich – den spezifischen Denk- und Verhaltensstrukturen und den politischen Ablaufmustern – den Vorrang gegeben. Von daher der Titel „Dorfpolitik", der aber noch einer zusätzlichen Rechtfertigung im Rahmen einer kurzen definitorischen Eröterung bedarf.

5 Zum Thema Gebietsreform vgl. *Rosemarie* und *Hans-Georg Wehling,* Gemeindereform, in: Hans-Georg Wehling (Hrsg.), Kommunalpolitik, Hamburg 1975, S. 12–42

6 Ein Projekt der Deutschen Forschungsgemeinschaft (DFG) läuft zur Zeit am Ludwig-Uhland-Institut für Empirische Kulturwissenschaft der Universität Tübingen. Der Aufsatz von Jeggle/Ilien in diesem Buch ist ein Produkt dieses Forschungsprojektes. Noch für dieses Jahr angekündigt ist von denselben Autoren das Buch: „Leben auf dem Dorf".

4. „Dorf" und „Land" – Probleme der definitorischen Bestimmung

Einigermaßen ratlos wirkt das Lexikon, wenn man es nach der Bedeutung von „Dorf" befragt. Die Brockhaus Enzyklopädie von 1968 unter dem Stichwort Dorf:
„eine mehr oder weniger geschlossene ländliche Gruppensiedlung von Bauern, heute öfter zusätzlich auch Handwerkern, Arbeitern, Pendlern u. a." – als ob es nicht auch früher Handwerker im Dorf gegeben hätte und als ob heute Bauern immer noch die zahlenmäßig größte Gruppe wären. Unklar bleibt, was „mehr oder weniger geschlossen" bedeuten soll, vermutlich ist die Siedlungsform gemeint; doch könnte auch ein Verständnis im Sinne von wertmäßiger, normativer und sozialer Homogenität gemeint sein.
Die Ratlosigkeit kommt nicht von ungefähr. Sie ist Ausdruck eines tiefgreifenden wirtschaftlichen und sozialen Wandlungsprozesses, dem auch das Dorf im Zuge des umfassenden Gesellschaftswandels der letzten hundert Jahre unterlag.[7] Zudem unterscheiden sich – abhängig von Lage und Funktion – äusseres Erscheinungsbild (Bau- und Siedlungsstruktur) wie innere Gegebenheiten (Vorhandensein unterschiedlicher Bevölkerungsgruppen mit unterschiedlicher Herkunft, wertmäßiger Orientierung und beruflicher Tätigkeit) bei den Gebilden, die als Dorf bezeichnet werden, u. U. beträchtlich, so daß ein gemeinsamer Nenner nicht von vornherein sichtbar wird. Mit einer Handvoll Merkmale das Dorf von heute sozialwissenschaftlich definieren zu wollen, wie das für das vorindustrielle Dorf möglich war,[8] erscheint als ein aussichtsloses Unterfangen. Daß das Vorhandensein bzw. Nichtvorhandensein des *Rechtstitels* „Stadt" der Gemeindeordnungen über den tatsächlichen Charakter der jeweiligen Siedlung nichts auszusagen vermag, braucht keiner näheren Begründung. Ähnliches gilt für die Festlegungen der *Internationalen Statistikerkonferenz* von 1887, wodurch Gemeinden unter 2.000 Einwohnern als Landgemeinden, Gemeinden zwischen 2.000 und 5.000 Einwohnern als Landstädte bezeichnet werden. Allein schon die Gemeindereformen der letzten Jahre in der Bundesrepublik haben diese statistischen Klassifizierungen gegenstandslos werden lassen, wenn man bedenkt, daß die Reformmodelle von Untergrenzen für die Gemeindegrößen zwischen 5.000 und 10.000 ausgehen.[9] Der entscheidende Grund aber ist, daß Rechtstitel und statistische Klassifizierungen *politisch-administrative* Festlegungen sind und keine Abgrenzungen unter *sozialwissenschaftlichen* Gesichtspunkten.

Seit längerem hat man versucht, der Klemme, Dorf und Stadt nicht als deutlich abgrenzbare Sozialgebilde definieren zu können, dadurch zu

7 Vgl. *Dieter Kappe, Thorwald Knappstein, Manfred Schulte-Altedorneburg,* Grundformen der Gemeinde. Großstadt und Dorf, 2. Auflage, Opladen 1975, S. 61

8 Vgl. den entsprechenden Versuch von Kappe, Knappstein, Schulte-Altedorneburg ebd. S. 61–66

9 Vgl. Wehling/Wehling, Gemeinde und Gemeindereform, a.a.O., S. 22 f

entkommen, daß man ein *Stadt-Land-Kontinuum* postuliert. An die Stelle klar abgrenzbarer Gegensätze Stadt – Land treten fließende Übergänge, tritt eine Skala, auf der man den einen oder anderen Punkt so oder so herausheben, markieren und damit benennen kann. Dem liegt die Vorstellung zugrunde, daß die Stadt sich auf das Land ausbreitet; zunächst siedlungsmäßig, indem die Grenzen der Stadt fließend werden und indem sich Dörfer zu Landstädten, Landstädte zu „richtigen" Städten mausern – im Zuge der Industrialisierung, die mit Verstädterung gleichgesetzt wird. Zugleich breiten sich damit auch spezifisch städtische Lebens- und Verhaltensformen auf das Land aus, wie sie von *Louis Wirth* in seinem Aufsatz „Urbanism as a Way of Life" 1938 „klassisch" beschrieben worden sind.[10] Diesen Vorgang der Ausbreitung städtischer Lebens- und Verhaltenformen bezeichnet man als *Urbanisierung*.

Die empirische Forschung vermag den Prozeß der Urbanisierung entlang einem Stadt-Land-Kontinuum nur bis zu einem gewissen Grade zu bestätigen. Als falsch wird man „zumindest die Vorstellung eines *eindimensionalen* Stadt-Land-Kontinuums" ansehen können:[11] die Charakteristika von Stadt und Land fallen nicht immer in erwartetem Ausmaß zusammen. Ebenso kann die Vorstellung als überholt gelten, wonach „Urbanisierung" und „Industrialisierung" *einspurig* verlaufen.[12] Nicht zuletzt wird Urbanisierung zu sehr an Äußerlichkeiten abzulesen versucht, die nicht unbedingt ein Indiz für eine Änderung der Denk- und Verhaltensweisen zu sein brauchen. Über den gleichmäßigen Besitz von Kühlschrank, Fernsehen, Auto, über eine Angleichung von Kleidung und Konsumgewohnheiten werden darunter liegende, sehr viel fester sitzende Unterschiede übersehen, geraten Prägungen in Vergessenheit, deren Muster durch Jahrhunderte tradiert wurden und fester Bestandteil eines spezifisch *dörflichen Sozialisationsprozesses* sind.

Die Konzeption eines Stadt-Land-Kontinuums und die These von der Urbanisierung verdeutlichen nur, daß eine feste Abgrenzung von Stadt und Land heute nur sehr bedingt möglich ist.

Richard Dewey hat sich die Mühe gemacht, einmal aufzulisten, welche Definitionsmerkmale für städtisch in Absetzung von ländlich sich in der Literatur finden.[13] Er kam auf 40, von denen 16 nur von einem Autor, 9 von zweien und 10 von drei Autoren genannt wurden. Diese Meinungsunterschiede sind – wie wir sahen – für die Problemlage charakteristisch. Immerhin ist aber bemerkenswert, daß sich die untersuchten Autoren

10 in: American Journal of Sociology, Bd. 41, 1938

11 Vgl. hierzu *Herbert Kötter* unter Mitwirkung von Hans-Joachim Krekeler, Zur Soziologie der Stadt-Land-Beziehungen, in: René König (Hrsg.), Handbuch der empirischen Sozialforschung, Taschenbuchausgabe, Bd. 10, 1977, S. 1–41, hier S. 6 f

12 ebd.

13 *Richard Dewey,* Das Stadt-Land-Kontinuum, in: Peter Atteslander, Bernd Hamm, Materialien zur Siedlungssoziologie, Köln 1974, S. 45–54

darin einig sind, daß Stadt und Land etwas mit Gemeindegröße und Bevölkerungsdichte zu tun haben. Das bringt *Richard Dewey* zu der Annahme: „Der Mensch scheint keine Ausnahme für die allgemein gültige Regel zu bilden, daß eine signifikante Veränderung von Zahl und Dichte von Objekten gleich signifikante Veränderungen in der Art der Objektbeziehung hervorruft.“[14]

Von dieser Annahme ausgehend werden 5 Merkmale betrachtet, die sich mit der Veränderung von Bevölkerungsumfang und Bevölkerungsdichte verändern – in Richtung ländlich bzw. in Richtung städtisch. Diese Merkmale sind:

1. Anonymität („Anonymität ist für die große Mehrheit der Stadtbevölkerung unvermeidbar und beim ländlichen Extrem, abgesehen von Eremiten, unmöglich“),
2. Arbeitsteilung,
3. Heterogenität (bewirkt durch 1. und 2.),
4. Unpersönliche und formal vorgeschriebene Beziehungen,
5. Statussymbole, um in der Anonymität die Funktionsträger identifizieren zu können.[15]

Dabei scheint uns Merkmal 4 nur bedingt zu gelten, wenn man weiß, in welchem Maße auch auf dem Dorf menschliche Beziehungen formalisiert sind; Merkmal 5 scheint uns überhaupt nicht zuzutreffen: Die Witwe auf dem Dorf trägt schwarz, obwohl auch so jeder wüßte, daß sie Witwe ist.

Aber auch die Grundannahme von *Dewey* ist ergänzungsbedürftig. Er blendet nämlich aus, daß *ökonomische* Gegebenheiten *menschliches Sozialverhalten* zumindest genauso bedingen wie Ortsgröße und Bevölkerungsdichte. So sind spezifische dörfliche Verhaltensmuster nicht zu verstehen, ohne daß man die Wirtschaftsgeschichte des Dorfes kennt, die zumeist nicht die Verteilung von Überfluß, sondern die Organisation des Mangels zum Inhalt hatte. Hinzu kommen *lokale Schlüsselerlebnisse,* die ins kollektive Bewußtsein aufgenommen werden und in Zukunft verhaltenskonditionierend wirken.[16]

Zur geringen Größe und zur geringen Bevölkerungsdichte muß also zumindest die bäuerliche Wirtschaftsform als ursprünglich dominierende Wirtschaftsform hinzukommen.

Nun scheint es uns unsinnig zu sein, zwischen Land und Dorf, ländlich und dörflich unterscheiden zu wollen. Damit distanzieren wir uns nicht nur von den vergleichsweise willkürlichen Festsetzungen der Verwaltung *(politisch-administrativer Dorfbegriff)* und der Statistiker *(statistischer Dorfbegriff).* Übersehen werden darf ja auch nicht, daß das siedlungsmäßig geschlossene Dorf nur *eine* Form ländlicher Siedlung ist, neben der die Einzelhofsiedlung steht mit dem Ortskern als „Service-Center“.[17]

14 ebd. S. 50
15 ebd. S. 50 f
16 Utz Jeggle nennt in dem konkreten Fall, den er in seiner Habilitationsschrift untersucht: die Auflösung und Versteigerung des örtlichen Klosters, Kriege, die Bändigung des Flusses durch Kanalisierung (schon zu Zeiten Maria Theresias).
17 *Kötter/Krekeler,* a.a.O., S. 16 f

Vor allem wollen wir das *Landstädtchen* mit zum Land rechnen; Westerstede im Oldenburgischen zum Beispiel ist zwar der Größenordnung nach politisch-administrativ und statistisch eine Stadt, in Wirklichkeit aber ein Konglomerat von Dörfern, *sozial* eben Land (vgl. den Beitrag *Naßmacher/Rudzio* in diesem Buch). Und von unserem problemorientierten Ansatz her gesehen hat ein Landstädtchen mit Mittelzentrums-Funktionen (selbst wenn es einmal Kreisstadt war wie Münsingen auf der Schwäbischen Alb) mehr Probleme mit den umgebenden Dörfern gemeinsam als mit Städten im Verdichtungsraum.

Von daher gesehen sollten wir statt vom Dorf lieber vom Land reden oder vom ländlichen Raum, oder – besser noch: von *ländlichen Räumen*, angesichts der unterschiedlichen Funktionen, die ländliche Räume jeweils wahrnehmen (s.o.).

Der Begriff *Dorfpolitik*, den wir zunächst der Griffigkeit wegen gewählt haben, unterstellt, daß es spezifische Verlaufsmuster gibt, die aus der traditionellen (nicht mehr unbedingt heute vorherrschenden) Wirtschaftsweise, aus der dadurch mit bedingten Sozialstruktur, aus kollektiven Schlüsselerlebnissen, aber auch aus der Siedlungsgröße und der Bevölkerungsdichte abzuleiten sind. Das ist zunächst nichts weiter als eine Hypothese, die im einzelnen noch empirisch zu erhärten wäre.

Vergleichsweise unbeachtet können wir lassen, daß von den Akteuren selbst ihr Tun nicht unbedingt als *Politik* betrachtet wird. Für sie ist Politik die „hohe" Politik, die – schwer durchschaubar – außerhalb des Dorfes gemacht wird.[18] Wir jedenfalls wollen immer dann von Politik reden, wenn unter alternativen Handlungsprogrammen zu wählen ist und gewählt wird[19] – ganz gleich ob es sich um die Errichtung eines Farrenstalles handelt oder die Ausweisung von Neubaugebieten am Dorfrand.

5. Zur Konzeption des Bandes „Dorfpolitik"

Problemlagen ländlicher Räume in der Bundesrepublik einerseits, Denk- und Verhaltensmuster und politische Willensbildungsmuster, die für das Land als spezifisch angesehen werden können, andererseits, sind der Gegenstand dieses Bandes.

Gefragt wird zunächst nach Erscheinungsformen und Herkunft jener *ideologisierenden Gegenüberstellung von Stadt und Land*, wobei das Land als das Gesunde, Natürliche, Organische glorifiziert wird. Dabei interessiert vor allem die Funktion, die diese Ideologie zu erfüllen hatte. *Herman Bausinger* ist der Ansicht, daß es sich hier einmal um eine restaura-

18 Vgl. *Gerhard Lehmbruch*, Der Januskopf der Ortsparteien, in: Der Bürger im Staat, Jg. 25, 1975, H. 1, S. 3–8, hier S. 4 f

19 Vgl. *Wolf-Dieter Narr*, Logik der Politikwissenschaft – eine propädeutische Skizze, in: Gisela Kress, Dieter Senghaas (Hrsg.), Politikwissenschaft. Eine Einführung in ihre Probleme, Taschenbuchausgabe, Frankfurt/M. 1972, S. 13–36, hier S. 23 ff

tive Wendung des politisch machtlos gehaltenen Bürgertums handelt. Hier zeige sich eine romantisierende Ignoranz gegenüber den sozialen Verhältnissen und der technischen Entwicklung. Zum anderen benutzen die Agrarier diese Ideologie, um den ihnen durch die Ausbreitung der Industrie drohenden Machtverfall in Grenzen zu halten. Für die ländliche Bevölkerung war die Ideologisierung ihrer Existenzform keine reine Freude: sie legte sie auf Konservatismus fest und ließ sie zu Opfern eines „sozialen Naturschutzes" werden.

„Land" ist – so haben wir bereits des öfteren hervorgehoben – keine einheitliche Größe. „Land" muß differenziert gesehen werden als „ländliche Räume". *Herbert Schwedt* unternimmt es, die *ländlichen Räume* in der Bundesrepublik nach ihrer jeweiligen Funktion – idealtypisch – in vier Kategorien einzuteilen: in agrarische Regionen, in Regionen mit Erholungsfunktion, in nichtstädtische Räume im Einzugsbereich der Städte und in „Landschaften ohen Verwendungszweck". Dabei geht es ihm um das Aufzeigen von Tendenzen, nicht unbedingt um Beschreibung heutiger Wirklichkeit.

Das Dorf als überkommene *Lebensform* ist Gegenstand des Beitrages von *Jeggle* und *Ilien*. Hier wird versucht, Sozialstruktur, Denk- und Verhaltensmuster des Dorfes, in Abhängigkeit von seiner Wirtschaftsstruktur, aufzuzeigen. Dabei wird kein statisches Bild entworfen, sondern zugleich gezeigt, wie äußere Ereignisse – wie Industrialisierung, Nationalsozialismus und die Gemeindereform der jüngsten Zeit – die dörflichen Verhaltensmuster beeinflussen. Für den städtisch geprägten Leser zeigt sich hier das Bild einer anderen Welt, die in ihrer „Exotik" faszinierend wirkt.

Von großer Bedeutung für das Leben auf dem Dorfe sind die lokalen Honoratioren und die örtlichen Vereine. Eine besondere Stellung unter den *Honoratioren* nehmen Pfarrer und Lehrer ein: sie sind von „außen" gekommen und haben im Dorf weder Verwandtschaft noch Besitz. Sie sind zugleich Vertreter der außerdörflichen Obrigkeit und Repräsentanten dörflicher Interessen nach außen. Untereinander standen sie jahrhundertelang in einem Spannungsverhältnis, bedingt durch die kirchliche Aufsicht gegenüber der Schule. Daß die unbefragte Anerkennung der durch Pfarrer und Lehrer repräsentierten außerdörflichen Mächte nicht unbedingt der historischen Realität entspricht, belegt der Aufsatz von *Christel Köhle-Hezinger;* die heute vielfach gebrauchte Säkularisierungsthese jedenfalls ist unhistorisch.

Soziale Funktion und lokalpolitische Bedeutung der *Vereine* im Dorf stellt *H.-Jörg Siewert* dar. Hierbei handelt es sich um eine umfassende Aufarbeitung all dessen, was man heute über Vereine weiß.

Die Probleme von Dörfern, die in den *Einzugs- und Einflußbereich* großer Städte geraten sind, behandeln die Aufsätze von *Schwedt* „Das Dorf im Verstädterungsprozeß" und von *Wehling/Werner* „Schlafgemeinden". *Schwedt* zeichnet die Phasen im *Verstädterungsprozeß* nach und fragt nach den jeweiligen sozialen Folgen. Schließlich plädiert er dafür, das Zusammenleben der Menschen in solchen expandierenden Gemeinden nicht dem *laissez-faire* zu überlassen, sondern gestaltend einzugreifen.

Daß menschliches Zusammenleben sich nicht quasi automatisch einstellt, liegt als Annahme auch dem Beitrag *Wehling/Werner* zugrunde, wenn sie den *Integrations- und Identitätsproblemen* kleiner Gemeinden im Ballungsraum nachgehen. Sie zeigen die unterschiedlichen Bevölkerungsgruppen auf – verschieden nach Herkunft, Wert- und Verhaltensorientierung – und fragen, welche Bedeutung bei diesen unterschiedlichen Voraussetzung die vielfach beschworene Integration der Gemeinde noch haben kann. Schließlich stellt sich die Frage, ob die kleine Gemeinde im Ballungsraum noch eine eigene Identität besitzt, ob sie überhaupt noch mehr ist als eine „neue Siedlung" der Kernstadt.

Das andere Extrem gegenüber den kleinen Gemeinden im Ballungsraum stellen Orte dar, die *abseits der Verdichtungsräume* liegen. Was für diese Gemeinden an *Handlungs- und Entscheidungsspielräumen* noch übrig geblieben ist und wie diese genutzt werden, untersucht *Herbert Schneider* am Beispiel der Gemeinde, in der er – der Sozialwissenschaftler – lebt und selbst im Gemeinderat ist.

Den Besonderheiten des *politischen Prozesses* auf dem Land gehen die Beiträge *Naßmacher/Rudzio* und *Wehling/Werner* („Altes Dorf und neue Siedlung") nach. Des äußeren Kontrastes wegen handelt es sich im ersten Fall um zwei größere Gemeinden im stark ländlich geprägten Raum. Im zweiten Fall ist es eine kleine Gemeinde im Ballungsraum; wobei hier noch die Besonderheit hinzu kommt, daß die Willensbildungsmuster vor und nach der *Gemeindereform* (die die untersuchte Gemeinde in die nächstgelegene größere Stadt einverleibte) untersucht werden konnten. In beiden Fällen wurde die Kandidatenaufstellung zum Gemeinderat untersucht, wobei im ersten Fall das Repräsentationsmuster („soziale" oder „regionale" Repräsentation?), im zweiten der eigentlichen Nominierungsvorgang im Vordergrund des Interesses standen.

Die *didaktischen Hinweise* schließlich – von *Rohland Hahn, Hans-Georg und Rosemarie Wehling* verfaßt – wenden die Aufmerksamkeit wieder den Gemeinden fernab der Verdichtungsräume zu. Hier wird versucht, die *Disparitäten* zwischen Stadt und stadtfernem Land in den Blickwinkel zu bekommen. Dabei geht es um die Erstellung eines Erhebungsprogramms, das die Schüler instandsetzen soll, die Ungleichheiten zwischen Stadt und Land quantitativ zu ermitteln und auf dem Boden der so gewonnenen handfesten Daten für gleichwertigere Lebensverhältnisse zu streiten.

Schaut man sich die Auswahl der Themen und der Untersuchungsgemeinden durch, dann wird das Bemühen sichtbar, sowohl den Bereich *Problemlagen* wie auch den der *Verhaltens- und Willensbildungsstrukturen* zahlenmäßig etwa gleich zu berücksichtigen. Ebenso wurde der *Unterschiedlichkeit* ländlicher Räume in gleicher Weise Rechnung getragen.

Zahlenmäßig ungefähr gleich sind auch die Beiträge, die sich der jeweiligen Problematik allgemein – losgelöst vom Einzelfall – zuwenden, und die Beiträge, die Fallstudien darstellen. Wir verhehlen allerdings unsere Vorliebe für die *Einzelfallstudie* – wo immer sie möglich ist –, die konkrete Dorfuntersuchung, nicht. Nur so kann ein anschauliches, lebensvolles und vor allem der Wirklichkeit angemessenes Bild gewonnen werden. Denn bei „abstrakter Behandlung“ des Themas Dorfpolitik kann nur allzu leicht die Wirklichkeit verpaßt werden – abgesehen davon, daß das Ergebnis wissenschaftlich-langweilig ist. Allerdings muß versucht werden, im Besonderen das *Allgemeine,* im Einzelfall des konkreten Dorfes das *Spezifische* für die Gattung herauszuarbeiten. Der Einzelfall darf nicht für sich stehen, sondern soll den jeweiligen ländlichen Raum – unter Berücksichtigung seiner jeweiligen Lage und Funktion – *repräsentieren.* Von daher ist es nahezu uninteressant, wo nun genau – in welchem Bundesland z. B. – die jeweilige Untersuchungsgemeinde liegt.

Hermann Bausinger

Dorf und Stadt – ein traditioneller Gegensatz

Erscheinungsformen, Herkunft, sozialökonomischer Hintergrund und Rückwirkungen einer Ideologie

1. Das „gesunde" Dorf und die „verderbte" Stadt als alter Topos

„Dorf und Stadt" – das ist der Titel eines Bühnenstückes, das um die Mitte des 19. Jahrhunderts entstand und heute noch nicht ganz vergessen ist. *Charlotte Birch-Pfeiffer,* versierte Schauspielerin und Dramatikerin des Stuttgarter Hoftheaters, hatte aus den Motiven einer Erzählung von *Berthold Auerbach* ein paar wirksame Szenen gemacht, die all das enthielten, was seit eh und je das Publikum anspricht: Eifersucht und Liebe, Leidenschaft und Treue, Abschied und Heimweh, Wiedersehen und Happy End. Der Titel aber war nicht zufällig: Dorf und Stadt sind die beiden Pole des Spiels, die beiden Schauplätze der Szenen. Das „Lorle", die Tochter des Dorfwirts, verliebt sich in einen jungen Kunstmaler aus der Stadt, der in das Schwarzwalddorf gekommen ist, um dort die Kirche mit einem Altarbild zu schmücken. In stiller Einfalt sitzt das Lorle Modell für das Marienbild, und wie das Mädchen seine Züge dem entstehenden frommen Bilde leiht, so hängt der Maler Reinhard bald mit religiöser Innigkeit an dem einfachen Mädchen. Die Verlobung wird gefeiert, und schon ein paar Wochen später zieht Reinhard, der inzwischen Direktor der städtischen Galerie geworden ist und den Professorentitel erhalten hat, mit seiner jungen Frau in die Stadt. Aber die Frau Professor fühlt sich dort nicht wohl. Sie findet sich in den gesellschaftlichen Reibereien und Intrigen, im konventionellen Betrieb der Residenz nicht zurecht, und Reinhard fühlt sich mit seinem Naturkund der Lächerlichkeit preisgegeben. Es kommt zur Krise: Reinhard trifft die elegante Gräfin Ida wieder, die er einst geliebt hat und eigentlich immer noch liebt. Die Frau Leonore – so wird sie jetzt, feierlicher als das simple „Lorle", genannt – wird dem Fürsten gegenübergestellt, dem sie in naiver, ländlicher Direktheit begegnet. Und eben dies bringt die im Sinne des Stückes positive Wendung. Der Fürst findet Gefallen an der offenen Art der jungen Frau, und sein ehrliches Lob öffnet auch Reinhard die Augen dafür, daß er „mit dem Naturschatz, den er sich errang", reicher ist als der reichste Fürst. Er verläßt mit Lorle die Stadt und zieht endgültig mit ihr zurück ins Dorf.

Welche Figur der Maler Reinhard mit seiner etwas gestelzten Redeweise und seiner überspannten Art auf dem Dorf macht, erfahren wir nicht mehr aus dem Stück. Für die Autorin ist der Rückweg ins Dorf eine Heimkehr in das heitere Paradies des gesicherten ländlichen Lebens. Der Weg vom Dorf zur Stadt und zurück zum Dorf wiederholt und variiert den alten Dreitakt der Menschheitsträume, den Weg so vieler – rationaler oder irrationaler – geschichtsphilosophischer Entwürfe. Vom gesicherten und geschlossenen Dasein in einer naiv erlebten, in jeder Hinsicht ‚stimmigen' Welt wird der Mensch hinausgestoßen in einen Raum der Entfremdung, der Verlorenheit, der Lüge, der Gefährdung; aber er hat die Chance, zurückzukehren, Heimat zu finden, in neue fraglose Übereinstimmung zu kommen mit sich und der Welt. Diese Entwicklungslinie, die sich in dem Stück in den kurzen Etappen eines Lebensweges abbildet, ist wohl auch dafür verantwortlich, daß wir das Spiel von *Charlotte Birch-Pfeiffer* nicht etwa aus den verstaubten Beständen einer großen Bibliothek herausholen mußten – vielmehr ist es noch vor kurzer Zeit in einer Sammlung „Volksspiele für Stadt und Land" erschienen, und es wird heute noch immer wieder einmal von kleinen Theatergruppen – in Vereinen und Jugendbünden etwa – aufgeführt. Auch der harmloseste Betrachter kann wohl nicht übersehen, daß das Personal und daß die sozialen Verhältnisse des Stückes nicht gerade der heutigen Wirklichkeit entsprechen. Schon zur Zeit der Entstehung des Dramas handelte es sich zumindest um verspätete Konstellationen. Mochte sich das Bild des Dorfes notfalls noch auf das Idyll des Dorfgasthauses beschränken lassen, in dem Lorle aufwächst – die Stadt wurde gewiß schon vor einem Jahrhundert nicht mehr ausschließlich vom Fürsten und seinem Hofstaat bestimmt. Vom Bürgertum ist aber in dem Stück praktisch nichts zu sehen, geschweige denn von der Arbeiterschaft, die sich damals zu formieren begann. Wenn solche Stücke und Erzählungen auch ihrem Darstellungsstil nach als „realistisch" bezeichnet werden können, es ist doch eine verengte und zurechtgebogene Wirklichkeit, die sie präsentieren – in einem Lichte präsentieren, das bis heute die Auffassung von Stadt und Land mindestens *mit* bestimmt.

Deshalb soll diese Perspektive noch etwas genauer charakterisiert werden. Als sich der Maler Reinhard mit seinem Studienfreund dem Dorf nähert, ruft er enthusiastisch aus:
„Das ist Weißenbach, wir sind da! Da hast du mein Eldorado, die grüne Oase in der grauen Wüste des Weltlebens, den Kern all meiner Träume von Frieden und Glück! . . . Ist es nicht lieblich, das frische duftige Tal, dies reinliche Dorf mit seinen roten Dächern? Hier laß' uns einen frischen Atemzug Leben tun! Mir ist, als käme ich heim – . . . hier ist alles noch ursprünglich – Natur und Menschen . . ."
Das Dorf – ist eigentlich vom Dorf die Rede? Das Dorf ist hier ein Stück Natur, ein Bestandteil ‚sozialen Grüns', wie wir heute sagen würden, ein Wunschbild, das im seelischen Haushalt des geplagten Städters eine Rolle spielt. Das Dorf gilt als ein überschaubarer Organismus; das Leben dort vollzieht sich in voller Natürlichkeit, und deshalb gibt es – so sagt es der Fürst einmal ausdrücklich in dem Drama – „kein schöneres Leben als das der Bauern". Die Charaktere auf dem Dorf sind kernig, gesund, offen, geradeaus. Zu diesem Bild des Dorfes und des ländlichen Lebens gehört das Gegenbild der verderbten Stadt, die dabei im Grunde ebenso wenig wie das Dorf in ihren wirklichen Bestandteilen ins Blickfeld kommt. Stadt –

das ist hier der Bezirk des Unnatürlichen, des Künstlichen. Die Stadt ist unüberschaubar, ein Bereich menschlicher Verlorenheit und Vereinzelung. Charaktere können sich hier nicht entfalten; sie verkümmern, die Menschen werden krank oder verlogen, undurchschaubar und öde auch sie – wie die Stadt als Ganzes.

Die überschwenglich-süßliche Sprache der Zitate darf nicht darüber hinwegtäuschen, daß dieser Wertgegensatz die Biedermeierzeit überdauert hat. Der Literarhistoriker *Friedrich Sengle* hat einmal die Schreckbilder zusammengestellt, mit denen die Stadt in der deutschen Dichtung bis in die jüngste Vergangenheit hinein gemalt oder verbunden wird. *Gotthelf* spricht von der „Kloake", *Raabe* vom „Ungeheuer Stadt"; *Rossegger* nennt die große Stadt eine „Eiterbeule", *Hermann Lingg* ein „verzehrend Fieber"; *Hofmannsthal* spricht resigniert von der „großen Traurigkeit der Stadt"; *Georg Trakl* radikalisiert das Bild zum „Wahnsinn der großen Stadt", und andere expressionistische Dichter steigern ihre Stadtgemälde ins Geisterhafte und Mythische: Babel, Sodom und Ninive werden zu geläufigen Vergleichen.

Schon die Art dieser Bilder und Vergleiche läßt den Schluß zu, daß sie nicht in erster Linie an der Wirklichkeit gewonnen wurden, daß sie eher aus *unkritischen Visionen* denn aus kritischer Beschreibung stammen, daß sie im Grunde älter und elementarer sind als die großen Städte selber – eben deshalb scheinen sie so schwer zu überwinden oder zu neutralisieren zu sein. Auf der anderen Seite wäre es sicher falsch, in solchen Bildern einfach einen Bestand mythischer Kontinuität zu sehen, der, geschichtslos, die geschichtlichen Veränderungen begleitet. Der Hinweis auf die Spannungen zwischen urbaner und rustikaler Welt in der Antike ist kein Beweis für eine solche Kontinuität; in unserem Gebiet und Kulturkreis sind Städte erst an der Schwelle des hohen Mittelalters entstanden. Seitdem freilich zieht sich die Idylle wie ein rosaroter Faden durch die Literaturgeschichte der Jahrhunderte, verdeckt manchmal im dichten Gewebe anderer Gattungen, aber immer wieder hervortretend als eine wesentliche Form, die in einem geschlossenen Horizont ein freundliches Bild vom menschlichen Tun und Treiben entfaltet. Zur idyllischen Perspektive gehört, daß die fromme Einfalt des ländlichen Lebens, der bäuerlichen Bevölkerung als Gegensatz zur höfischen Konvention und zur städtischen Lebensweise herausgestellt wird. Man hat zwar mit vollem Recht protestiert gegen die Übertragung von Begriffen wie „Dorfpoesie" auf die Literatur des hohen und späten Mittelalters, weil damit die spezifischen Erscheinungsformen verfehlt, die besonderen Bedingungen verwischt werden. Aber andererseits ist der Versuch solcher Begriffsübertragung nicht zufällig: die kontrastive Aufwertung des ländlichen, des dörflichen Lebens hat es tatsächlich schon damals gegeben.

2. Das Gegenbild vom überlegenen Städter

Aber es ist doch nur *eine* Form, und neben dieser freundlichen Perspektive auf das ländliche Leben und die Bauern gibt es andere Darstellungen. So wird etwa der listige, betrügerische Bauer herausgestellt, und vor allem der dumme Bauer, der dem Städter das Gefühl distanzierter Überlegenheit vermittelt. Und es gibt nicht nur den genügsamen Landmann, sondern auch den gefräßigen Bauern, über dessen plumpe Völlerei man sich in der Stadt belustigt. Allerdings kippt auch hier die Optik, die Einstellung immer wieder um. Am Hof und in der Stadt distanzierte man sich nicht nur vom elementaren, ungebärdigen Wesen der Bauern; man berauschte sich auch an ihrer herzhaften und ungeschminkten Art. In den Mummereien und Aufzügen an den vielen deutschen Höfen spielte der Bauer eine wesentliche Rolle; und bis ins 18. Jahrhundert hinein wurden immer wieder einmal sogenannte Bauernhochzeiten gefeiert, bei denen Fürst und Fürstin und die ganze Hofgesellschaft in bäuerliche Trachten schlüpften, sich an ländlicher Musik, ländlichen Tänzen und teilweise auch an ländlichem Essen erfreuten und vergnügten. Doch man blieb sich der Maskerade bewußt, und wenn man bei diesen Festen spielerisch ein Gefälle vom Land zur Stadt konstruierte, so änderte das nichts daran, daß grundsätzlich das Gefälle von der Stadt zum Land ging. Die Stadt trug ihren Wert in sich; sie galt seit dem Mittelalter als ein Ort größerer Freiheit und Sicherheit; sie galt als Zentrum des gesellschaftlichen und kulturellen Lebens; und jahrhundertelang wäre niemand darauf verfallen, die Verhältnisse im Ernst umdrehen zu wollen.

3. Rousseau und die Folgen in Deutschland

Diese Umkehrung vollzog sich erst später; ihre Stationen können hier nur angedeutet, nicht ausführlich charakterisiert werden. Sucht man trotz der allmählichen Herausbildung nach einem konkreten Startpunkt, so muß der Name von *Jean Jacques Rousseau* genannt werden. Ihm war Natur nicht mehr nur das spielerisch erfaßte Gegenüber, nicht mehr nur der Raum der geschlossenen Idylle – Natur war vielmehr das Ziel schlechthin, zu dem der Mensch aus den Verirrungen des zivilisierten Lebens zurückkehren sollte.

Nirgends hat *Rousseaus* Zivilisationskritik und die damit verbundene und verbündete Natursehnsucht stärker gewirkt als in Deutschland. Schon in der deutschen *Aufklärung* ist der Wille zum Natürlichen und Einfachen stärker ausgeprägt als die Tendenz zur Verfeinerung; in dieser Hinsicht gibt es keinen Bruch zwischen Aufklärung und Romantik. Die *Romantiker* umwarben die Natur mit zärtlichen Gefühlen und mit religiöser Empfindung, und es liegt auf der Hand, daß mit dem Bild der Natur auch das des ländlichen Lebens in sentimentale Unwirklichkeit gesteigert wurde. Die *Biedermeierzeit* breitete diese Gedanken und Gefühle aus; nun war das Land nicht mehr nur der Raum, der äußerlich der Natur nahegeblieben war, sondern auch der Bezirk, in dem sich die natürliche, gewissermaßen gottgewollte gesellschaftliche Ordnung erhalten hatte. Man hat verschiedentlich auf die bezeichnende Tatsache hingewiesen, daß die großen Industrieunternehmer gegen Ende des *19. Jahrhunderts* einen Lebensstil anstrebten, der sich von dem der alten Landadligen praktisch nicht unterschied. Sie hingen damit keinem anderen Ideal an als ein großer Teil der übrigen städtischen Bevölkerung. Um die Jahrhundertwende brach die städtische akademische Jugend schwärmerisch auf „aus grauer Städte Mauern"; sie verließ den Asphalt der großen Städte und suchte in Wald und Feld jenes natürliche Leben, das auf dem Lande angeblich noch ganz selbstverständlich war. Schließlich müssen auch die Stichworte ‚Blut und Boden' genannt, muß daran erinnert werden, daß im *Dritten Reich* die ‚deutsche Scholle' an jeder Festrede klebte und daß bäuerliche Arbeit und Lebensart von nationalsozialistischen Ideologen oft als einzig vollwertig, gesund und wesentlich herausgestellt wurde.

Diese letzte auffällige Phase des Stadt-Land-Gegensatzes legt die Frage nahe, ob es sich dabei nicht um eine spezifisch deutsche, oder vorsichtiger gesagt: eine in Deutschland besonders ausgeprägte Ideologie handelt. Ein verabsolutierendes Ja auf diese Frage wäre sicher falsch: farbig und eindringlich schildert beispielsweise *Henri Lefèbvre* in seiner Skizze „Ein Sonntag in der Champagne" die ländliche Welt mit ihrem Traditionsappeal – ein solches Wort vermag vielleicht die Verführung zu kennzeichnen, die gerade vom scheinbar schon Überwundenen ausgeht. Aber solche Beispiele aus der europäischen Nachbarschaft machen dann doch auch den Unterschied deutlich. Nirgends wird hier proklamatorisch eine Rechnung aufgemacht zum Verhältnis von Stadt und Land; die Verschiedenheit und das Gefälle erscheinen sehr viel selbstverständlicher als in einem Großteil der deutschen Diskussion. Das ist auf den ersten Blick erstaunlich, da Frankreich ja doch eine sehr viel entschiedenere Zentralisierung kennt; wie in vielen anderen europäischen Nationen hat eine große Kapitale dort das übrige Land zur Provinz gemacht. Aber paradoxerweise scheint garade das Fehlen eines solchen Zentralismus einer der Gründe für die besondere Ausprägung des Stadt-Land-Gegensatzes in Deutschland zu sein.

4. Deutschland als Land ohne Stadtkultur

Es ist richtig, daß die große Stadt in Deutschland sehr viel weniger eine politisch prägende Kraft war als in den umliegenden Nationen. Während in *Frankreich* die zentrale und gewichtige Funktion von Paris dem ganzen übrigen Land den Charakter der Provinz gab, die sich gegenüber der Hauptstadt unterlegen wußte und fühlte, wiederholte sich in Deutschland das Verhältnis von Provinz und Großstadt dutzendfach – in Überkreuzungen und in einem derart verkleinerten Maßstab, daß der Anspruch der großen Städte gewissermaßen von der Provinz aufgesogen werden konnte. Stuttgart und München beispielsweise repräsentierten nie ein anderes Prinzip als die umgebende Landschaft – glücklicherweise, wird man in vieler Hinsicht sagen.

Aber für die Beziehung zum Land hatte dieser besondere Charakter der großen Städte eine doppelte Folge. Gerade weil die Städte, in denen die Ackerbürger oft den Handelsleuten und Handwerkern die Waage hielten, von ihrer ländlichen Umgebung gar nicht so sehr verschieden waren, betonten sie die Distanz. Die Schildbürgergeschichten, die ja nicht nur auf das imaginäre *Schilda*, sondern auf viele reale Städte (vor allem auf kleine Reichsstädte) gemünzt waren, wandten dies ins (Selbst-) Ironische: die Städter präsentierten sich darin lächerlicher als jeder Dorfbewohner, aber mit dem stolzen Anspruch auf Überlegenheit.

Zum andern führte die relative Unauffälligkeit der großen Städte dazu, daß sich das dämonische Bild der großen Stadt umso unbehelligter entfalten konnte. Dabei soll nicht übersehen werden, daß dieses Bild seine düsteren Fraben vor allen Dingen seit dem letzten Drittel des 19. Jahrhunderts durchaus auch aus der Realität bezog; es orientierte sich vor allem an der Massierung und Ballung der neu entstehenden *Industriestädte*. Hier, in der Nachbarschaft der Eisenhütten und Kohlengruben, war durchaus etwas vom kolossalen und deprimierenden Wesen jener Geisterstädte zu spüren, welche nun als Gegenbild zum fröhlich-gesunden Landleben ausgemalt und beschworen wurden.

5. Ein Teil der bürgerlichen Innerlichkeitskultur

Aber es wäre sicher unzulänglich, die Perspektive auf Stadt und Dorf gewissermaßen nur als kognitives Problem zu behandeln. Ideologien sind *erkenntnisleitende Orientierungen und gleichzeitig Erkenntnisbarrieren*, sind Festlegungen der Perspektive, die damit auch die unvermeidlichen Ausblendungen bestimmen. Sie hängen aber aufs engste mit realen ökonomischen und politischen Fragen zusammen. Dies gilt auch für die ideologische Perspektive auf das Verhältnis von Dorf und Stadt. Eine ausführliche Darstellung der Zusammenhänge müßte anhand der Sozial- und Wirtschaftsgeschichte verschiedene Entwicklungsschritte differenzieren; hier können nur – ohne detaillierte Herausarbeitung der zeitlichen Abfolge – einige wenige Aspekte angedeutet werden.

Zunächst: der traditionelle Entwurf des Stadt-Land-Gegensatzes ist seit zwei Jahrhunderten vor allem bürgerlich geprägt und ist begründet in der politischen Situation des deutschen Bürgertums. Die Erwartungen und Hoffnungen der Bürger, wie sie sich Ende des 18. Jahrhunderts erstmals deutlicher akzentuiert hatten, wurden nicht eingelöst; es ist oft beschrieben worden, wie große Teile des Bürgertums durch die reale Machtverweigerung gewissermaßen auf sich selbst zurückgeworfen wurden und wie so eine besondere Kultur der Innerlichkeit entstand. Die Hochschätzung des Natürlichen und die damit verbundene Aufwertung des Ländlichen war ein Teil dieser Innerlichkeitskultur. Wenn *Jacob Grimm* in seinen Briefen aus Paris sein Unbehagen an dieser riesigen Stadt ausdrückt, so handelt es sich nicht nur um eine persönliche Marotte, sondern um eine Äußerung, die repräsentativ ist für die letztlich restaurative Wendung des Bürgertums in jener Zeit. Das Restaurative liegt dabei nicht etwa in der Forderung einer Nation, sondern in der romantisierenden

Ignoranz gegenüber den sozialen Verhältnissen und der technischen Entwicklung.

6. Eine Verteidigungsstrategie der Agrarier

Das zweite: Über weite Strecken des 19. Jahrhunderts hinweg können die deutschen Länder tatsächlich noch mit guten Gründen als *Agrarstaaten* bezeichnet werden. Noch vor etwa 100 Jahren hielten sich bäuerliche und andere Berufe die Waage; dann erst schlug der statistische Befund deutlich um. Das gemessen an der späteren Entwicklung unverhältnismäßig große Gewicht des Agrarischen wirkte sich zwangsläufig auch in politischen Machtkonstellationen aus. Die politische Macht war im 19. Jahrhundert keineswegs in den Städten konzentriert; vor allem vom landwirtschaftlichen Großgrundbesitz gingen entscheidende Einflüsse aus, im Norden mehr als im Süden – aber der Norden war auch bestimmender für die deutsche Politik im ganzen. Die Aufwertung des Landes und die Idealisierung des Dorfes muß zum Teil als Verteidigungsstrategie verstanden werden; sie war geeignet, den Einfluß der großen Agrarbesitzer zu sichern und die sogenannte Landflucht wenigstens teilweise abzuwehren. *Dieter Kramer* hat gezeigt, wie es unmittelbar vor der Jahrhundertwende – vor allem als Folge der Freihandelspolitik – zu einem erbitterten Rückzugsgefecht der großgrundbesitzenden Aristokratie kam, in dem die ländlich geprägte Heimatideologie eine wesentliche Rolle spielte. Auch in den folgenden Jahrzehnten lassen sich immer wieder spezifische Bedingungen für die Aufwertung des Landes ausmachen, am deutlichsten vielleicht im Dritten Reich, als das Ziel einer konsequenten und militanten Industrialisierung in Konflikt lag mit dem Autarkiestreben, das auf die Landwirtschaft angewiesen blieb: die konsequente Bauernromantik war für die von der Industrie vereinnahmten Massen ein Kompensationsangebot, für die bäuerliche Bevölkerung selbst aber eine Möglichkeit der Selbstverklärung und scheinbar auch Selbstbehauptung.

7. Die ländliche Bevölkerung als das wirkliche Volk

Schließlich, und dies dürfte der wichtigste Aspekt sein: die ostentative Herausstellung des heilen Landlebens verdeckte die mit der Industrialisierung und Proletarisierung entstandenen tatsächlichen Probleme. Als *Friedrich Engels* mit den Möglichkeiten der Telegraphie vertraut gemacht wurde, sagte er vorher, daß damit „die Industrie definitiv von fast allen Lokalschranken“ befreit werde, daß „die Verwendung auch der abgelegensten Wasserkräfte möglich“ werde, „und wenn sie auch im Anfang den Städten zugute kommen wird, muß sie schließlich der mächtigste Hebel werden zur Aufhebung des Gegensatzes von Stadt und Land.“ Tatsächlich hätte man von der Industrialisierung – im weitesten Sinne genommen – eine Neutralisierung des Gegensatzes von Dorf und Stadt erwarten können, wenn dieser Gegensatz nicht jene zusätzliche Funktion gewonnen hätte. Das Bürgertum akzeptierte die neu entstandenen Volksmassen nicht eigentlich als „Volk“; an den Schriften *Wilhelm Heinrich Riehls* aus der Mitte des 19. Jahrhunderts, aber auch noch an Äußerungen *Werner Sombarts* unmittelbar vor dem Ersten Weltkrieg, läßt sich der Versuch nachweisen, die Massen des *Industrieproletariats* ins Abseits des Nichtdefinierbaren zu verweisen und ihnen die in alten Traditionen verharrende ländliche Bevölkerung als eigentliches, als wirkliches Volk gegenüberzustellen. In der Fachbezeichnung „Volkskunde“ und in den Tendenzen dieses Faches bis in die unmittelbare Gegenwart herein spiegelt sich dieses Bestreben wider; die weitgehend an Maßstäben der bäuerlichen Kultur entwickelten Begriffe wie „Volkstanz“, „Volkslied“, „Volkskunst“ wurden hier lange behandelt, als prägten sie nach wie vor das Ganze der „Volkskultur“.

8. Die Rückwirkung der Ideologie auf die Realität

Sicherlich aber hätte sich diese besondere wissenschaftliche Perspektive nicht halten können, wenn der romantisierte Stadt-Land-Gegensatz nicht weite Teile der Bevölkerung erfaßt hätte. Er führte zu einer geradezu schizoiden, gespaltenen Denkweise und Haltung: während immer mehr Menschen auf städtische und insonderheit großstädtische Bedingungen angewiesen waren, wurde die ländliche Ideologie in immer fanatischeren Farben ausgemalt. Dies mußte seinerseits auf die Realität zurückwirken; Ideologie ist nicht nur von realen Bedingungen geprägt, sie wirkt dialektisch auch auf diese realen Bedingungen zurück. Konkret führte die ländliche Ideologie beispielsweise vielfach dazu, daß Schwierigkeiten des städtischen Lebens lange nicht ins Blickfeld kamen, und daß dann nur untaugliche Mittel entwickelt wurden, um sie zu meistern – ländliche Mittel nämlich, wie die Schweinezucht, die den Arbeitern noch in den Nachkriegsjahren als Nebenerwerb nahegelegt wurde, oder die Parzellierung in Schrebergärtchen – ländliche Idylle am Großstadtrand. Es wäre nicht nur unfair, sondern auch falsch, wenn man sich über diese Dinge einfach lustig machte und sich darüber hinwegsetzte. Die Nebenerwerbssiedlungen trugen zu einer gewissen Krisenfestigkeit bei, und der sächsische Arzt Dr. *Schreber* hat mit seiner Idee unendlich viel kleines Glück ausgebreitet. Dennoch: die Mittel wurden einseitig gewählt; die ländliche Ideologie hemmte vielfach den Mut zu spezifisch städtischen Lösungen, und die Widerstände, mit denen modernere städtebauliche Entwürfe bis heute zu rechnen haben, kommen vielfach aus jener ideologischen Ecke.

Was aber noch stärker betont werden muß: auch der Nutzen der ländlichen Ideologie für das Dorf war und ist durchaus fragwürdig. Die Absage an die technische Welt und an die städtischen Prinzipien, die mit dieser Ideologie verbunden war, mußte dem Dorfe schaden. Sie führte nicht selten zu Selbstzufriedenheit und Erstarrung, zu Unbeweglichkeit und zu übertriebener Angst vor Neuerungen. Das ‚Natürliche‘ und Unveränderliche am bäuerlichen Leben konnte für den ständig von Veränderungen gejagten Städter ein beruhigendes Gegenbild sein; für den Bauern war diese Auffassung, wenn er sie ernst nahm und in sein ökonomisches Denken einfügte, außerordentlich gefährlich. Man hat oft vom unvermeidlichen, naturwüchsigen Konservatismus des Bauerntums gesprochen. Tatsächlich war die konservative Haltung der Bauern lange Zeit die Folge ökonomisch begründeter Vorsicht; für die letzten hundert Jahre aber ist zu fragen, ob es sich nicht um eine Art von *self-fulfilling prophecy* handelt. Das starre Festhalten an unsinnig gewordenen Formen, das wir vor allem in der zweiten Hälfte des letzten Jahrhunderts in manchen ländlichen Gebieten registrieren können: von der Beibehaltung unpraktischer und unhygienischer Trachten oder wenig effektiver Anbaumethoden bis zum unduldsamen Beharren auf alten Moralvorstellungen – diese Erstarrung ist sicher nicht Ausdruck einer ursprünglich konservativen Art, sondern die zustimmende Antwort und Reaktion auf jene einseitige Ideologie, die im Bauerntum etwas schlechthin Unveränderliches sah, ein soziales Naturschutzgebiet, zu dem allen geschichtlichen Einflüssen der Zutritt verwehrt werden müsse.

9. Die Bedeutung des Stadt-Land-Gegensatzes in der Gegenwart

Auf die Frage, ob und inwieweit der traditionelle Gegensatz zwischen Dorf und Stadt auch in der Gegenwart noch wirksam ist, gibt es keine pauschale Antwort. Der *bevölkerungsstatistische Befund* scheint eine Aufhebung des Gegensatzes anzuzeigen. *Vor der Gemeindereform,* durch welche die Einwohnerzahlen nach oben verschoben und zu überwiegend verwaltungsmäßigen Größen wurden, lebte nur ein knappes Viertel der westdeutschen Bevölkerung in Orten unter 2000 Einwohnern, nur ein starkes Viertel in Großstädten, also in Städten mit über 100.000 Einwohnern. Die anderen 50 % verteilten sich ungefähr zu gleichen Hälften auf Orte zwischen 2.000 und 10.000 sowie auf Orte zwischen 10.000 und 100.000 Einwohnern: auf große, nicht mehr rein ländliche Dörfer, auf Marktorte, Zentralorte, Kleinstädte, Mittelstädte. Dies ist ein Bereich, auf den die Parole: Großstadt kontra Bauerntum nicht unmittelbar zielte. Aber die Verteilung war schon lange so oder doch so ähnlich, und die Wirksamkeit des alten ideologischen Gegensatzes zeigte sich gerade darin, daß jene breite Mittelzone keine Ausgleichsfunktion übernehmen konnte, daß die Ideologie vielmehr die reale Erfahrungswelt übersprang und umprägte.

Zusätzlich kann nun freilich darauf hingewiesen werden, daß gerade in den mittleren Gemeinden während der letzten Jahre und Jahrzehnte ein sehr viel höherer Grad der *Modernisierung* und damit *Urbanisierung* um sich gegriffen hat. Aber dieser Prozeß muß relativierend in Bezug gesetzt werden zur Entwicklung in den Städten, und sicherlich darf die ‚Urbanität' der Dörfer – auch der größeren – nicht überschätzt werden. Die Mehrzweckhalle und auch das Hallenbad brechen die alten Strukturen noch nicht auf; und neben solchen demonstrativen Symbolen der Modernität stehen grelle Symptome des Modernitätsrückstands – die ländlichen Motorradgangs von Jugendlichen etwa, in denen die Unzufriedenheit mit dem dörflichen Leben zum Ausdruck gebracht und übertönt wird.

Für einen *gewissen Abbau* des traditionellen Gegensatzes dürften die Erfahrungen im Jahr und um das Jahr 1945 besonders wichtig gewesen sein. *Klaus Bergmann* hat darauf hingewiesen, daß selbst die nationalsozialistische Führung ihre theoretische Großstadtfeindschaft nicht durchhalten konnte; angesichts der Bombenangriffe auf die großen Städte und Industriezentren stand selbst *Joseph Goebbels* „in tiefer Ehrfurcht vor diesem unzerstörbaren Lebensrhythmus und diesem durch nichts zu brechenden Lebenswillen unserer großstädtischen Bevölkerung": in der Dämonie des Krieges gab das Bild der dämonischen, „wurzellosen" Großstadt keinen Sinn mehr her.

Aber auch die ländliche Welt geriet jenseits aller theoretischen Proklamationen in den Erfahrungsbereich vieler Städter; Millionen von Großstädtern wurden auf die Dörfer *evakuiert,* und was sie erlebten, war mit den Klischees vom gesunden, ländlichen Leben nicht einzufangen. Auch die *Hamsterperiode* nach dem Krieg rückte den Gegensatz von Stadt und Land in eine andere, realistischere Dimension; die Möglichkeiten und Ressourcen des Dorfes erschienen zwar in höchstem Maße begehrenswert, aber nicht in einem romantischen Licht. Alle diese Erfahrungen und gleichzeitig der ernüchterte Rückblick auf die Übersteigerung der Stadt-Dorf-Opposition haben sicher dazu beigetragen, dem traditionellen Gegensatz die Glaubwürdigkeit und Durchschlagskraft zu nehmen. Wo danach in den alten Kategorien weitergedacht und argumentiert wurde – etwa in rechtsradikalen Parteien –, ließ sich meist schnell die Diagnose abseitiger und unrealistischer Schwärmerei stellen.

10. Katzenjammer nach der Gemeindereform

Interessanterweise aber gibt es in allerjüngster Zeit eine Entwicklung, die auf den ersten Blick an die alte Ideologie anzuknüpfen scheint, da in ihr – verallgemeinernd gesprochen – großstadtfeindliche und dorffreundliche Tendenzen zum Ausdruck kommen. Bei näherem Zusehen zeigt sich jedoch, daß für diese Entwicklung nicht oder doch nur zum kleinsten Teil traditionelle Vorurteile maßgebend sind, daß sie vielmehr von sehr nüchternen Erwägungen und realistischen Einstellungen getragen wird. Das läßt sich etwa beobachten an den Auseinandersetzungen um die Gemeindereform – oder, um den gegenwärtigen Status zu kennzeichnen, am verbreiteten Katzenjammer über die Gemeindereform. Gewiß spielt dabei eine rückblickende Überhöhung der Dorfpolitik eine Rolle, die tatsächlich schon *vor* der Gemeindereform weitgehend ihre Selbständigkeit verloren hatte; gewiß auch wird die Kritik von jenen gefördert, deren egoistische Teilinteressen durch die Reformmaßnahmen enttäuscht wurden. Zum andern aber haben die Bedrohung oder der Verlust der

Selbständigkeit Werte und Möglichkeiten des dörflichen Lebens deutlich werden lassen, die vorher in der Bornierung des Alltäglichen versteckt waren. Es geht um die lokale Identität, um die spezifischen Chancen dichter Kommunikation, um die „Verteidigung der Nahwelt" im Sinne *Alexander Mitscherlichs.* Die oft – und oft zu spät – erhobene Forderung, nicht nur die Kirche im Dorf zu lassen, sondern auch die Schule, das Rathaus, den Gemeinderat – diese Forderung ist sicher nicht nur und vielleicht nicht einmal primär Ausdruck reaktionärer Enge, sondern auch ein Zeichen der Besinnung auf die spezifischen Möglichkeiten und Notwendigkeiten des Dorfs. Dies ist ein eigenes Thema, das hier nur gestreift werden kann; in unserem Zusammenhang ist die Feststellung wichtig, daß es in den Kategorien des traditionellen Gegensatzes von Stadt und Land nicht zu analysieren, ja nicht einmal zu beschreiben ist.

11. Zwischen Ideologie und Realismus

Trotzdem: dieser traditionelle Gegensatz ist nicht schlechthin passé, ist nicht völlig abhanden gekommen. Oft wirkt er unversehens in solche Auseinandersetzungen hinein – realistische Erwägungen lassen sich dann von Vorurteilen schwer trennen, und den richtigen Argumenten klatschen falsche Bundesgenossen Beifall. Nur eingehende *Fallstudien* zur dörflichen Politik – und leider gibt es solche fast nicht! – könnten das Ineinander und manchmal Durcheinander ideologischer Vorurteile und realistischer Argumente auflösen, das im Streit um gefährdete dörfliche Selbständigkeit zutage tritt: wenn etwa die Eltern eines kleinen Schwarzwalddorfes die benachbarte Schule bestreiken, weil sie ihre Kinder nicht über Land schicken wollen – wo hört die romantisierende Zwergschulideologie („Aus uns ist auch etwas geworden!") auf, wo fängt der vernünftige Umgang mit den Bedürfnissen der Dorfkinder an? Wo sind die Forderungen der sogenannten Heimatpflege realistisch, wo sind sie usurpiert von reaktionären Gruppen? Inwieweit orientieren sich der „Grüne Plan" und ähnliche Förderungsmaßnahmen am volkswirtschaftlichen Kalkül, inwieweit sind sie Erfolg einer Lobby, welche die traditionelle Klaviatur vom gesunden Bauerntum beherrscht und pausenlos vorspielt?

12. Das Pseudodorf des Tourismus

Fast immer durchdringen sich ganz verschiedene, ja konträre Anstöße, und in vielen Fällen wechseln auch die Tendenzen, spielt der traditionelle Stadt-Land-Gegensatz zeitweilig herein, um dann wieder anderen Argumenten Raum zu geben. An Erscheinungen des Tourismus, der heute wohl die intensivste und vor allem extensivste Begegnung zwischen Stadt und Dorf mit sich bringt, läßt sich dies exemplarisch belegen. Im Vorarlbergischen habe ich einmal an einem Beispiel die Entwicklung vom Bergbauerndorf zum Fremdenverkehrsort verfolgt. Dabei ergaben sich bestimmte *Phasen,* die sicherlich nicht überall gleich verlaufen sind, die aber doch als charakteristisch gelten dürfen – Phasen, die allesamt, aber in sehr verschiedener Weise von dem hier behandelten Wertgegensatz bestimmt sind:

In der *ersten* Phase, die in dem speziellen Fall bis in die zwanziger Jahre unseres Jahrhunderts reichte, schirmt sich der Ort gegen alle irgendwie modernen Einflüsse ab. Obwohl die Beharrung bei den alten Formen wirtschaftlichen Niedergang bedeutet, werden Veränderungen nicht ins Auge gefaßt. Es kommt zu Landverkäufen, zur *Abwanderung* der jungen Leute in die Ebene; das Dorf steht vor seinem Ende.

Die *zweite* Phase: Als von Auswärtigen einige erfolgreiche Fremdenbetriebe eingerichtet werden, ist der Widerstand gebrochen. Nun wird *modernisiert,* was das Zeug hält. Die unreflektierte Ablehnung alles Städtisch-Modernen schlägt um in ebenso kritiklose Hochschätzung. Man kommt den Fremden aus der Stadt gewissermaßen nicht nur auf halbem, sondern auf ganzem Wege entgegen.

In einer *dritten* Phase tritt ein *Bumerangeffekt* ein. Die Fremden suchen ja doch gar nicht ihre eigene städtische Umwelt, sondern sie kommen, ohne freilich Komfortwünsche daheim zu lassen (und hier ist dann die andere, entgegengesetzte Perspektive wirksam!) in die unberührte Welt des Ländlichen, in das einfache, schlichte, wahrhaftige Dorf.

In einer *vierten* Phase – und sie bestimmt heute noch das Erscheinungsbild der meisten Fremdenverkehrsdörfer – pendeln sich die gewissermaßen seitenverkehrten Modernitätswünsche der Dörfler und Konservierungswünsche der Städter auf einer mittleren Ebene ein: eine Art Pseudodorf wird ausgebaut – der ehemalige Kuhstall dient als flotte Bar, Blockhäuser kommen gewissermaßen von der Stange, die „uralten" Trachten werden neu geschneidert, „uralte" Lieder und Tänze werden neu komponiert und in Dorfabenden präsentiert. Stadt und Land einigen sich auf *die große Koalition einer Dauermaskerade,* ohne die unser Fremdenverkehr heute fast nicht mehr denkbar wäre. Die Kuhglockenfabriken im Allgäu stellen nur noch 20 % ihrer Produkte für Kühe her – ungefähr 80 % sind für die Touristen.

Auch dies gehört zum Thema Stadt und Land. Der traditionelle Gegensatz erscheint in solchen Formen aufgehoben und spielerisch entschärft. Die Konfektion hat offenbar auch unsere Wunschbilder und Traumwelten ergriffen; der Traum vom freien ländlichen Leben wird konserviert in Souvenirs, wird zur Schau gestellt in den Vitrinen der guten Stube. Massive Ideologiekritik verfehlt hier die Realität; der nur noch spielerische Charakter, in dem hier der traditionelle Gegensatz ausgetragen wird, weist auf die Chance hin, die mit dem Gegensatz lange Zeit verbundene Blockade abzubauen, die realen Elemente des Gegensatzes herauszuarbeiten und die übergreifende Aufgabe der ‚Beheimatung', einer humanen Umwelt in Stadt und Land, zu erkennen.

Auf der anderen Seite deuten jene Entwicklungen aber auch an, daß das im Gegensatz von Dorf und Stadt steckende traditionelle Vorurteil keineswegs völlig überwunden ist. Es kommt darauf an, den Gegensatz in den richtigen Dimensionen zu halten. Daß der Städter das Land in erster Linie als Erholungsraum versteht, darf nicht verwundern. Daß er ein Stück ländliches Leben und ländlichen Stil in seine Umgebung zu verpflanzen sucht, ist verständlich. Seine Urlaubsträume sind noch kein Anzeichen jener Schizophrenie, von der die Rede war. Sie tritt erst dort auf, wo die Landluft mit dem stickigen Dampf hohler Phrasen gemischt wird, wo der Gegensatz in radikaler Form, in Parolen und Gegenparolen ausgetragen wird – in den sattsam bekannten Bildern etwa von der ewigen Scholle und der asphaltierten Lasterhöhle. Die reale Entwicklung macht es nicht sehr wahrscheinlich, daß solche handfesten Parolen und Gedanken wieder hochgespült werden; die Beharrlichkeit des hier geschilderten traditionellen Gegensatzes aber verbietet es, mit der Möglichkeit einer solchen ideologischen Wendung gar nicht mehr zu rechnen.

Literaturhinweise

Richard Alewyn, Karl Sälzle: Das große Welttheater. Die Epoche der höfischen Feste in Dokument und Deutung. Reinbek 1959.

Norbert Elias: Über den Prozeß der Zivilisation. 2 Bände. Bern und München 1969.

Peter Mettenleiter: Destruktion der Heimatdichtung. Typologische Untersuchungen zu Gotthelf – Auerbach – Ganghofer. Tübingen 1974.

Friedrich Sengle: Wunschbild Land und Schreckbild Stadt. Zu einem zentralen Thema der neueren deutschen Literatur. In: Studium Generale 16/1963, S. 619–631.

Peter Zimmermann: Der Bauernroman. Antifeudalismus – Konservativismus – Faschismus. Stuttgart 1975.

Gerhard Schweizer: Bauernroman und Faschismus. Zur Ideologiekritik einer literarischen Gattung. Tübingen 1976.

Henri Lefèvbre: Kritik des Alltagslebens. 2 Bände. München 1974 f.

Dieter Kramer: Die politische und ökonomische Funktionalisierung von ‚Heimat' im deutschen Imperialismus und Faschismus. In: Diskurs 1973/74, S. 3–22.

Wolfgang Jacobeit: Bäuerliche Arbeit und Wirtschaft. Ein Beitrag zur Wissenschaftsgeschichte der deutschen Volkskunde. Berlin 1965.

Hermann Bausinger: Verbürgerlichung – Folgen eines Interpretaments. In: Günter Wiegelmann (Hg.): Kultureller Wandel im 19. Jahrhundert. Göttingen 1973, S. 24–49.

Ernst Wolfgang Buchholz: Ideologie und latenter sozialer Konflikt. Stuttgart 1968.

Klaus Bergmann: Agrarromantik und Großstadtfeindschaft. Meisenheim am Glan 1970.

Alexander Mitscherlich: Die Unwirtlichkeit unserer Städte. Anstiftung zum Unfrieden. Frankfurt a. M. 1969.

Herbert Schwedt

Auf dem Lande Leben

Die vier unterschiedlichen Bedeutungen und Funktionen von „Land" heute[1]

Land gibt es nicht – weder in der Realität noch als Kategorie, die zu irgendetwas nütze wäre. Geht man, nur um einen Ausgangspunkt zu gewinnen, von dem klassischen Begriffspaar Stadt – Land aus, so erweist sich „Land" als eine nichtssagende Sammelbezeichnung für nichtstädtische Räume mit unterschiedlichen Funktionen. Einige davon sind besonders deutlich zu erkennen.

1. Agrarische Regionen

Kennzeichen agrarischer Regionen ist die auch in der Landschaft ablesbare Optimierung der landwirtschaftlichen Produktion. Diese Optimierung verläuft in einem Prozeß mit – bisher – zwei Hauptphasen. In der ersten vollzieht sich eine Konzentration der Produktionseinheiten; die Betriebsgrößen steigen, die Zahl der kleinen Betriebe sinkt.

Diese Entwicklung ist beispielsweise in den deutschen Planungsatlanten optisch überzeugend festgehalten. Sie wurde gelegentlich als moderne Verbäuerlichung angesehen; zu Unrecht. Es handelt sich vielmehr um einen Schritt zur Industrialisierung der Agrarproduktion, der allerdings nicht groß genug war, wie sich in der Folge zeigte. Agrarindustrie kann nicht nur auf rationeller Produktion aufgebaut werden; sie muß darüber hinaus wie jede andere Industrie sich der Instrumente der Marktsteuerung bemächtigen. Auch ein 100 ha-Betrieb ist ein hilfloser Zwerg, wenn er ohne Einfluß auf die Produktionspreise und damit auf den Markt bleibt. Marktsteuerung bedeutet aber in erster Linie Risikominderung. Landwirtschaftsexperten und Berater haben versucht, Wege dazu zu weisen, seit vielen Jahren und mit bestem Willen. Ihre Ratschläge waren jedoch oft strukturell und damit fast immer falsch; das deshalb, weil sie auf den Bereich der Produktion und der Marktanpassung gerichtet waren. In den wechselnden Situationen einer Dauerkrise vermochten sie, kurzfristig erfolgreich, immer wieder auf aktuelle Marktlücken hinzuweisen, die sich aber gerade als Folge dieser Hinweise sofort schlossen und Fehlinvesti-

1 Unter dem Titel „Wohnen auf dem Lande" hat der Autor diesen Beitrag in der Zeitschrift „Der Bürger im Staat" (Jg. 24, 1974, H. 2, S. 133–135) veröffentlicht.

tionen im Gefolge hatten. Die Butter-, Schweine-, Zucker- und anderen Berge sollten als Beleg für diese These ausreichend sein.

In der Praxis haben sich zwei realistischere Möglichkeiten entwickelt: die Großgenossenschaft und die Integration der Landwirtschaft in die Produktion starker Konzerne.

Beispiele für Großgenossenschaften sind, in unserem Lande, die Zentralgenossenschaften der Weingärtner. Sie allerdings vermitteln ihren Mitgliedern nicht das wärmende Gefühl einer Gemeinschaft von Genossen, sondern wirtschaftliche Sicherheit. Das tun sie weniger durch nützliche Ratschläge, die Rebpflege betreffend, sondern durch wirksame Marktmanipulation. Einerseits waren sie in der Lage, Weine zu Markenartikeln zu machen – ohne teure Werbung ist das nicht möglich. Andererseits verfügen sie über die Möglichkeit, durch entsprechende Lagerhaltung Marktbewegungen auszugleichen – auch Massenjahrgänge können teuer verkauft werden.

Für den zweiten Weg finden sich Beispiele vor allem in den großbäuerlichen Gebieten Norddeutschlands, etwa im Münsterland. Sie zeigen folgendes Bild: ein Lebensmittelkonzern schließt einen Vertrag mit einem Landwirt, der freilich über eine ausreichend große Betriebsfläche verfügen muß. Der Landwirt verpflichtet sich, für den Konzern auf dessen Weisung bestimmte Produkte zu erzeugen; dafür erhält er eine Preis- und Abnahmegarantie. Da der Konzern Risiken meiden muß, kann er die Auswahl des Saatgutes, der Dünge- und Schädlingsbekämpfungsmittel und nicht einmal der Saat- und Erntetermine dem Landwirt überlassen; er setzt dafür seinen eigenen, spezialisierten Agronomen ein. Der Bauer stellt also nur seinen Boden, seine Arbeitskraft (und die Dritter) und seine technische Betriebsausstattung zur Verfügung, gegen vertraglich abgesichertes Entgelt. Die Absicherung wird dadurch möglich, daß sich der Markt von Alete-Kinderkost steuern läßt, der von Bauer Baumanns Bohnen hingegen nicht.

Beide am Beispiel verdeutlichten Möglichkeiten der Agrarindustrie sind, wenn man so will, kapitalistischer Natur; die Frage ist, nebenbei, ob es zwischen Nostalgie und Industrie einen dritten Weg von überzeugender Produktivität geben könnte. Wohnen in agrarischen Regionen – davon soll später die Rede sein.

2. Regionen mit Erholungsfunktion

Bekanntlich wird zwischen *Nah- und Fernerholungsgebieten* unterschieden. Das darf nicht zu der Annahme verleiten, daß es da eine Art Parität geben könnte, im Gegenteil. In zunehmendem Maße wird die Ausstattung von Naherholungsgebieten zur sozialen Aufgabe, während die Organisation von Touristik und Urlaubserholung industriell strukturiert ist. Das hat Auswirkungen, die den Entwicklungen in den agrarischen Regionen vergleichbar sind. Auch hier genügt es keineswegs, für den Fremdenverkehr zu produzieren, also Berge, Betten und Trimm-Dich-Pfade an-

zubieten. Es geht vielmehr darum, auch hier Markenartikel zu schaffen und zu verkaufen, so daß ein lenkbarer Markt entsteht. Das geschieht eigentlich dadurch, daß nicht landschaftliche Reize und gesundheitliche Vorteile, sondern Motivationen produziert werden, die dann zu Reise(ver)käufen (ver)führen: die Lust zum Baden, zum Bräunen, zum Bergsteigen. Solche Motivationen, sollen sie auswertbar sein, müssen aber gebündelt werden. An einem beliebigen Wiesenrain im Gras zu sitzen und nichts zu denken, ist unökonomisch, für die Touristikproduzenten jedenfalls. Der Zwang zu motivgebundenen regionalen Konzentrationen ist für sie unausweichlich.
Für Wenige hat das ganz erfreuliche Folgen: sie können nach Belieben durch weite Wälder wandern, ohne anderen Menschen zu begegnen, von Waldarbeitern abgesehen oder, zur Frühjahrszeit, dem nächstörtlichen Musikverein auf seinem Jahresausflug. Sie müssen allerdings bei diesem Genuß den Gedanken verdrängen, daß sie durch eine entschieden nutzungsorientiertes Industrierevier spazieren – auch die Forstwirtschaft ist ja längst industrialisiert, und das in einer bekanntermaßen unglücklichen Weise.

Die Vielen hingegen lassen sich touristisch kasernieren: an Europas Stränden, in den Alpen. Das ist nicht gut für sie – längst gilt als medizinischer Gemeinplatz, daß extreme Reize wie Mittelmeersonne und Alpenluft für den normal untrainierten Fabrik- und Büromenschen eher unzuträglich sind; Wanderungen in mildem Reizklima wären sehr viel besser.

Aber wenn auch viele Urlauber Sonne und Brandung vorerst überstehen – die Landschaft tut's nicht. Europas Küsten sind heute schon zum guten Teil zu Betonwüsten geworden, an der Ostsee wie an der Biskaja. Für die Alpen gilt das Schlagwort von der zersiedelten Urlaubslandschaft, die von München bis Mailand reicht. Die Landschaften, dies das Fazit, die der sogenannten Erholung dienen, leiden wie die agrarischen Regionen unter der Tendenz, auf eine einzige Funktion festgelegt und auf sie reduziert zu werden.

3. Nichtstädtische Räume im Einzugsbereich der Städte

Ähnliches gilt für nichtstädtische Räume im Einzugsbereich von Agglomerationen. Sie waren bis vor wenigen Jahren oder Jahrzehnten vorwiegend agrarisch strukturiert, haben diesen Charakter aber rasch verloren. Ein ganzes Bündel von Gründen hat diese Räume zu Wohngebieten mit lockerer Überbauung werden lassen. Diese Gründe sind nicht allein ideologischer Natur – Eigenheim im Grünen, dauerhafter Besitz, Naturnähe und dergleichen. Von Bedeutung sind darüberhinaus ökonomische Prozesse, die auch im innerstädtischen Raum eine Entflechtung von Funktionen bewirkt und weit vorangetrieben haben.
Ein Ergebnis dieser Entwicklung ist die Tatsache, daß Wohnraum rentabel am ehesten in Randzonen der Agglomerationen zu produzieren ist und also dort auch produziert wird, mit allen bekannten negativen Fol-

gen. Geringer Verdichtungsgrad führt zur Zersiedlung der Landschaft, zu einer Infrastruktur mit struktureller Unterentwicklung (Nahverkehr, Folgeeinrichtungen usw.) und nicht zuletzt zu einer längst noch nicht hinreichend erforschten sozialen Mangelsituation, die sich aus eben der Monofunktionalität dieser Räume ergibt. Daß sich diese Art von Regionen weiter ausbreiten wird, zum Schaden der Bewohner, der Gemeinden, die ihre Identität verlieren, und der Landschaft, kann nicht bezweifelt werden.

4. Leerräume oder Landschaften ohne Verwendungszweck

Demographische Logik macht die Entstehung entleerter Regionen wahrscheinlich: wo bei einer nur mäßig ansteigenden Population Ballungstendenzen herrschen, muß es zu Verdünnungen kommen. Dies ist freilich eine vordergründige Argumentation. Wichtiger ist eine Beweisführung, die durch das schon Gesagte ermöglicht wird. Die Reduktion von Landschaften auf jeweils *eine* Funktion erlaubt die (scheinbar) optimale Nutzung dieser Landschaften. Kann ein Gebiet nicht optimal genutzt werden, so wird es ganz konsequent aufgegeben werden. Dieser Vorgang müßte sich berechnen lassen: wo Grenzertragsböden eine industrielle Agrarproduktion ausschließen, die Entfernung von Agglomerationen mögliche Wohnfunktionen aufheben, wo sich Motivationen für den Urlauber nicht definieren lassen, da bleibt schließlich keine Verwendungsmöglichkeit übrig.

Beispiele für solche Entleerungen sind in Europa nicht selten: sie finden sich in manchen Regionen Italiens und Spaniens, in Nordschweden und Nordnorwegen, in Lappland, im französischen Massiv Central usw. In der Bundesrepublik sind sie in dramatischem Ausmaß noch nicht erkennbar. Gewisse Migrationstendenzen lassen jedoch bereits Verdünnungen erkennen, so im Hunsrück und anderen Landschaften. Bemerkenswert ist, daß es sich dabei häufig um späte Ausbau(Rodungs-)gebiete handelt, die in zunehmendem Maße aufgegeben werden, soweit sie nicht dem Fremdenverkehr nutzbar gemacht werden können. Übrigens dürfte für deutsche Verhältnisse gelten, daß die Entleerungsprozesse sich immer rascher vollziehen, je weiter die in der Nachkriegszeit geborene Generation das demographische Bild bestimmt.

Zwei Bemerkungen sind dazu noch notwendig. Erstens kann eine Selbstregulierung in Ausnahmefällen eintreten; die Provence ist ein Beispiel dafür – Künstler und Besitzer von Zweitwohnungen haben verlassene Dörfer übernommen. Aber die Zahl der Künstler ist begrenzt, und klimatische und topographische Vorzüge zeichnen das Land aus, im Gegensatz zu Lappland. Es sind auch, wie im Falle der Zonenrandgebiete in der Bundesrepublik, staatliche Steuerungen möglich, wenn sie auch gelegentlich zweifelhafte Folgen haben, wie das heutige Bild der Ostseeküste zeigt. Zweitens ist darauf zu verweisen, daß die Grenzen der Leerräume nicht unveränderlich sind. Wann ein Gebiet forstwirtschaftlich rentabel genutzt werden kann, hängt von den Preisen auf dem Holzmarkt ab; deren Schwankungen bestimmen über Bewirtschaftung oder Aufgabe eines Raumes.

Zu den hier skizzierten Funktionen, die das „Land“ hat, treten selbstverständlich weitere: militärische Nutzung, Gewinnung am Ort vorhandener Rohstoffe etc. Wichtiger ist die Anmerkung, daß es zwar alle diese monofunktionalen Räume in der Realität gibt, daß sie aber in der Knappheit dieser Darstellung idealtypischen Charakter tragen. Da sich die Reduktionsprozesse in der Zeit vollziehen und da sie längst nicht abgeschlossen sind, finden sich Misch- und Übergangsformen in großer Zahl und Unterschiedlichkeit. Natürlich gibt es noch die Dörfer, in denen die Zeit ein wenig langsamer zu gehen scheint als anderwärts, und die Kleinstädte, in denen das Leben vielleicht tatsächlich beschaulicher ist als in den Ballungen. Aber es ist anzunehmen, daß es sich dabei eher um Relikte handelt, die angesichts einer erkennbaren Entwicklung auch dann Relikte wären, wenn sie die Mehrheit bildeten. Denn die Energien, die gegenwärtig den Charakter der Regionen bestimmen, fließen aus dem Interesse aus der Verwertung dieser Räume; dieses Interesse artikuliert sich in einem Ökosystem, welches auf Arbeitsteilung beruht, und es führt deshalb notwendig zu einer Trennung der Funktionen im Raum. Dieses Prinzip ist keineswegs autonom, sondern mit Sicherheit an einen bestimmten Entwicklungsstand der Industrienationen gekoppelt; es ist störanfällig und kann durch anders motivierte Energien konterkariert werden – solchen etwa, die aus krisenhaften Situationen gespeist sein können.

5. Die Folgen der monofunktionalen Nutzung für die Bewohner

a) Das Angebot an Infrastruktur

Wohnen auf dem Lande – das heißt nach unserer Hypothese: wohnen in monofunktionalen Räumen. Das hat für den Wohnenden Konsequenzen verschiedener Art, darunter ganz vordergründige. Wo eine Region nur eine Aufgabe hat, kann sie andere nicht wahrnehmen. Also sind ihre Angebote an ihre Bewohner begrenzt. Die teilweise erheblichen Nachteile, die diesen so entstehen, sind weithin bekannt und müssen hier nicht dargestellt werden: die wachsenden Schwierigkeiten *medizinischer Versorgung,* die mangelhaften *Bildungsangebote,* die objektive Benachteiligung der *Pendler* usw. Versuche, Abhilfe durch Zentralisierung zu schaffen, haben die Transformierung der traditionell strukturierten ländlichen Räume wirksam befördert, zu entscheidenden Substanzverlusten vieler Landgemeinden geführt und machen diese Gemeinden zunehmend unattraktiver. Sie tragen so zur Verstärkung von – stärkeren und schwächeren – Ballungstendenzen bei, die eben wiederum bei genauem Hinsehen als Funktionsteilung interpretiert werden müssen – ein Teufelskreis, in welchem wohlgemeinte Hilfsversuche die Krankheit befördern.

Mindestens ebenso bedeutsam ist eine andere Entwicklung, die freilich weniger Beachtung findet: die inzwischen offenkundige Verdünnung

des sozialen, geselligen, kommunikativen Lebens, soweit es den Rahmen der Familie überschreitet.
Noch vor zwei Generationen gab es, was dieses Thema betrifft, bei einigen Sozialwissenschaftlern (ich schließe mich da ein) einen Glauben an Selbstregulierung: wo Menschen in räumlicher Nähe wohnen, da muß es auch zu sozialen Beziehungen kommen – das war die Überzeugung. Viele Erfahrungen haben mich veranlaßt, davon abzurücken.

In den ausgebeinten Dörfern verringern sich Zahl und Intensität gemeinsamer Aktionen der Bewohner – von der öffentlich gefeierten Hochzeit bis zur weihnachtlichen Theateraufführung des Gesangvereins, und das ist empirisch nachweisbar. In den wachsenden Wohngemeinden finden die Zugezogenen kaum Kontakt zu den Alteinwohnern und zu Ihresgleichen, wollen ihn oft auch wohl nicht finden. In den neuen Großsiedlungen werden oft die – meist bescheidenen – Kommunikationsangebote nur schwach angenommen: Cafes stehen selbst sonntags halbleer, während die Balkons zu komfortablen Wohnburgen ausgebaut werden. Die Urlaubszonen sind nicht selten Inseln der Kontaktseligkeit – für jeweils drei Wochen und vielleicht eben darum.

Wie kommt das? Haben sich plötzlich die Menschen geändert? Sind Stammtisch und Kaffeekränzchen, Nachbarnplausch und Vereinswichtigkeit nicht mehr gefragt? Sind sie vielleicht auf gewachsene Populationen beschränkt, die keine neue Sittuation zu bewältigen haben? Was hat dazu geführt, daß sich immer mehr Menschen in die enge Welt von Polstergarnitur und Hobbyraum zurückziehen? Oder ist das etwa nur eine Übergangserscheinung?

b) Das menschliche Zusammenleben

Die letzte Möglichkeit – die der Übergangserscheinung – ist durchaus nicht von der Hand zu weisen. Aber wahrscheinlich ist, daß auch der Komplex, den wir soziales Leben nennen, zunehmend in voneinander völlig getrennte Teile zerfällt. Dazu ein Beispiel: der Städter, der sein Eigenheim draußen auf dem Land baut, ist sehr häufig nicht an geselligen Kontakten mit seinen alteingesessenen Nachbarn interessiert (fast nie kann er sich dazu entschließen, im örtlichen Vereinsleben mitzuwirken). Das ruft oft Verwunderung, gelegentlich Verbitterung hervor. Diese Reaktionen entspringen einer traditionellen Denkweise: Wohnen war immer auch Stimulans für die Entwicklung verwandtschaftlicher, nachbarlicher und anderer sozialer Beziehungen. Daß das nicht mehr so sein soll, erregt Befremden, und doch: der Zugezogene hat genau auf die Funktion reagiert, welche den neuen Ort kennzeichnet, auf das Wohnangebot einer Wachstumsgemeinde. Was sein geselliges Bedürfnis betrifft, so kann er es anderwärts befriedigen, in Kreisen mit stärkerer beruflicher oder sozialer Affinität zu ihm, oder er kann sie auf seine Familie beschränken, oder er kann ein Substitut in der Massenkommunikation finden. Das bedeutet, daß der räumlichen Funktionsteilung auch eine soziale entsprechen kann, ja konsequent entsprechen muß.

Hermann Bausinger hat einmal neue Siedlungen „Zonen verdünnten Lebens" genannt.[2] Erweist sich unsere These von der Spezialisierung ländlicher Räume als richtig, von ihrer zunehmenden Monofunktionalität, dann steht zu erwarten, daß das Land in zunehmendem Maße ebenso zu einer Zone verdünnten Lebens wird, unterteilt in Sektoren unterschiedlicher Produktion.

Aber eine solche Prognose, die doch so wenig mit dem uns vertrauten Bild des Landlebens harmoniert, klingt merkwürdig vertraut. Wir haben ihren Inhalt kennengelernt aus den vielen und berechtigten Klagen über den Zerfall unserer großen Städte. Auch sie haben ja in oft extremer Weise den Prozeß der Funktionsteilung erlebt: Wohn-, Arbeits-, Verwaltungs- und Erholungsstätten fielen kraß auseinander, und daraus ergaben sich nicht nur Verkehrsprobleme, sondern dadurch entstanden auch, überall in den großen Städten, Zonen verdünnten Lebens. Diese Tatsache zu diskutieren, würde unser Thema erheblich überschreiten. Sie muß aber erwähnt werden, weil sich aus ihr ein bedeutsamer Schluß ergibt: es sind die gleichen Energien, welche die problematischen Entwicklungen in Stadt und Land vorantreiben, und es gibt, so gesehen, keinen Unterschied zwischen Stadt und Land mehr.

Dies nun ist keine bloße Behauptung mehr, keine These. Längst haben diejenigen Siedlungsaggregate das Übergewicht, die in unsere klassischen Vorstellungen von Stadt und Land nicht mehr passen. Die Wohnlandschaften, die Eigenheimgürtel, die vielen Neusiedlungen – sie sind alles andere als Dörfer und schon gar keine Städte. Die Ketten von Hotelburgen in den Ferienrevieren sind weder das eine noch das andere, und der Supermarkt auf der grünen Wiese erinnert zwar an eine ins Gigantische gewachsene ländliche „gemischte Warenhandlung", hat mit dieser aber freilich ebensowenig zu tun wie er urbanes Leben vorspiegeln kann.

Leben auf dem Lande kann nach allem Gesagten kein Gegenkonzept zu einem vielleicht unerfreulichen Leben in der Stadt sein. Es bezeichnet nicht einmal eine Alternative zum Leben in den sururbanen Regionen, die weder Dorf noch Stadt sind. Leben auf dem Lande – das ist immer mehr eine Illusion, und es gibt kein Konzept, sie Realität werden zu lassen.

2 *Hermann Bausinger, Markus Braun, Herbert Schwedt:* Neue Siedlungen. Volkskundlich-soziologische Untersuchungen des Ludwig-Uhland-Instituts Tübingen. 2. Aufl. Stuttgart, S. 10.

Urz Jeggle/Albert Ilien

Die Dorfgemeinschaft als Not- und Terrorzusammenhang

Ein Beitrag zur Sozialgeschichte des Dorfes und zur Sozialpsychologie seiner Bewohner[1]

1. Lokalpolitik versus „große Politik"

Daß Kommunalpolitik mit Verwandschaften und Vereinen zu tun hat, ist für die 10 Gemeinderäte[2] von Hausen selbstverständlich. Befragt, von wem sie wohl gewählt worden seien, nennen sieben spontan ihre *Verwandten,* ebenfalls sieben den *Verein,* dem sie angehören. Daß Kommunalpolitik auch mit Politik zu tun hat, ist dagegen überhaupt nicht selbstverständlich: die Frage, ob sie ihr Amt „politisch" verstünden, wird von fast allen (acht) verneint, obwohl vier von ihnen Mitglied einer politischen Partei sind. Diese Einschätzung läßt sich nicht als Problem bloßer Sprachregelung abtun. Der Begriff „politisch" ist in Hausen reserviert für die sogenannte hohe (auch „große") Politik, deren wesentliches Regulier- und Tariersystem die Parteien und bestimmte dunkel organisierte Verbände sind.

„Politik brauchen wir hier nicht, hier ist alles überschaubar", interpretiert ein Gemeinderat die scheinbare Abstinenz, die – das ist nicht zu überhören – gleichzeitig Ablehnung ist. Die Politik regelt das *Undurchsichtige,* wo man nicht weiß, „wo man dran ist", wo man selber nichts zu sagen hat. Die Kongruenz von Politik und *Parteipolitik* trägt dem semantischen Feld „Politik" noch einige weitere pejorative Konnotationen ein. Unsere Frage, ob Politik den Charakter verderbe, wird von fünf Gemeinderäten ohne Zögern bejaht, einer fügt gelassen hinzu, das sei selbstverständlich und müsse auch so sein. Eine bei der Befragung noch offene, mittlerweile längst mit überwiegender Mehrheit der Gemeinderäte unterstützte und vollzogene *Eingemeindung* in die nahegelegene Stadt wird von vier Gemeinderäten deswegen abgelehnt, weil dann das kommunale Geschehen in den Einflußbereich der Parteipolitik gerate und im Dorf politisch regiert werde. Alle vier bekennenden Apolitischen stehen der Hausener „Einheitspartei" nahe, einer ist sogar Mitglied.

1 Der nachfolgende Beitrag ist die überarbeitete Fassung eines Aufsatzes, den die Autoren unter dem Pseudonym „Albert Jakob" mit dem Titel: „Das Ende der Dorfpolitik. Zur Sozialgeschichte des Dorfes und zur Sozialpsychologie seiner Bewohner" in der Zeitschrift „Der Bürger im Staat" veröffentlicht haben (Jg. 25, 1975, H. 1, S. 26–31).

2 Wir haben die Gemeinderäte im Herbst 1973 einzeln interviewt. Die folgenden wörtlichen Zitate stammen aus diesen teilstandardisierten Gesprächen.

Dieser Widerspruch wird nicht als Widerspruch erfahren: Was braucht man eine Partei, wenn man sich gegenseitig kennt, wozu bedarf man einer Organisation, die Interessen bündelt, wo man doch sowieso von jedem weiß, welche Interessen er und die Seinen haben. Gewisse Medien, die rationalen Konsens herzustellen haben, wie es die liberale Demokratietheorie vorsieht, gibt es in Hausen nicht, weil sie unnötig sind. Im Gemeinderat wird zwar der Schein gewahrt, und wenn eine Satzungsönderung ins Rathaus steht, dann wird auch von Gerechtigkeit und übergeordneten Interessen geredet, aber dahinter verbirgt sich, jedem Einheimischen völlig durchsichtig, stets eigenes oder Klientel-Interesse. Da kann lange über den Verlauf eines Gehweges geredet werden, ob er besser an der linken Straßenseite („da scheint die Sonne länger hin und der Schnee taut deshalb schneller") oder auf der rechten („da gibt es keinen so scharfen Knick") verlaufe; hinter dem Expertengespräch steckt, wie jeder Hausener weiß, daß ein Verwandter eines Gemeinderats ein Grundstück rechts hat und wegen den Anliegerkosten den Gehweg lieber links hätte und umgekehrt. Und die Entscheidung wird nicht wegen mehr Sonne oder weniger Knick gefällt, sondern nach *Zahl der Vasallen;* diese rekrutieren sich in erster Linie aus Verwandten[3], in zweiter aus der Reihe der Vereinsbrüder[4].

In dem Bekenntnis, daß Politik im Dorf nicht vorkommt und dort auch eigentlich nichts verloren hat, liegt ein weiteres Problem: es gibt keine Erfahrungen und keine Erfahrungsmöglichkeit, die *die verschiedenen politischen Ebenen* in einen Zusammenhang zu bringen vermöchten. Das Alltagsleben in der kleinen Gemeinde ist quasi politisch unstrukturiert, exterritorialer Boden, wo man ohne erfahrbaren Schaden in der Illusion leben kann: „Politik geht mich nichts an." Die Gemeinde steht scheinbar in keinerlei Beziehung zu den übergreifenden politischen Instanzen[5]. Sie ist weder Keimzelle der Demokratie noch Einübungsfeld in demokratische Verhaltensweisen[6] noch so etwas wie Negation (im Sinne von: hier ist alles besser, nach diesem Muster müßte ein wahrhaft demo-

3 Ein sehr starkes Gewicht auf die Untersuchung der Verwandtschaftsstruktur legt die Groupe de Recherches en Anthropologie, Lausanne, in ihrem „Essai de Monographie Comparée de deux villages du Canton de Vaud Oppens et Orzens". Montreux 1965.

4 Lokale Vereinsuntersuchungen gibt es bisher nur für Hamburg (Herbert Freudenthal: Vereine in Hamburg 1968) und (für unsere Zwecke brauchbarer) Heinz Schmitt: Das Vereinsleben in Weinheim a. d. B. Weinheim 1963. Dörfliche Vereine wurden bisher sehr selten untersucht, so von Herbert Schwedt: Kulturstile kleiner Gemeinden. Tübingen 1968 (= Volksleben 21), S. 79–86.

5 Die Erforschung der ländlichen Gemeinde findet in der Bibliographie zu Gemeindeforschung von Herbert und Elke Schwedt besondere Berücksichtigung. In: Forschungen und Berichte zur Volkskunde in Baden-Württemberg 1971–1973. Stuttgart 1973, S. 245–256.

6 Zur politischen Funktion der Gemeinde und der Gemeindeforschung Ralf Zoll: Gemeinde als Alibi. München 1972.

kratischer Staat organisiert werden), hier gelten einfach andere Gesetze, die im folgenden genauer zu bestimmen sind.

Ist diese Fragmentierung in solche unverbundenen Ebenen ein politisches Problem, dann auch die mangelnde Bereitschaft, es als solches anzuerkennen. Die planvolle Überschätzung der Basisdemokratie in der Gemeinde durch Politiker und Wissenschaftler[7] dient auch als Alibi, um demokratische Strukturschwächen in der Gesamtgesellschaft zu verdecken. Von einer solchen Idyllisierung der Lokalpolitik ist man in Hausen weit entfernt, man hat dafür ja auch keinen Ansatzpunkt. Politische Versammlungen sind im Dorf ebenso überflüssig wie beispielsweise die Vorstellung von Kandidaten für die Kommunalwahlen; die Dinge, die einen betreffen, kennt man ebensogut wie die möglichen Mandatsträger. In diesem Sinn fehlen die Voraussetzungen für eine politische Ebene als Gegensatz zum privaten Raum: alles Relevante, und das ist Besitz an Grund und Boden, daß der Gehweg an einen bestimmten Platz hinkommt, das ist auch Eheleben, Kindererziehung, ist in Hausen *dorföffentlich*, jeder weiß über jedes Bescheid. Die Frage nach der dörflichen Politik verfehlt also nicht nur das Vokabular und das Bewußtsein der dörflichen Gesprächspartner, sie verfehlt auch die dörfliche Realität.

Die Frage nach ihr muß dennoch gestellt werden, als Frage nach den Interaktions- und Kommunikationsstrukturen des Dorfs, vor allem als Frage nach deren Bedingungen. Das Agieren im sozialökonomischen und psychosozialen Zusammenhang Dorf ist nicht nur durch irgendwelche ideologischen Vorstellungen bestimmt, sondern durch sehr genau definierbare materielle Interessen, die das Bewußtsein der Hausener doppelt bestimmen: zum einen in der Situation der Erziehung, die nicht anders sein kann, als es die materiellen Bedingungen erlauben, und die kein anderes Ziel haben kann als in diesen vorgegebenen Grenzen – das Beste aus einem Leben zu machen; zum andern durch die Situation des Besitzers von Produktionsmitteln, entweder Grund und Boden oder Arbeitskraft, wo wiederum sich keiner leisten kann, irgendwelche existenzbedrohenden Höhenflüge über die ökonomische Basis hinweg mitzumachen: „Was man hat, das ist man“ faßt eine Hausener Redensart prägnant zusammen, und das muß man auch bleiben, könnte man ergänzen.

2. Soziale Schichtung und Familienzugehörigkeit

Wenn das Bewußtsein, und nicht nur das politische, so generell von den Grenzlinien bäuerlichen Wirtschaftens eingeengt und bestimmt ist, hat eine Analyse der Entstehungs- und Prägefaktoren ähnlich tief anzusetzen; zum einen in der frühesten Sozialisation der Hausener Kinder, zum andern in der „Kindheitsgeschichte“ der Hausener Gesellschaft. Nur wenn wir wissen, warum die Hausener so sind, wie sie sind, können wir sie und ihr Verhältnis zu Demokratie und Gesellschaft verstehen.

7 Hinweise finden sich bei Zoll.

Hausen liegt am Rand eines Gebirgsrückens, nur ein Teil der Markung hat fruchtbaren Boden, ungefähr ein Drittel der Fläche sind Wiesen, die bis in die Mitte des 18. Jahrhunderts von dauernden Überschwemmungen gefährdet waren. Der fruchtbare Teil gehörte bis zu seiner Auflösung 1786 durch Joseph II. von Österreich, dem damaligen Landesherren, einem im Ort ansässigen Kloster. Der Besitz wurde versteigert und ging zu einem Teil an einen speyerischen Kammerherrn aus Bruchsal, zum andern an eine Gruppe von 35 Hausener Bauern, die die Unsumme von 40 000 Gulden zusammenbrachten, indem sie ihre anderen Liegenschaften hoch verschuldeten. Nicht nur der Zufall, daß ein Herr aus was für Gründen auch immer verkauft, sondern ein Akt kollektiven Handelns setzt den Anfang der Hausener Geschichte der Neuzeit. Der Kauf·bedeutete ohne Zweifel einen Gewinn für das ganze Dorf, zugleich aber auch eine zusätzliche soziale Differenzierung. Die früher schon ein bißchen etwas hatten, konnten höhere Schulden aufnehmen und mehr dazukaufen, die gar nichts hatten, konnten auch jetzt nicht mithalten.

Es entstanden drei soziale Schichten im Dorf. Die einen wollen wir reich nennen, obwohl keine dieser fünf Familien mehr als zehn Hektar hatte, im Durchschnitt verfügten sie über acht Hektar, auf denen zum großen Teil verschiedene Lasten verschiedener Herrschaften lagen. Der Hausener Mittelstand zählte zu Beginn des 19. Jahrhunderts 30 Familien, sie hatten zwischen zwei und fünf Hektar, die übrigen 40 Familien hatten noch weniger, einen Garten und zwei, drei Äcker, auf denen sie ihre notwendigsten Grundnahrungsmittel anbauen konnten. Sie hatten bei der großen Beuteverteilung nicht mithalten können und lebten allesamt in wirtschaftlicher Abhängigkeit (als Tagelöhner) und konnten in schlechten Jahren nur durch Hunger oder Auswanderung überleben. Man versuchte zwar, zu der gar zu kümmerlichen Landwirtschaft dazuzuverdienen: es gab 1828 in Hausen sieben Leineweber, vier Steinhauer und zwei Ziegler, die für einen überlokalen Markt produzieren konnten; aber die fünf Bäcker, die drei Schmiede, die vier Schuhmacher und die anderen Dorfhandwerker verdarben sich gegenseitig das Geschäft, denn in den anderen Dörfern gab es gerade so viele. Die Hausener schafften es nicht, wie andere Dörfer durch Spezialisierung ein besonderes Image und dadurch einen besonderen Markt aufzubauen (die *Mössinger* durch ihren Schnaps, die *Ofterdinger* durch ihre Löffel, die *Gönninger* durch den Blumenzwiebelhandel[8]), dazu waren sie zu wenige. Erst als der Beginn der Industrialisierung und die dafür notwendigen Bauwerke massenhaft Zimmerleute, Maurer und Steinhauer erforderten, konnten wenigstens die Bauhandwerker – wenn auch nur im Sommer und dazuhin auswärts – ihren Unterhalt fristen. Alle diese Handwerker – mit Ausnahme der Ziegler, die im Verlauf des 19. Jahrhunderts ebenfalls durch die Industriebauten zu einigem Reichtum kamen – repräsentierten dörfliche Unterschicht, waren nur aus Mangel an Land Handwerker geworden. Nur in drei Fällen gelang

8 Als ein Beispiel Doris Dürr: Ostschwäbische Händlerdörfer in Geschichte und Gegenwart. Masch. Diss. Tübingen 1961.

es bis 1890 einem solchen Handwerker, eine Bauerntochter aus der reichen Clique zu freien. Heiraten war in Hausen die einzige Möglichkeit zum sozialen Aufstieg, gerade deshalb war diese Möglichkeit praktisch unmöglich, denn jeder Aufstieg bedeutete für den Partner einen Abstieg. Ein Hausvater, der seinen Kindern eine Ehe mit einem Ärmeren gestattete, gefährdete deren Existenz und gab sie der Armut preis, mit verbalen Verboten war das nicht durchzuhalten, Mesalliancen wurden schon den kleinen Kindern – die und die passen nicht zusammen – als eine Art anthropologischen Frevels eingeimpft.

In Hausen wird von alters her *real* geteilt, d. h. es ist üblich, daß jedes Kind, auch die weiblichen Geschlechts, zu einem vom Vater zu bestimmenden Zeitpunkt (spätestens an seinem Tod) einen gleichen Teil der Äcker, Wiesen und der mobilen Güter erhält. Die bäuerlichen Produktionsmittel, um die es hauptsächlich ging, wurden von Generation zu Generation in gleiche Teile aufgeteilt. Wer also seinen Lebensstandard lebenslang bewahren will, der sollte nur ein Geschwister haben, sonst erbt er weniger als die Hälfte, er sollte auch jemand heiraten, der genausoviel hat, sonst geht es abwärts, und das hieß im Hausen des 19. Jahrhunderts in der Regel schlicht noch mehr Hunger, noch mehr Schulden, noch mehr Not.

Aus diesem Zwang ist eine ganze Reihe von Verhaltensweisen abzuleiten: nach auswärts heiraten ist nur den Armen möglich (aber wer will auswärts schon einen Armen?), die „Reichen“ können gerade noch in den allernächsten Nachbardörfern mit angrenzender Markung nach Bräuten mit geschickt gelegenen Äckern Ausschau halten. Weil keiner sich den Abstieg leisten kann, gibt es auch nur ausnahmsweise Aufsteiger, der Normalfall ist, daß man genau auf einer Ebene bleibt und dort einen „ebenbürtigen“ Partner sucht. Es ergibt sich so automatisch eine blutsverwandtschaftliche Aufladung bestimmter Sozialebenen: ein Illinger sein, heißt gleichzeitig immer, lebenslang und über Generationen hinweg, dem geht es gut, der wird nicht hungern, der wird einmals eine Bengel oder Griesinger heiraten, bei dessen „Leich“ wird das ganze Dorf auf den Füßen sein. Umgekehrt, eine Ellanger kennt in der Regel ihren Vater nicht, hat nichts zu erwarten außer Hunger und Leid, und wenn es ihr einmal gut geht und damit schlecht geht, kriegt sie wieder ein uneheliches Kind, das sie, wie sie selbst es mußte, ins Oberland gibt, um dort fürs tägliche Brot bei großen Bauern Gänse zu hüten.

Der verwandtschaftliche Zement, der die einzelnen Soziallagen einebnet und gegeneinander abriegelt, verfestigt gleichzeitig die Verwandtschaften zu einigermaßen abgegrenzten Blöcken. Wem es gelingt aufzusteigen, der zählt sich schnell zu den anderen; Zweige einer Verwandtschaft, die absteigen, werden als neue Verwandtschaften gerechnet. Das System ist fast völlig statisch, der einzige dynamische Faktor ist die mangelhafte Familienplanungsmöglichkeit. Zwar steuert sich auch da das Gesamtsystem fast vollkommen aus, 1865 ist der Schnitt der Kinderzahl pro Familie 2,02. Aber hinter diesem Mittelwert verbergen sich harte Familientragödien. Es gibt Familien, die aussterben, die Maiers zum Beispiel, bei denen auf ein Kind, das groß wird, fünf kommen, die bei der Geburt oder bald danach sterben; es gibt einige Frauen, denen zwölf Kinder sterben – die Güter fallen dann zurück an die Geschwister der beiden Ehepartner. Umgekehrte Fälle gibt es auch. Sie sind nicht nur der Planlosigkeit ehelichen Zusammenlebens zur Last zu legen, denn mehrere Kinder heißt natürlich auch selber produzierte und damit noch billigere Arbeitskräfte, die außer der Kleidung und dem täglichen Brot (das man sich kaum bescheiden genug vorstellen kann) einem zweimal jährlich ausbezahlten Marktgeld und der Hoffnung auf ein späteres Erbe nichts erhalten.

3. Die Funktionen der bäuerlichen Familie

Drei Generationen lebten und wirtschafteten in der Regel im bäuerlichen Haus zusammen. Die bäuerliche Arbeit ist natürlich gegliedert, sie braucht einerseits Kooperation, sie kennt andererseits auch Kompetenz: die Ältesten haben die meiste Erfahrung, die Mittleren die meiste Schaffenskraft, die Jungen zu gehorchen. Man ist gemeinsam *von der Natur abhängig,* und zwar total, noch mehr als von jedem Menschen, selbst dem grimmigsten feudalen Ekel. In einem schlechten Jahr weiß man im Mai, daß man im Winter hungern wird. Jede schlimme Wolke kann Hagel und damit ungeheure Not mit sich bringen. Erfahrung in dieser Auseinandersetzung mit der Natur ist lebensnotwendig, die Autorität des Älteren sachlich bedingt. Die je verschiedene Qualifikation verändert sich von Lebensphase zu Lebensphase: der, der gehorcht, wird auf der nächsten Stufe der Befehlende sein; wer den Alten versorgt, wird einst selber versorgt werden.

Diese Großfamilie ist eine Notgemeinschaft, die den Kampf ums Überleben unter ganz bestimmten Bedingungen organisiert, jeder, der seine Aufgabe nicht erfüllt, bedeutet Untergang für alle. Im Ortsarchiv finden sich davon Zeugnisse, der Vater, der aus Kummer über den Tod seiner Frau (vielleicht auch aus Freude, das läßt sich in Hausen nicht immer so recht unterscheiden) nach Amerika abhaut, zerstört das Alter seines Vaters, der unwillig, aber den Gesetzen des Heimatrechts folgend, von der Kommune im Armenhaus versorgt werden muß, und die Zukunft seiner Kinder, die als Zöglinge in andere Familien kommen, dort als billige Arbeitskräfte ohen Erbaussichten dienen, dem Ziehvater zudem noch ein Kostgeld, das die Gemeinde zu bezahlen hat, einbringen.

Der Vater ist für die männlichen Kinder, so wie die Mutter für die weiblichen, der umfassende Erzieher, der einen lebenslang in die Produktionsgeheimnisse einführt, der einem zeigt, wie man einen Baum beschneidet, der einem die verschiedenen Böden vorführt, der einen die Sprache lehrt, die zwar das Wort Politik nicht braucht, dafür zehn Wörter kennt, um die Beschaffenheit eines Bodens exakt und im Dorf allgemeinverständlich zu beschreiben. Die Familie ist die wichtigste Qualifikationsinstanz, das Schulwissen hat allenfalls ergänzenden Charakter[9]; denn mit diesen Kenntnissen konnte man nicht überleben, wußte man nicht, wie das Wetter wird oder wie man eine Sense wetzt. Lebenslanges Lernen hieß, als Alter der Erfahrenste zu sein. Alt im Sinn von verbraucht wird man in Hausen erst dann, wenn man nichts mehr schaffen kann – dementsprechend galt die Redensart – „wenn ich nichts mehr schaffen kann, dann sterb ich lieber gleich". Bis vor kurzem war es undenkbar, daß einer unter 40 in den Gemeinderat kam: „Was will der junge Spund!"

Die Verwandtschaft bestimmt das Leben der Hausener unausweichlich. Die Prädestination ist doppelt: Liegt einer in einer Illinger Wiege, dann braucht man keine gute Fee, um die Lebensgeschichte vorauszusagen, dann kann er sich aufgrund der relativ reichlichen bäuerlichen Produktionsmittel einen Charakter, eine reiche Frau, Zigarren am Abend, gelegentlich einen Wein und nicht immer nur den alltäglichen Most leisten. Trotzdem keine Illusionen: ein Hausener zu sein, bedeutet von allem Anfang wenig Glück. Die sozialen Unterschiede im Dorf dürfen nicht darüber hinwegtäuschen, daß die Hausener insgesamt – an gesamtgesellschaftlichen Maßstäben gemessen – zur Unterschicht, und das in allen Phasen, zu rechnen sind. Durch diese generelle Benachteiligung gab es durchaus auch gemeinsame Interessen.

4. Die Grenzen der Dorfgemeinschaft

Die Gemeinde als Sammelbecken dieser sehr unterschiedlichen Produzentengemeinschaften war durch bestimmte gemeinsame *Fronen* verbunden, dann vor allem durch die Zelgewirtschaft, die eine kollektive Abstimmung verschiedener Produktionsvorgänge erforderte. Trotzdem blieb die Produktion in der Familie, und will man das formal so einmal abgrenzen, war die Reproduktion kommunal. Das berühmte *Stubengehen* diente auch der Einsparung von Öl (für die Lampe), gleichzeitig wurde dadurch Verwandtschaft überschritten, ebenso beim abendlichen Treff der Jugendlichen vor der Molke, beim Wirtshausbesuch der Männer. Alle *Feste* beging man gemeinsam, und das nicht nur wie bei der Beerdigung als optische Demonstration einer Schicksalsgemeinschaft, sondern auch materiell recht handfest wie bei der Hochzeit, die bis vor zehn Jahren dorföffentlich gefeiert wurde und bei der durch die obligaten Geldgeschenke ein zinsloses Darlehen dem Paar gegeben wurde, das noch Anfang der 50er Jahre, wo die Mark noch mehr wert war, zwischen 1.000 und 5.000 Mark betrug. Für die Höhe des Betrags war das soziale Ansehn und die Größe der Verwandtschaft ausschlaggebend, die Verwandten mußten mehr geben als die übrigen. Sie bekamen es freilich, heirateten ihre Kinder, auf Heller und Pfennig zurück. Die Brautmutter beobach-

9 Die soziale Stellung des Dorfschulmeisters war dementsprechend. Dazu: Eugen Schmid: Geschichte des württembergischen evangelischen Volksschulwesens 1806–1910. Stuttgart 1933.

tet die Schenkakte strenger als die Unschuld ihrer Tochter (die freilich auch ein wertsteigernder Faktor war), zum Teil wurden sogar Listen angelegt, um nur ja den genauen Gegenwert zurückschenken zu können[10]).

Kommunale *Solidarität* gab es nur, wenn sie nötig war: wenn eine Katastrophe, ein Unwetter, alle in Gefahr brachte, dann waren die Illingers und Maiers und Ellangers alle Hausener, wenn ein Gewitter aufzog und der Nachbar seinen Heuwagen noch nicht in der Scheuer hatte, dann kannte man keine sozialen Differenzen und dann war nachbarschaftliche Hilfe selbstverständlich. Also doch Dorfgemeinschaft, doch ein aktives Miteinander, wie es die Sonntagsredner dem Dorf glauben zugute halten zu müssen? Dorfgemeinschaft ist für die Hausener kein ideologisches Problem, sondern eine situativ geregelte Selbstverständlichkeit, Hausener ist man vor allem gegenüber Nicht-Hausenern, gegen den Kammerherrn aus Bruchsal, der einem die Äcker wegzukaufen versucht, gegen das adlige Geschmeiß, das im großen Wald für Lustjagden Getier hält, das Flurschaden anrichtet, gegen den Steueracciser, der anläßlich der Hochzeit einer lumpigen Königstochter über 1.000 Gulden Sondersteuer eintreibt, gegen die Geometer, die 1830 in den Ort kommen, um das Land millimetergenau zu verkarten, um ja noch mehr Steuern aus den Bauern pressen zu können, gegen die Eisenbahnarbeiter, die Lärm und Unordnung ins Dorf bringen, gegen jeden Fremden, der eine Hausenerin heiraten will – welches Mädchen macht schon so etwas, die kann ja eh nichts taugen, das heißt, der Zukünftige auch nicht, das wiederum bedeutet für die Gemeinde, daß sie bei Verarmung das Sorgerecht zu tragen hat und sich folglich gegen jede Neuaufnahme in das Bürgerrecht mit Händen und Füßen wehrt. Das Fremde, egal ob machtlos oder übermächtig, ist bedrohend, es bedroht alle die Illingers und die Ellangers gleichermaßen; gegenüber dem Feudalherrn oder dem Oberamtmann, der einmal im Jahr Ruggericht hält, ist selbst der „reiche“ Stoffelesbauer ein Würstchen, das dienert und den Hut zieht. Das Nicht-Hausen lehrt die Hausener eigentlich erst, daß es Hausen als Schicksalsgemeinschaft, als Zusammenhang überhaupt gibt.

Im bedrohten Alltag kann man sich Solidarität gar nicht leisten, man verklagt die alte Nachbarin, die aus der Wiese ein Büschele Gras für ihre Hasen rupft, beim Schultheiß, weil man auch das bißchen Gras noch für die eigenen Tiere braucht; man geht vor Gericht, wenn eine Prozession des Nachbardorfs durch die Wiesen trampelt, denn das Gras ist wichtiger als der göttliche Segen; man geht im Herbst morgens um vier Uhr in den Wald, um dem Nachbarn beim Laubholen voraus zu sein – Laub, das man braucht, um den Stall zu streuen, weil man das Stroh unters Viehfutter mischen muß, weil man nicht genug Heu hat.

10 Wegen der Schenke habe es sich manchmal gelohnt, so wird von Paaren erzählt, die nach dem Krieg geheiratet haben, einen Auswärtigen zu heiraten, weil dann zwei Dörfer zusammenkamen, die alle schenken mußten. Über solche Hochzeits-Schenksitten speziell im Landkreis Tübingen informiert Herbert Schwedt: Der Landkreis Tübingen, Bd. 1, Tübingen 1967, S. 423.

5. Besitzstandswahrung als ursprünglicher Inhalt von Dorfpolitik

Lokalpolitik hat im 19. Jahrhundert aus der Perspektive der Herrschaft die Funktion der Sicherung und Verwaltung der Machtinteressen, aus der Perspektive der Hausener die Aufgabe, die natürliche, durch Geschlechterfolge bestimmte Verteilung der Produktionsmittel nicht in Unordnung kommen zu lassen, anders gesagt, den *Besitzstand zu wahren;* und das in jeder Beziehung: den *Besitzstand der Gesamtgemeinde,* die keine zusätzlichen armen Schlucker brauchen kann, keine Bettler, keine Armenhäusler; dann den *Besitzstand an Grund und Boden.* Da liegt die Hauptaufgabe der kommunalen Organe: Grenzsteinveränderungen zu ahnden, minimale Eigentumsdelikte zu verfolgen, Lager- und Güterbücher geflissentlich zu behüten. Die dritte Aufgabe schließlich ist die *Bewahrung der öffentlichen Moral.* Die gleichen Nachbarn, die einen zu Grabe tragen, verpfeifen einen beim Polizeidiener, wenn ein nächtlicher Logisherr zu vermutet unsittlichem Teiben bei einer Ledigen gastiert – und die Herren Gemeinderäte dürfen es sich dann nicht nehmen lassen, den Tatbestand durch Augenschein zu überprüfen. Der Kommunikationszusammenhang Gemeinde, der in Notsituationen Geborgenheit und Hilfe gewährt, bedeutet gleichzeitig eine Art *Terrorzusammenhang.*

6. Apathie als öffentliche Tugend

Die dörfliche Lebenswelt kennt *keine Privatheit* im bürgerlichen Sinn; Produktion und Reproduktion sind öffentlich, es gibt keine Geheimnisse. Bis heute kann man tagsüber fast jedermann zu jeder Zeit besuchen, und auch nächtliches Intimleben ist durch die Siedlungsstruktur kaum ohne nachbarliche Beteiligung abzuwickeln. Die Überwachung traf fast alle, die Reichen in ihren größeren Häusern konnten wenigstens so etwas wie partielle Rückzugsbereiche entwickeln, gegen die Armen wurden darüber hinaus noch Charakter- und sonstige Werturteile gefällt: Es gibt Verwandtschaften, die halt lügen, die halt stehlen, die halt nix taugen. Die vorhin beschriebene Biologisierung der Soziallage durch die ökonomisch bedingten Heiratskreise bedeuten eine Naturalisierung aller sozialen und menschlichen Differenzen, das schwäbische „halt“ drückt das in aller unveränderlichen Deutlichkeit aus.

Dabei ist diese Naturalisierung von geschichtlichen Akten – wie es eine Heirat ist – eben nicht nur eine Art der spezifischen und zufälligen Erfahrungsorganisation, sondern, wie gezeigt, eine Achse von Realität, Lebensgeschichte ist eben von der Wiege bis zur Bahre bestimmt: dem Illinger geht es besser, weil er ein Illinger ist, denn ein Illinger ist einfach etwas Besseres. Aktivität wäre da eher abträglich, sie könnte das mühsam erreichte Gleichgewicht stören. Ein einzelner, der sein Leben frei gestalten wollte, würde dadurch das Leben vieler anderer Hausener gefährden. Apathie, Planlosigkeit, sich fügen in das Vorbestimmte sind geradezu öffentliche Tugenden in Hausen, notwendig, um das Ganze am Laufen zu halten.

Diese Apathie wird situativ modifiziert, beim Erben hat man wachsam zu sein. Der Bruder, mit dem zusammen man Gänse hütete und spielte, wenn dazu Zeit war, entpuppt sich nun als hinterlistiger Konkurrent, dessen ganzes Handeln darauf aus ist, einen übers Ohr zu hauen, sich beim Vater einzuschmeicheln, um vielleicht doch die besseren Äcker, die formal als gleich große gleich viel wert sind, herauszuschlagen. Jeder Handbreit Boden wird wichtig, und Verwandtschaften, die in Hausen behaupten, sie kennen keinen Streit, fragt man nur in der Form zum Scherz: „Habt ihr schon geteilt?" Das kann ungeheuerliche Formen annehmen: eine Mutter in Hausen, sie wurde 1864 hingerichtet, hat ihr Stiefkind umgebracht, als sie selbst ein Kind bekommen hatte. Es galt, nicht nur die Erinnerung, auch den lästigen Konkurrenten aus dem Weg zu räumen. Die Kinder, die im Produktionsbereich, im Haushalt, auf dem Feld, Kooperations- und Solidaritätsfähigkeit entwickeln müssen, werden gezwungen, bei der Aneignung der Produktionsmittel, also im Erbfall, sich zu eifersüchtiggen Kontrahenten zu entwickeln. Rivalität und Solidarität werden gleichzeitig in die kindliche Psyche eingeimpft, und zwar so, daß diese Unverträglichkeit als erträglich, normal erfahren wird.

7. Der Vater als zentrale Figur

Möglich wird das durch die Figur des in der bäuerlichen Produktion allgegenwärtigen Vaters. Er ist viel mehr und viel regelmäßiger im Haus als ein Industriearbeiter, den Winter über hat er nur gelegentlich Arbeit, im Sommer nimmt er einen mit aufs Feld, müssen die Kinder, auch die Mädchen, in der Wirtschaft tätig mithelfen. Er weiß alles, er erklärt einem alles, er sieht aber auch alles, verfolgt und ahndet jede Missetat mit gestrenger Hand; wenn es Gott nicht gäbe, man könnte meinen, er sei nach dem Bilde eines Ackerbauern-Vaters geschaffen. Der Vater wird geliebt und gefürchtet, er läßt Gnade walten und vollstreckt sein Gericht. Kulminationspunkt ist wiederum die Erbsituation, der Vater schenkt einem, was einem zusteht, und er kann zudem noch den Zeitpunkt dieses Gnadenakts bestimmen. Jede Demütigung, jede Drohung, jede Niederlage ist mit Hiobscher Gleichmut zu ertragen und mit unterwürfiger Botmäßigkeit zu beantworten, denn der Vater ist es, der einem auch das zweite, eigentliche Leben als Erwachsener schenkt, indem er einem die Felder, die nötig sind, um ein eigenständiges Leben aufzubauen, übergibt.

„Identifikation mit dem Aggressor" ist zum psychischen Überleben unbedingt nötig; denn die Situation nicht aushalten und dagegen rebellieren, das hieße, den Anteil, der einem zusteht, als Undankbarer verlieren und einer ungewissen Zukunft in Amerika, Ungarn oder wo sonst die Unglücklichen von Hausen eine zweite Heimat zu finden suchen, entgegenzugehen. Für die agrarische Produktion unter den spezifischen Bedingungen der Realteilung ist diese Vater-Imago lebensnotwendig, sie behält ihre Virulenz jedoch darüber hinaus, die Autorität, die dem Vater zu zollen war, ist übertragbar auf andere Personen, auch auf Kollektive und Gruppen, die Clique, den Verein, die Partei. Um die Diskrepanz zwischen gutem und bösem (eventuell nicht vererbendem) Vater auszuhalten, braucht man bestimmte Abfuhrmöglichkeiten. Die Unterlegenen (Knecht, Kinder, Vieh) repräsentieren die eigene kindliche Situation. Der „autoritätsgebundene Charakter", der sich in diesem spezifischen Erziehungsklima entwickelt, ist lebenswichtig, um die familialen Widersprüche durchzustehen, auch um die sozialen Spannungen auszuhalten, ist er funktional: dem Pfarrer, dem Lehrer, dem königlichen Beamten, ihnen hat man genauso zu begegnen wie dem Vater, unterwürfig, auf Gnade hoffend.

8. Die Erfahrung der Widersprüchlichkeit im Dasein des Dörflers

Die Hausener Kinder lernen früh, daß nichts in dieser Welt eindeutig zu bewerten ist: die fürsorgliche Schwester, die einem bei Krankheit verhätschelt, wird zur Feindin, wenn der Vater stirbt. Der Vater, der einen fürsorglich in die Produktionsgeheimnisse einführt, ist gleichzeitig ein Tyrann; der Frost, der im Mai alles vernichtet, ist im Januar als Ungezieferr-Vertilger lebensnotwendig; der Regen, der alles wachsen läßt, kann zur falschen Zeit geradeso alles kaputt machen. Die ständige Erfahrung solcher zwiespältiger Situationen führt zu einer durch und durch ambivalenten Gefühlseinstellung, die quasi schon von der Geburt eingestellt wird: Schwangerschaft der Frau ist Freude auf das Kind, Angst vor einem druchaus möglichen Tod, ist Ausfall von weiblicher Arbeitskraft, ist Hoffnung auf Arbeitskraft und Erben, ist Angst vor noch einem Fresser, der mit am Tisch sitzen wird. Solche Erfahrungen ziehen sich lebenslang durch: den Hund, mit dem man zusammen aufgewachsen ist, muß man im Krankheitsfall eigenhändig totschlagen, weil da kein Geld für den Tierarzt ist – „und es Hunde genug gibt", das Vieh, das man hochpäppelt, dessen erste Tage man auch noch bei Nacht vom Stall aus verfolgt, wird man an den Metzger verkaufen, vielleicht selber schlachten und verwursten. Die bäuerliche Produktion bedarf bestimmter psychischer Formierung, die das Individuum erst berufstauglich machen, die allerdings von fortgeschrittenen Produktionsweisen her fast archaisch erscheinen.

Wir haben versucht, im wesentlichen drei Grundzüge aus der spezifischen Art des Wirtschaftens in Hausen her verständlich zu machen:

die *Naturalisierung,* um die sozialen Unterschiede nicht hinterfragen zu müssen;

die *Apathie,* um die vorkanalisierte Geordnetheit des eigenen Lebens ertragen zu können;

die *Ambivalenz,* um die Widersprüchlichkeit von Natur und der Auseinandersetzung mit ihr begegnen zu können.

Diese Psyche als deformiert erklären zu wollen, wäre ahistorisch, sie ist für eine bestimmte Stufe der Entwicklung lebensnotwendig, sie ist heute, obwohl längst überholt, noch vorhanden.

Widersprüche in der materiellen Existenz zerstückeln das Gefühlsleben und die Kommunikationsebenen in einzelne, nicht zusammenhängende Situationen: Solidarität und Konkurrenz, Liebe und Haß, Angst und Hoffnung, Zuneigung und Abweisung, das alles muß koexistieren können. Ein Bewußtsein, das solche Widersprüche und Dichotomien aushält, könnte man mit Fug und Recht inkonsistent nennen. Das heißt, Erfahrung läßt sich in ihm gar nicht einheitlich organisieren, darf nicht einheitlich organisiert werden; das bedeutet für alle Handlungen, daß sie unter keiner längerfristigen Planungsperspektive entwickelt werden können, sondern einzig und allein situativ bestimmt sein dürfen oder aber in kollektive Gewohnheiten eingebettet sein müssen. *Lokalpolitik* ist *in dieser Epoche* kein von der ökonomischen Basis abgelöster Entscheidungsspielraum, sondern der Bereich, in dem die Widersprüche zwischen den einzelnen Produzenten und Produzentengemeinschaften ausgetragen werden. Versuche, die Wege möglichst nahe an die eigenen Felder heranzuführen, ohne dafür Land abgeben zu müssen; Anstrengungen, bei Bodenschätzungen die eigenen Äcker runterzudrücken, bei Umlegungen dann schnell wieder hinauf, und das alles eben nicht unter dem Zeichen der materiellen Bereicherung, sondern einzig und allein um der materiell notwendigen Daseinsvorsorge willen.

9. Die soziale Umschichtung im Gefolge der Industrialisierung

Von der Mitte des 19. Jahrhunderts an, verstärkt seit 1910, als in der Nähe von Hausen große Fabriken entstanden, bestand für die Tagelöhner die Möglichkeit, in der Sommerhälfte Geld zu verdienen und dabei im Ort wohnen zu bleiben. *Bargeld* hatte in der relativ beschränkten Tauschgesellschaft eine schillernde Rolle. Produktionsmittel konnte man nur sehr beschränkt kaufen, der Bodenverkehr war auf ein Minimum reduziert, größere Vergantungen – wie in den württembergischen Erbhofgebieten – gab es nicht. Nur von Aus- oder Abwanderern war etwas zu erhoffen, aber da hatten zumeist die Verwandten längst den Daumen drauf. Dagegen konnte man mit Geld Konsummöglichkeiten demonstrieren, die ersten Lohnarbeiter, die über ein regelmäßiges Bareinkommen verfügten, seien im Dorf herumgelaufen, „aufgeputzt wie Gockeler“, und in dieser Redensart steckt mehr Verachtung als Bewunderung. Von der „natürlichen“ Denkweise Hausens her kein Wunder, denn die ersten „Fabrikler“ entstammten den ärmsten und damit auch den „schlechtesten“ Hausener Familien. Ihr Leben war noch anstrengender als das der kleinen Bauern (morgendliche und abendliche Fußmärsche von zwei bis drei Stunden – und das bei zehn Stunden Arbeitszeit – waren keine Seltenheit). Der Rhythmus der Industrie zerriß dörfliche Kommunikationsstrukturen; Wirtshausbesuche, ausschweifende Feste waren für die Arbeiter nur noch zu ganz bestimmten, nicht von ihnen festlegbaren Zeiten möglich. Ab einem gewissen Grad der Technisierung der Landwirtschaft war das Geld natürlich auch für den Kauf von aufwendigen Maschinen, Produktionshilfen notwendig und interessant. Es gelang etlichen jungen Burschen, mit Hilfe ihres Sparbuchs in die angesehenen reichen Familien einzuheiraten und den Hof mit Geld zu sanieren, seine Produktivität zu multiplizieren. Es entstand eine Gruppe von Initiatoren, die nicht nur auf Hausen orientiert ökonomische Macht bekamen, aber in den politischen Organen keinerlei Einfluß hatten.

Der Mann, der mit dem ersten Auto durch das Dorf fuhr, ein Schlosser, war es, der den *Sportverein* gründete und in ihm alle diese „Newcomer" versammelte, die gemeinsam ihre erst durch die fortentwickelte Industrie entstandene Freizeit organisierten. Die Bauern mußten während der Turnstunde ihre Kühe melken. Turnen war nur das Mittel, der Zweck war Interessenorganisation der „Verwandtschaftslosen", der Aufsteiger – „er ist zwar ein Speidel (= ein Lügner), aber im SV, da schießt er die Tore." Die Vereine waren in ihrer Selektion relativ durchlässig und wurden dadurch zu einer Art Revisionsinstanz der blutsmäßig organisierten Verwandtschaft. Der Vereinsbruder war zwar beim Toreschießen auch Konkurrent, aber es fehlte dieser Auseinandersetzung doch die Gnadenlosigkeit wie bei der Erbsituation. Der Verein organisierte Interessen, aber die offiziellen Gremien wurden bis in die 30er Jahre von den herrschenden Klans klar majorisiert, der Bürgermeister war seit 1848 ein Vertreter der reichsten Familie.

Die Nazizeit brachte hier den Umbruch; die *Newcomers* sahen in der Partei die Möglichkeit, endlich auch politisch für das Dorfgeschehen das zu bedeuten, was ihnen ökonomisch längst zustand. Der SV-Vorsitzende wurde Ortsgruppenleiter, andere Junge gingen in die SA und zeigten den traditionalistischen Bauern, die politisch von alters her auf Zentrumslinie lagen, daß eine neue Zeit begonnen hatte. Die Krise der frühen 30er Jahre trieb diesen Scheidungsprozeß auf die Spitze, band die verunsicherten Arbeiter und Handwerker noch enger an die NS-Partei, zeigte ihnen gleichzeitig, daß so etwas wie Lebenssicherheit immer noch in erster Linie durch Grund und Boden garantiert war. Auch diese beiden widersprüchlichen *ways of life* verdaute das Hausener Bewußtsein ohne Beschwerden, zwar gilt in bestimmten Kreisen Nazi bis heute als Schimpfwort, was einen aber nach dem Krieg nicht hinderte, den einstigen Anführer zum Ortsvorsteher zu wählen.

10. Konservierte Bewußtseinsstrukturen

Die Nachkriegszeit brachte den Bauern noch einmal eine kurze Scheinblüte: Den ausgehungerten und lästigen *Heimatvertriebenen,* die gegen den Widerstand der Hausener Entscheidungsgremien in einer bis heute isolierten Siedlung zusammengepfercht wurden, und den hamsternden Städtern konnte man noch einmal noch einmal zeigen, was der von den Nazis nur verbal verhätschelte Nährstand wirklich wert war. Jedes Stück Land wurde ausgenützt, große Zeiten schienen ins Haus zu stehen. Das alles war jedoch dazu angetan, die bäuerliche Tragödie um so dramatischer zu gestalten. Schon gleich zu Beginn der 50er Jahre sahen die meisten der kleinen Landwirte, daß diesmal die industrielle Revolution auch noch den hintersten Winkel erfassen würde, und es nur eine Frage der Zeit wäre, wann sie ihre Landwirtschaft aufgeben müßten, wollten sie weiterhin ökonomisch mithalten. Ende der Landwirtschaft als Versorgungsgrundlage, das war jedoch mehr als bloß ein neues Hemd, es bedeutete auch Ende der Produzentengemeinschaft, Zerfall der Großfamilie, Ende der apathischen Grundhaltung gegenüber der Zukunft, Ende von bestimmten Werten wie Erfahrung, Kenntnis von Natur, Ende der absoluten Herrschaft der lebensentscheidenden und existenzbestimmenden Größe Grundbesitz.

Die theoretische Annahme, daß der Zusammenbruch eines ökonomischen Systems eine schlagartige Umorientierung der davon abhängigen Denk- und Verhaltensweisen bedeute, läßt sich in Hausen nicht einlösen. Die Hausener, in einer Agrargesellschaft aufgewachsen, arbeiten jetzt zu 83 % (der Beschäftigten) in der Fabrik oder in anderen abhängigen Stellungen, aber sobald sie vom Arbeitsplatz heimkommen, geht das Leben wie immer schon weiter. Nur daß jetzt auch noch der Zusammenhang zwischen Arbeit und Freizeit auseinandergebrochen ist, die Existenz noch widerspruchsvoller geworden als zuvor. Die Erfahrung kollektiver Produktionsformen, die Erfahrung, daß andere privat die Güter aneignen, ist für die Hausener kein Grund zum Aufregen, sie sind an solche Inkompatibilitäten von Kindesbeinen an gewöhnt. Die Arbeit in der Stadt ist zumindest für die Wechsler aus der Landwirtschaft reiner Job, Quelle von Geld: „Mein Leben fängt an, wenn ich abends aus dem Zug steig." Dann beginnt man im Garten, auf den verbliebenen Äckern zu schaffen, geht anschließend ins Wirtshaus, trifft sich bei allen möglichen Anlässen zu irgendwelchen Ausschußsitzungen, Stammtischen, Festen. Das Dorf als Interaktionssystem hält sich sehr viel länger als seine eigenen wirtschaftlichen Grundlagen, damit besteht auch „dörfliche" Denk- und Handlungsweise fort; Politik verändert ihre Inhalte, nicht ihre Form, ihre objektive Bedeutung, aber nicht ihre subjektive. Erst der Gemeindereform ist es gelungen, den Dörflern ihre Machtlosigkeit in aller Brutalität vor Augen zu führen – und damit auch das widerstandsfähige Bewußtsein der Hausener zu beeindrucken.

Um die Abhängigkeit von ökonomischen Strukturen und politischen Methoden noch einmal genauer zu untersuchen, betrachten wir abschließend die konkrete wirtschaftliche Umbruchsituation der frühen 50er Jahre. 1949 zählte man in Hausen noch 64 % der Erwerbstätigen als Bauern, 1954 waren es nur noch 23 %, heute ist es noch einer, der Dorfjockel.

11. Das Ende der Dorfpolitik?

1953 fanden in Hausen *Bürgermeisterwahlen* statt, die hektischsten und folgenreichsten, die es im Dorf je gab. Die führenden drei Verwandtschaften schickten eigene Kandidaten ins Rennen und kämpften mit einer Verbittertheit, als ginge es um Leben oder Tod. Neben den traditionellen Werbemehtoden des „Herumlaufens" – man geht in die Häuser potentieller Anhänger und versucht sie zu überzeugen, daß der eine Kandidat auch in ihrem Interesse sei – und des Rundenzahlens setzten die Kandidaten auch moderne Mittel ein. Neben einer öffentlichen Kandidatenvorstellung wurde von einem Fan-Kreis des einen Bewerbers ein Flugblatt herausgebracht, das heute, über 20 Jahre danach, da und dort noch zitiert wird, nicht nur wegen seiner abenteuerlichen Grammatik: den Wiedmaier-Hannes, den jedes Kind in Hausen duzt, als „allseits geschätzte Persönlichkeit" zu preisen, war in der Tat eine echte Verfremdung. Der an Vorbildern aus der höheren Politik orientierte Wahlkampf, der dann in persönlichen gegenseitigen Verunglimpfungen gipfelte und endete, hatte die Folge, daß das ganze Dorf, und zwar nach verwandtschaftlichen Grenzlinien, sich in verschiedene Lager spaltete. Der dann schließlich im zweiten Gang gewählte Bürgermeister gilt heute noch als eine Art „Todfeind" seines unterlegenen Gegners und anderthalb Jahrzehnte langen Stellvertreters. Ein alter Hausener, mit allen drei Kandidaten entfernt verwandt, also einer der „neutralen" und deshalb besonders heftig umworbenen Wähler, würde sich heute noch zutrauen, aus der damaligen Wählerliste die Entscheidung aller Hausener (mit Ausnahme der Flüchtlinge) mit hohem Wahrscheinlichkeitsgrad rückzubestimmen.

Der damalige Wahlkampf war selbstverständlich auch Austragungsplattform persönlicher und kollektiver Eitelkeiten, gewiß auch Ventil beträchtlicher Aggressionen, doch sind diese sicher keine Ursache, sondern bereits Bedingtes. Was dieser Wahlschlacht im Hausener Gemeinderat folgte, war so etwas wie die heroische Phase der Hausener Kommunalpolitik. In anderthalb Jahrzehnten verdreifachte das Dorf seine in den Jahrhunderten davor kaum gewachsene Siedlungsfläche. Aus Ackerland wurde Bauerwartungsgelände und endlich Bauland: dem es gehörte, brachte es viel bares Geld. Die Frage also, ob sich das Dorf entlang der Straße oder nach Westen, zum Wald hin oder zur Ebene ausdehnen sollte, war von keinem der (damals) acht Gemeinderäte zu irgendeinem Zeitpunkt ohne Befangenheit zu diskutieren; denn jeder hatta da oder dort überall, oder wenigstens hatte sein Schwager, Dette oder Onkel ein Grundstück. Es kam zu heftigen Debatten, aber auch zu salomonischen Lösungen. Hausen ist seit einiger Zeit in die nächstgelegene Stadt eingemeindet, die städtische Verwaltung und die Planungsaufsichten haben sogleich rückgängig gemacht, was noch zu machen war. Hatte man in Hausen doch bereits, so in der Formulierung eines Gemeinderats – „bis zum Jahr 2.000 mit Bauplätzen vorgesorgt", das Ackerland, das jetzt nur noch bedingt Produktionsmittel ist, erfuhr durch die Bauplanung einen ungeheuren Wertzuwachs und wurde nun, wo nicht zum Bau eines eigenen Hauses verwendet, schnell und so umfassend wie möglich in Bargeld umgesetzt, aus dem dann zumeist der Bau des eigenen Hauses finanziert wurde.

Die Gemeinderäte und die Klientel, deren Interessen sie vertraten, ahnten wohl, daß diese heroische Phase der Hausener Lokalpolitik gleichzeitig so etwas wie ihre Götterdämmerung war. Seitdem die Bauplätze alle unter Dach und Fach sind, ist das kommunalpolitische Engagement merkbar zurückgegangen, was im Gemeinderat danach noch die Wogen hoch gehen ließ, waren gewisse Folgeerscheinungen: Erschließungskosten wurden so weit wie möglich auf die gesamte Kommune übertragen, man stritt sich um das Verfahren, nachdem die Anliegerkosten zu berechnen sind: die Eckhausbesitzer kämpften für „höhere Gerechtigkeit und eine Veranlagung nach Flächenquadratmetern", die Besitzer von Häusern an der Straße entlang setzten sich für eine Berechnung nach Frontmetern ein. Befangen waren sieben Gemeinderäte, denn ohne Neubau ist in Hausen nicht viel Staat zu machen, aber solche Fälle werden nicht als Befangenheit gewertet, sondern gelten als erlaubter Interessenkonflikt: so wie einst die Bauern um die Nutzung ihrer Äcker, so kämpfen heute die Söhne um ihre Rechte als Hausbesitzer.

Mit der Abwicklung dieser Baugeschäfte ist im wesentlichen auch die Hausener Lokalpolitik abgeschlossen; produziert wird außerhalb Hausens, da gibt es nichts mehr zu regulieren, zumal man mit den Produktionsmitteln nur noch als lohnabhängiger Arbeiter zu tun hat. Politik hieß früher, so übersetzt einer unserer Gemeinderäte: „sein Sach richten", gemeint waren ökonomische Interessen auf privater und kommunaler Ebene; heute wird das Sach durch andere gerichtet, in undurchsichtigen und fremden Strukturen und Entscheidungsprozessen. Das Dorf zieht sich in eine scheinbar unpolitische Privatheit zurück.

Christel Köhle-Hezinger

Lokale Honoratioren

Zur Rolle von Pfarrer und Lehrer im Dorf

1. Das Bild von der Vergangenheit und die historische Realität

„Honoratioren, pl., die höheren Schichten eines bürgerlichen Gemeinwesens in gesellschaftlicher Beziehung"[1]. Hier scheinen, für Vergangenheit und Gegenwart, die Dinge klar zu liegen: Pfarrer und Lehrer als Repräsentanten und Vollstrecker kirchlich-staatlicher Ziele, als die lokal herrschende Allianz, in deren Einflußbereich direkt oder indirekt das ganze soziokulturelle Leben im Dorf jahrhundertelang fest und sicher verwahrt gewesen ist. Das Präteritum steht hier für die Überzeugung, daß das Gestern ein ganz anderes, vom Heute quantitativ und qualitativ geschiedenes, homogenes Ganzes war. Wie ein roter Faden durchzieht populäre, aber ebenso wissenschaftliche Äußerungen zum Thema das, was *Renate Pflaum* für das deutsche Dorf der fünfziger Jahre formulierte, selbst in kritischen Gemeindestudien bis heute nur geringfügigen Modifikationen unterzogen:

„Der Pfarrer war die unbestrittene Spitzenautorität des Dorfes. Die von der Kirche vertretene christliche Ethik und die von ihr aufgestellten Gebote und Forderungen bestimmten das Verhalten der Menschen nicht nur bei der Gottesverehrung, sondern auch in ihrem Familienleben, ihrem Beruf, der Kindererziehung und Freizeitverwendung. Die Heiligung des Sonntags wurde mit großer religiöser Ernsthaftigkeit durchgeführt. Der Kirchgang war ein gesellschaftliches Ereignis, meist das einzige der Woche . . . Bei der Gelegenheit konnten Nachrichten ausgetauscht werden, soziale Kontrolle setzte ein mit den kritischen Beobachtungen der Frauen und dem Klatsch, die jungen Leute hatten eine Gelegenheit, sich zu sehen und zu verabreden. Die Bibel war oft der einzige Lesestoff der Einwohner. Die Mitgliedschaft im Kirchenchor bot willkommene Abwechslung und Kontakt mit musischer Betätigung. Die Kirche übte durch ihre Ethik, der Pfarrer durch sein Beispiel und sein Mahnen einen starken Einfluß aus . . . Da der Pfarrer zugleich Ortsschulinspektor war, konnte er die Erziehung in kirchlichem Sinne beeinflussen. Arme und Bedürftige wandten sich nicht nur an die Familie und die Armenkasse der Gemeinde, sondern vor allem auch an das Pfarrhaus. Durch die Erfüllung dieser vielseitigen Funktionen sicherte die Kirche ihre Zentralstellung im kleinen Bauerndorf. Darüberhinaus band die Kirche ihre Gemeindeglieder zu einer festen sozialen Gruppe zusammen, indem sie den Menschen ein für alle verbindliches System von religiös legitimierten ethischen Normen und Forderungen gab. Da dieses Normensystem für alle galt und

1 Deutsches Wörterbuch von Jacob und Wilhelm Grimm, 4. Bd., Zweite Abteilung, Leipzig 1877, Sp. 1794.

auch akzeptiert wurde, fügte es die Menschen zu einer Gemeinschaft zusammen, die auf die Kirche als den Ursprung des Normensystems hinorientiert war."[2]

Damit sind die historischen Zusammenhänge zwischen Dorf, Kirche und Schule in ihren wesentlichen Merkmalen und soziologischer Terminologie aufgezeigt. *Urs Jaeggi* moniert zu Recht, daß es sich hier wohl eher um „eine rückblickende Aufpolierung des Tatbestandes, . . . um das wünschbare Leitbild als um die reale Situation gehandelt haben"[3] dürfte: um, so wäre zu ergänzen, das heute herrschende und von älteren Gewährsleuten erfragbare Bild der Vergangenheit, nicht aber um die historische Realität in ihrer Bedingtheit, ihren ursächlichen Wirkungsweisen und Folgen.

Gemeindestudien können Kirche und Schule allenfalls als einen Bereich unter anderen betrachten und entbehren zudem meist des historischen Ansatzes bzw. einer diesem angemessenen Problemstellung, während *religionssoziologische* und *pädagogische Untersuchungen* meist einer Binnenorientierung unterliegen. Die starre Fixierung auf das (fach-)eigene System Kirche oder Schule verzerrt das anvisierte Problem, im dörflichen Bereich zumindest, völlig und läßt Eigenständigkeiten in nie stattgehabter Form aufscheinen. Totalübersichten in *historischen Abrissen* schließlich – „Die Situation der Volksschule auf dem Lande"[4] – verhindern geradezu die Einsicht in *örtliche* Gegebenheiten, während neuerdings vorliegende soziologische Rollenanalysen[5] gerade hier ansetzen und die Problematik in extenso zu fassen glauben. Dabei verlangen die dem Dorf *übergeordneten Institutionen* des „vertikalen Musters" *(Warren)* eine gewisse Vernachlässigung, und zudem wird in der Person des Pfarrers oder Lehrers gleichsam nur der Endpunkt herrschaftlicher und ideologischer Vermittlungsprozesse erfaßt, werden Rollenerwartung, Rollenerfüllung und ihre Diskrepanzen thematisiert, nicht aber ein Einblick in deren Wirkungsweise und ihren Wandel gewonnen. Dies soll im folgenden exemplarisch, anhand von archivalischen Belegen, Beobachtungen und Thesen an eini-

2. *Renate Pflaum:* in Gerhard Wurzbacher: Das Dorf im Spannungsfeld industrieller Entwicklung, Stuttgart 1961, S. 185.
3 *Urs Jaeggi:* Berggemeinden im Wandel, Bern 1965, S. 204.
4 So der Titel von „Soziologischen Studien und pädagogischen Überlegungen" (Untertitel) von Georg M. Rückriem, München 1965. Stellvertretend seien hier drei neue, leicht greifbare Titel genannt, die sich auch kritisch mit der Forschungsliteratur auseinandersetzen. *K. Hartmann, F. Nyssen und H. Waldeyer*: Schule und Staat im 18. und 19. Jahrhundert (= edition suhrkamp, 694), Frankfurt 1974 (eine historisch-materialistische Studie vorwiegend am Beispiel Preußens) und *Hartmut Titze*: Die Politisierung der Erzieher (= Fischer Athenäum Taschenbuch, 3002) Frankfurt 1973 (mit ausführlicher Bibliographie). Zur gegenwärtigen Situation des Lehrers vgl. E.H. Kratsch, W. Vathke, H. Bertlein: Studien zur Soziologie des Volksschullehrers (= Studien zur Soziologie des Bildungswesens, 3), Weinheim 1967.
5 Vgl. dazu *Joachim Matthes:* Kirche und Gesellschaft (= Einführung in die Religionssoziologie II, rde 312/313), Hamburg 1968, S. 101–110.

gen Punkten, keineswegs in der gesamten Bandbreite des Problems, erhellt werden.[6]

2. Pfarrer und Lehrer als Außenseiter im Dorf

„Pfaffen und Schulmeister haben große Taschen“. Das Sprichwort weist spöttisch auf den Makel: Es brandmarkt die dörflichen Bildungsagenten aufgrund ihrer *außerdörflichen Herkunft* und ihrer *innerdörflichen Besitzlosigkeit* als Zugezogene und Außenseiter. Damit unterscheidet es sie zugleich grundsätzlich von den übrigen dörflichen Honoratioren. Der Schultheiß als der Vorsitzende des Gerichts, der ihm gewöhnlich untergeordnete Bürgermeister als der Dorfpfleger, der Schreiber, der für Gemarkungsordnung und -streitigkeiten zuständige Untergänger, ja selbst der Büttel, der Nachtwächter, der Feldschütz als die gering dotierten, aber ob ihres Bargeldlohnes begehrten Posten am Ende der Gemeidehierarchie: sie alle sind ‚Gemeindegenossen‘, haben Besitz und (– oder auch nur –) Heimatrecht im Ort[7]; sie haben eine an sichtbaren Kriterien zu messende, im Dorf bekannte oder zumindest zugängliche Einschätzung ihrer Stellung, ihres Standes.

Das ‚arme Dorfschulmeisterlein‘, der Pfarrer mit den großen Taschen und den offenen Händen brachten zwar einen ihnen zugeschriebenen Status von außen herein, der nur vage in einer immensen, beziehungslosen Höhe angesiedelt wurde. Besitz jedoch, ökonomische Interessen im Dorf hatten sie zunächst in der Regel keine. Sie waren nicht durch Familie, Nachbarschaft, Verwandtschaft verbunden.[8] Mit ihrem Hereinkommen ins Dorf wurden sie zwar zum gleichberechtigten, ja privilegierten Dorfgenossen; allein durch die Tatsache des Neuhinzukommens in den agrarisch bestimmten, von diesen Erfordernissen her historisch gewachsenen Sozialverband Dorf aber waren sie Fremde, Fremdbestimmte, nicht Dazugehörende.

Das *Fremde,* das von außen kam, hatte sich im Laufe der Zeiten für das Dorf meist als bedrohlich erwiesen. Naturkatastrophen, Kriege, Krankheiten; der Steuerakziser, die Geometer, die 1936 von den Nationalsozialisten ins wohlhabend-friedliche oberschwäbische Dorf zur Landvermessung geschickt wurden und „einen bösen Schwindel“ inszenierten;

6 Die nachfolgenden (württembergischen) Beispiele entstammen, sofern nicht anders aufgeführt, meinen archivalischen Arbeiten in den kirchlichen Archiven in Rottenburg und Stuttgart für meine Dissertation: Evangelisch-Katholisch, Untersuchungen zu konfessionellem Vorurteil und Konflikt im 19. und 20. Jahrhundert vornehmlich am Beispiel Württembergs, Tübingen 1976, und – derzeit – für ein Projekt „Urbanisierung“, zum Thema Kirche und Dorf, Entstehung dörflicher Vereine.

7 Vgl. dazu ausführlich *Karl Siegfried Bader:* Dorfgenossenschaft und Dorfgemeinde, Weimar 1962.

8 Ausgenommen die Lehrer, die Generationen lang an einem Ort wirkten und infolgedessen (ersparte, angeheiratete, ererbte) Güter besaßen.

der katholische Pfarrer, der mit seinen „ketzerischen Wahlumtrieben" für die Zentrumspartei am Ende des vorigen Jahrhunderts Unruhe und Streit ins (gemischtkonfessionelle) Dorf bringt; der Hilfslehrer, der mit der Gründung seines „Demokratischen Volksvereins" nach der 48er Revolution die Gemüter beunruhigt und Parteien schafft – *das* ist der Feind, der von außen kommt, gegen den es auf der Hut zu sein gilt und gegen den, wenn es nützlich scheint, sich das ganze Dorf in einer sonst kaum geübten Einmütigkeit zur Wehr setzt. Das Dorf agiert als die Gemeinschaft der hier seit je Ansässigen, als Not- und Schicksalsgemeinschaft der hier Lebenden, Wirtschaftenden. Pfarrer und Lehrer sind durch ihre Stellung außerhalb des dörflichen Produktionszusammenhangs nicht zu dieser Gemeinschaft gehörig. Sie stehen außerhalb des dörflichen Kommunikations- und Interaktionssystems.

3. Schlecht besoldet, unzureichend vorgebildet, vom Pfarrer beaufsichtigt: die Anfänge des Schulmeisterstandes

„Die Schule galt als eine Vorstufe zum Gottesdienst, als eine Einübung in das Christentum und fand daher besondere Pflege."[9] Sind vor der Reformation in Württemberg ganze drei Dörfer mit einer Schule bekannt, so wird 1559, nach 25 Jahren, als die neue allgemeine Schulordnung inkraft tritt, von 150 Dorfschulen berichtet. In etwa einem Drittel der Schulen unterrichtete der Pfarrer „nebenher", in den übrigen teils der Mesner (Küster), der durch den neuen Glauben „längst nicht mehr so viel Arbeit hatte wie vorher im katholischen Ritus" und für den – dies der wohl wichtigere Grund – „bereits eine feste Besoldungsordnung vorhanden war"; und teils wurden entlassene Pfarrer und Prädikanten eingesetzt mit der Absicht, die Verbreitung des Evangeliums zu sichern. Im Dorf Gerstetten auf der Schwäbischen Alb wird 1551 vom ersten Schulmeister und Mesner, dem Sohn eines Söldners, berichtet. Er erhält aus der ehemaligen Frühmeßstiftung die Einkünfte und die Behausung, in der er wohnt und Unterricht erteilt; „sie ist gar baufällig und es ist sehr unsicher darin zu wohnen". Von den Schülern – „im Winter ungefähr 20, aber im Sommer keiner", weil sie „im Feld gebraucht" werden – erhält er vierteljährlich „5 Schilling Ulmer Währung und ein Scheit Holz", und aus dem Heiligenkasten (dem Ortskirchenvermögen) 8 Gulden nebst festgesetzten Naturalien. Für den Mesnerdienst bezahlt jedes Haus mit einem „Weihnachtslaib", mit Dinkel- und Hafergarben. Dazu gibt man ihm die Erlaubnis, den oberen und unteren Kirchhof zu nutzen und eine Kuh zu halten.

Diese Verhältnisse und ihre Folgen waren nicht dazu angetan, dem neuen Stand Ansehen unter der bäuerlichen Bevölkerung zu verschaffen. Sommers, in der Zeit des höchsten bäuerlichen Arbeitseinsatzes, pflegt der Lehrer den „Müßiggang"; mangels Schulbesuch geht er spazieren und

9 *Martin Hasselhorn:* Der altwürttembergische Pfarrstand im 18. Jahrhundert, Stuttgart 1958, S. 58.

in die „Badstube". Die Kirchenvisitation moniert, man habe „allgemein einen Widerwillen gegen ihn", er solle sich doch etwas dazu verdienen, wie es der Provisor, ein örtlich ansässiger Hufschmied, tut. Als er vollends seine Mesnerpflichten vernachlässigt, den Kirchenschlüssel stecken läßt und Getreide von der Kirchenbühne verschwindet, erhält er von Amtmann und Gericht die Auflage, daß er „alle Jahre auf Georgii neu um seinen Dienst bitte, wie ein Feldschütz". Nach dem 30jährigen Krieg sind die Einkünfte „unsagbar kümmerlich": 1688 ist der Lohn geringer als vor 1600; die Schülerzahlen sind zwar gestiegen, doch das ganze 18. Jahrhundert hindurch noch wird geklagt, „die Eltern wollten oder könnten nicht bezahlen".[10] Nicht einmal das vom Konsistorium angestrebte Mindesteinkommen von 50 Gulden (von dem man zugab, daß eine Familie davon nicht leben könnte) kann erreicht werden: über 100 Schulmeister im Lande arbeiten für weniger.[11]

Ebensowenig geregelt wie die Besoldung, Schulpflicht und Schulzeit war die *Vorbildung*. Bis ins 19. Jahrhundert hinein, als die Lehrerseminare eingeführt wurden, war der Lehrberuf ein Anlernberuf, der von verabschiedeten Soldaten, ehemaligen Lakaien, stellungslosen Pfarramtskandidaten oder vom Vater unterwiesenen Lehrerssöhnen versehen wurde. In die im ersten Drittel des 19. Jahrhunderts konzipierten, von den volkspädagogischen Zielen der Aufklärung her bestimmten Volksschulgesetze wird die obligatorische Seminarausbildung aufgenommen. Der Lehrer wird vom „Kirchendiener und Untergebener des Pfarrers", vom „früher wenig geachteten Hungerleider nun gerade in kleineren Orten zu einer geachteten Persönlichkeit."[12]

Dieser Prozeß war vor allem der einer *Emanzipation von kirchenbehördlicher und pfarrherrlicher Bevormundung*. Im Falle der hierzulande herrschenden Staatskirche war die Volksschule bis 1806 „ein Teil der Kirche". Nach 1806 gehörte sie zwar, da „die Kirche ein Teil des Staates war . . . mittelbar dem Staat, aber keine Staatsbehörde hatte unmittelbar etwas mit der Volksschule zu tun; die Vorgesetzten der Volksschullehrer waren der Pfarrer, der Dekan, der Prälat, das Konsistorium . . . Der frühere Standpunkt, daß der Lehrer nur der Gehilfe des eigentlich verantwortlichen Pfarrers sei, war so gründlich verlassen."[13]

10 *Ernst Guther:* 425 Jahre Schule in Gerstetten, Die Entwicklung des württembergischen Volksschulwesens, Gerstetten 1973, S. 5–12. Ähnliches berichtet (für ein ebenfalls typisches Dorf) Paul Sauer: Affalterbach 972–1972, Affalterbach 1972, bes. S. 128–134.

11 *Hasselhorn* (a.a.O.), S. 67–70.

12 *Gerhard Schmidt:* Zum Wandel der soziologischen Stellung des Lehrers in Sachsen, in: Sächsische Heimatblätter, 18/1972, S. 29. Schmidts Fazit, daß die Lehrer von „1840 an nicht mehr der Kirche und dem Obrigkeitsstaat, sondern der Volksbildung und der Wissenschaft (verantwortlich waren) . . . aus dem zur Emanzipation ansetzenden Stand wurde ein revolutionärer, rebellierender Stand" (S. 31) kann aus unserer Sicht nicht zugestimmt werden: die geistliche Aufsicht am Ort bis 1896 stand dagegen.

13 *Eugen Schmid:* Geschichte des württembergischen evangelischen Volksschulwesens von 1806 bis 1910, Stuttgart 1933, S. 452.

4. Der privilegierte Pfarrerstand

Der Pfarrerstand hingegen „lebte von seiner im Mittelalter durch das Feudalsystem begründeten privilegierten Stellung" im allgemeinen bescheiden, jedoch vergleichsweise geachteter.[14] Das lag in nicht geringem Maß an der unterschiedlichen, ja gegensätzlichen *Herkunft*. Bis zum 19. Jahrhundert, als der Lehrerstand begann, „Familiendynastien"[15] zu errichten und sich damit weitgehend aus sich selbst zu rekrutieren, stammten die Lehrer weitgehend aus der dörflichen, besitz- und statuslosen Unterschicht. Die Geistlichkeit hingegen trug – in Altwürttemberg etwa ebenso wie in Sachsen – „den Stempel eines beinahe geschlossenen Standes an sich".[16] Noch im 19. Jahrhundert kamen rund 75 % der Pfarrer aus dem Staats- und Kirchendienerstand; nur 2,7 % stammten aus Bauernfamilien (im 18. Jahrhundert waren es 0,2 % gewesen), 13,7 % aus Handwerkerfamilien. Interessant sind hier die *konfessionellen Unterschiede:* katholische Pfarrer entstammten vorwiegend der Handwerker- (33,5 %) und der Bauernschicht (29,8 %). Bis heute ist der Beruf des katholischen Pfarrers ein typischer sozialer Aufstiegsberuf – aufgrund des Mangels an Eigenrekrutierung und entsprechend anderer religiöser Sozialisation.[17]

Die Privilegien, die Pfarrer und Lehrer im Dorf genossen, waren in praxi jahrhundertelang die gleichen gewesen: Befreiung von Militär-, Spann- und Wachdienst, von Fron- und Botendienst, von Jagen und Hegen, dazu Quartierfreiheit (im Kriegsfall), auch für die Witwen. Dennoch war, aufgrund jener oben angedeuteten Kriterien, der *Standesunterschied* beträchtlich. Die Pfarrer fühlten sich als Glieder einer „selbstbewußten Honoratiorenschicht, die ihre privilegierte Position nach allen Seiten zu verteidigen suchte" – auch, „ein etwas dunkler Punkt", gegen den dörflich ‚greifbaren' Konkurrenten Lehrer. 1734 wird anläßlich der bevorstehenden Landesvisitation „den Geistlichen empfohlen, ‚ihre Schulmeister nicht so sclavisch (zu) tractiren.' Der deutsche Schulmeister stand weit unter dem Pfarrer und war weitgehend dessen Willkür ausgeliefert. Der kirchliche Obrigkeitsstaat hat hier sozial äußerst unglücklich niederdrückend gewirkt. Geringe Besoldung und mangelhafte Ausbildung der Lehrer trugen wesentlich zu diesen Verhältnissen bei."[18]

In ‚diesen Verhältnissen' spiegelte sich für die Dorfbewohner die eingangs postulierte Außenseitersituation von Pfarrer und Lehrer wider. Die vergleichsweise – an Äckern, Realien gemessene – materielle Armut und der sich in örtlichen ‚Hahnenkämpfen' zeigende Standesdünkel, das ängstlich-neidische Wachen über die eigene Stellung gegenüber dem an-

14 *Hasselhorn* (a.a.O.), S. 21; ebd. S. 22 heißt es, daß es den Amtskollegen in den nördlich Württembergs gelegenen Gebieten wie auch den Kaufleuten in den Städten besser ging.

15 *Gerhard Schmidt*, (a.a.O.), S. 32.

16 *Hasselhorn* (a.a.O.), S. 38.

17 *Joachim Trautwein:* Religiosität und Sozialstruktur, Stuttgart 1972, S. 10f.

18 *Hasselhorn* (a.a.O.), S. 58.

deren war das dörfliche Binnenmaß, das jedoch deutlich und für die Dörfler in vielfacher Weise spürbar in Beziehung zu einem anderen Gesetzen folgenden Außenmaß stand, ja dieses weitgehend zu regeln schien. Die Zugehörigkeit der Pfarrer und Lehrer zu übergeordneten staatlichen Instanzen schien ihre Selbsteinschätzung *und* die Prägung ihrer Rolle im Dorf zu bestimmen.

5. Pfarrer und Lehrer als Staatsdiener

Als staatliche Beamte waren Pfarrer und Lehrer dem vertikalen Muster, d.h. über das Dorf hinausgreifenden und dieses in seiner Geschichte bestimmenden Institutionen verpflichtet – im privaten Bereich wie im öffentlichen ihres Berufes. Die ihnen übergeordneten Beamten und Organe waren ihnen Orientierung, Kontroll- und Beförderungsinstanz. An ihnen wie an der eigenen, außerhalb des Dorfes lebenden Schicht insgesamt, war man orientiert in seinen Normen, Werten und Zielen.

Die Schule hatte – darauf wurde bereits hingewiesen – Dienerin der Kirche und die Kirche Dienerin des Staates, einer ‚höheren Sache', zu sein gemäß der Überzeugung:
„Steht die Religion dem Gesetzgeber bei, so kann er seine Zwecke durch viel leichtere Mittel erreichen, als wenn er von dieser Hilfe verlassen ist. Die Religion allein macht die Bildung eines gesitteten Staatsverbands möglich, . . . sie lehrt die Pflichten ausüben, welche der gesellschaftliche Zustand auflegt, sie macht den Menschen für die Befolgung der Gesetze empfänglicher und bewirkt eine vollkommenere und zufriedenere Einigkeit der Staatsgesellschaft."[19]

Die offizielle ‚Staatskirche' befand sich in innerem Einklang *und* in äußerer Konkurrenz mit dem Staat. Sie und die Schule als ein ihr zugehöriger Teilbereich haben für den einzelnen in weit höherem Maße als der Staat bzw. stellvertretend für diesen *Verwaltung*, das heißt *politische Öffentlichkeit* bedeutet durch die Hereinnahme von öffentlich-rechtlichen Funktionen. Durch die im Falle einer Territorialkirche herrschende Zwangszugehörigkeit zur „Gnadenanstalt" *(Max Weber)* wurde jeder von ihren Minimalriten, und sei es unter Polizeiaufsicht, eingeholt. Die „Rites de passage" *(van Gennep)* als die religiöse Ausformung und Überhöhung weltlicher Funktionen hatten nicht – wie nach der Trennung von Kirche und Staat im Jahre 1918 – religiösen *Symbol-*, sondern verbindlichen *Rechts*charakter. Im außerreligiösen Bereich war diese öffentliche Herrschaftsidentität am sinnfälligsten in der Nutzung der Kanzel für politische Verlautbarungen und in der *Polizeifunktion* der örtlichen Sittengerichte.

Pfarrern und Lehrern als den Agenten solcher dörflichen Öffentlichkeit, als den Promulgatoren und Exekutivorganen staatlicher Herrschaft kam eine besonders wichtige Stellung, eine Schlüsselfunktion, zu. Im

19 *F.C.L. Reyscher:* Die Wirksamkeit und Behandlung der Kirchenconvente und Gemeinde-Sittengerichte, Stuttgart 1825, S. 5f.

Falle innerdörflicher Spannungen – in „schlechten Zeiten“ oder in Dörfern mit einem besonderen historischen Konfliktpotential wie etwa gemsichtkonfessionellen oder Judendörfern – zogen Pfarrer, Lehrer und später auch die separat fungierenden Mesner als Exponenten kirchlich-staatlicher Herrschaft jegliche Art von sozialem, in weitestem Sinn politischen Protest auf sich. Dem Pfarrer, als der in der dörflichen Hierarchie höchstrangierenden außenbestimmten Person, kam dabei eine besondere Funktion zu. Ähnlich wie der Schultheiß, später der Bürgermeister, hatte er eine gefährliche *Doppelfunktion* inne, nämlich Vertreter der weltlichen (kirchlichen) Herrschaft *und* zugleich Repräsentant und Sprachrohr des Dorfes zu sein: Informant und Aspirant nach oben, „Wasserträger“ nach zwei Seiten.

„Ins Pfarrhaus geht man auf dem Lande nicht gern, weil man fürchtet, als Zuträger („Pfarrhausschwätzer“) angesehen zu werden.“[20] Einstellung und Verhaltensweise der Dorfbewohner gegenüber Pfarrer und Lehrer waren von der Widersprüchlichkeit dieser Doppelfunktion geprägt in zweierlei Richtung. *Historisch* war sie eine herrschaftlich vorgegebene, in ihrer Ordnung zwischen unten und oben klar definierte, entlang exakt gezogener Grenzlinien – und doch voll von Widersprüchen: den Widersprüchen zweier auf engem Raum aufeinandertreffender, zur Kooperation gezwungener Systeme verschiedener Werthaltungen und Ziele. Pfarrer und Lehrer als die örtlich sichtbaren Kristallisationspunkte dieser Ordnung waren mit Amt, Autorität, besserer Lebensweise, Bildung und Pensionsberechtigung ausgestattet. Sie waren die Herren, die lohnten und straften und denen – dies ist der zweite, *situative* Prägefaktor – je mit Achtung, Freundlichkeit, Distanz, Schläue oder Geschlossenheit zu begegnen war.

6. Die Sittenrichter

Sittlichkeit, Religiosität, Bildung waren abstrakte Begriffe, die für das Volk in konkreten Bereichen wie der Dorfordnung, Schul- und Christenlehrpflicht, Katechismus und Lesebuch greifbar zu werden vermochten. Medium solcher Konkretion waren die örtlichen Sittengerichte und die Ortsschulbehörden. Die Rolle von Pfarrer und Lehrer in diesen „bürgerlichen Collegien“ war von jenem oben skizzierten gespannten Koalitionsverhältnis her bestimmt. Das beudeutete *einmal* autoritäres Zusammenhalten, das gemeinsame, nach außen wie nach innen demonstrierte sich Abheben vom „hiesigen rauhen Schlag“, von den „schlechten örtlichen Verhältnissen“, der „grenzenlosen Armut und sittlichen Verkommenheit“, der „Derbheit und Genußsucht“ – die Reihe der von der geistlichen Führungsschicht den Dörflern verliehenen Prädikate ließe sich lange fortsetzten. Sie alle distanzieren von unten *und* signalisieren nach oben die kritische, das heißt besserer Verhältnisse durchaus würdige

20 *Paul Wurster:* Das kirchliche Leben der evangelischen Landeskirche in Württemberg, Tübingen 1919, S. 220.

Haltung, was für die Dorfbewohner in behördlichen Ermahnungen und disziplinarischen Maßnahmen spürbar wurde. Im Anzeigen und Ahnden der Christenlehr- und Schulversäumnisse verband Pfarrer und Lehrer eine – man kann ohne Übertreibung sagen – jahrhundertelange *Allianz.* Man meldete, diskutierte und strafte die mangelhafte Aufsichtspflicht der Eltern, Konkubinate und Ehedissidien ebenso wie den streitsüchtigen Ehemann, der seine Frau mißhandelt und ihr die Lebensmittel verschließt, weil sie „gewohnheitsmäßig dem Trunke ergeben" sei, die daraus folgende Verwahrlosung der Kinder, den Kinderbettel, die unbeaufsichtigten abendlichen „Kunkelstuben", das nächtliche „Umherziehen, Singen und Jauchzen der ledige Pursche während des Gebetsläutens auf öffentlicher Straße in ganzer Reihe", vor allem, daß der Polizeidiener auf seine Ermahnung, „zu beten anstatt zu schwäzen und zu lachen", ausgelacht worden sei. Solch „frivoles Benehmen" wird als ein Anschlag auf staatliche Ordnungs-Repräsentanz im Dorf geschlossen und mit allen zur Verfügung stehenden Sanktionen geahndet. Muß der Lehrer von den Schülern „Unbottmäßigkeiten und Widersetzlichkeiten" erdulden, von den Eltern auf sein Mahnen hin unwürdige Drohungen erleiden, so unterstützt der Pfarrer den Lehrer mit der ganzen Kraft seines örtlichen Amtes, dessen Würde es zu wahren und gegen Angriffe zu verteidigen gilt. 1842, als der Taglöhner Thoma im Dorf in der Nähe Tübingens in der Schule erscheint „in einer unanständigen Arbeitskleidung" und ohne jede Entschuldigung „sogleich bei Eintritt in das Schulzimmer mit kekem und wildem Troz erklärt, daß er seine Söhne nicht in die Schule gehen lassen könne, weil er sie eben izt zum Dreschen brauche", so wird „diese schwerwiegende Sache" direkt dem Oberamt zur Anzeige gebracht, „da sonst der überhandnehmenden Rohheit und Unwissenheit, Verwilderung und Entsittlichung Thür und Thor geöffnet wäre." Harte und verhältnismäßig hohe Arreststrafen im Dorfgefängnis werden von Pfarrer und Lehrer beantragt und von den bürgerlichen Collegien ausgesprochen, wenn die Autorität der Amtsperson auf dem Spiel zu stehen scheint: wenn etwa – dies alles Fälle aus den 1850er und 1860er Jahren – ein Jüngling in der Christenlehre den Pfarrer, „als er gefragt wurde ins Angesicht verlacht", oder vier Jungfrauen die Pfarrhaushälterin nicht, wie ihr standesmäßig zustünde, in ihre Kirchenbank hereinlassen, sondern sie „hinausdrücken, die ganze Messe über schimpfen, höhnen und schwätzen", während die „Hausnerin" in die Bank der kleinen Schulmädchen muß.

Schärfer aber, so scheint es, werden diese Waffen, wenn sie auf der eigenen Standesebene genutzt werden. Dies gilt allerdings nur, gemäß dem oben gesagten, in *einer* Richtung. Nur der Pfarrer vermag beim Lehrer berufliche wie private Verstöße anzuprangern und zu ahnden. Klagt er über des Lehrers Nachlässigkeit, seine Trunksucht oder seinen sittlichen Wandel – er hat „vertrauten Umgang mit Weibspersonen", wird „Arm in Arm" auf dem Weg zur Stadt gesehen, läßt sich Geschenke („einen Traubenkuchen und einen Kirschkuchen") machen und von einer anderen „die Wäsche besorgen" – so ist das Ende früher oder später, oft erst nach jahrelangem Kleinkrieg, abzusehen: der Lehrer verläßt das Dorf.

Im Falle des Hilfslehrers, der gegen den Pfarrer „bubenhaft frech" ist und ihn beleidigt hat, kann „auf große Umstände verzichtet" werden, weil „jener doch wieder fortkommt." – Dem Pfarrer bleiben solche dorföffentlichen Demütigungen meist erspart. Hatte man auch – wie in einem Dorf Oberschwabens – wegen seiner „Liebe zum braunen Bier, auch schon morgens" und deren Folgen bei den Behörden gegen ihn Anzeige erstattet, so bleibt er doch. Seine kirchlichen Oberen wirken auf ihn ein, versprechen, ihn zu „heben". Die innerinstitutionelle Disziplinierung (eines, so wäre hinzuzufügen, äußerst differenzierten und doch effizienten Verwaltungsapparats) ersetzt so die dörfliche Submission. Was in einem Fall nur die Person des Schulmeisters, ‚nur' seinen Ruf trifft, darf im anderen Falle nicht auf die religiöse legitimierte Institution treffen.

7. Die unhistorische These von der Säkularisierung

Politisch waren Person und Stellung von Pfarrer und Lehrer im Dorf stets gewesen: politisch im Sinne der örtlichen Repräsentation von Staatsgewalt, Verwaltung und Herrschaft. Politisch im engeren, modernen Sinne jedoch gerade nicht zu sein, hatte man stets Grund genug gehabt. Man hätte sich in Abhängigkeiten und Loyalitätskonflikte begeben, die nachher vielleicht sich als bedrohlich für das eigene Fortkommen, für das gute (auch ökonomisch gute) Auskommen im Dorf hätten herausstellen können. Gelegentlich wurde es doch versucht – die Verlockung, seine Stellung als Dorfautorität zu nutzen für eine übergeordnete Sache, die Anerkennung von außen einbringen könnte, war nicht gering. Die dörfliche Resonanz auf solches Engagement geht jedoch zumeist in eine Richtung. Der evangelische Pfarrer, der sich für die Katholikenabwehr einsetzt und aus Preußen Propagandaschriften bezieht; sein Kollege, der im Ersten Weltkrieg und auch darüber hinaus mit flammender Rede für das Deutschtum kämpft, oder – ein Beispiel aus der Gegenwart – der katholische Pfarrer, der anläßlich der Verwaltungsreform die Gemeinde spaltet in Eingemeindungsgegner und Eingemeidungsbefürworter, Flugblätter verteilt und angeblich „Spitzel rumschickt": sie alle, so scheint es aus den Akten und aus Beobachtungen, haben im Dorf ‚den Bogen überspannt'. Man sanktioniert und man opponiert, ob, wie früher angegeben, „das ganze Dorf geschlossen" oder, wie im heutigen Fall einer Volkskirche, in einzelnen kirchlichen Gruppen oder als Kerngemeinde – notfalls mit Drohbriefen und Predigtboykott, mit Klagen bei den Behörden oder mit direkten Bosheiten. *Sie* scheinen allerdings seltener, vor allem aber der Vergangenheit zuzugehören. Da hier bis in die Gegenwart herein ein ‚Autoritätswall' besteht und die Möglichkeit direkter Maßnahmen verwehrt oder zumindest als nicht opportun erscheinen läßt, behilft man sich oft mit dem „Schneiden": man nimmt einfach keine Kenntnis von dem, was nicht ins Dorf gehört.

Solche Ablehnung oder Ignorierung von Übergriffen der Dorfautoritäten taucht als durchgängiges Merkmal bis heute in allen mit diesem Thema befaßten Studien auf. Daran hat die grundlegende Änderung der Stellung von Kirche und Schule im Dorf wenig (oder nichts?) geändert. Zwar sind gewisse „Retardierungsmomente" im Vergleich zur Stadt festzustellen, etwa im Blick auf die Autorität von Pfarrer und Lehrer, auf ihre Verwurzelung und die Erwartung einer aktiven Mitwirkung in der Gemeinde.[21] Die dabei auftretenden Konflikte jedoch sind – strukturell – keine neuen. Was in der Literatur mit Begriffen wie Statusunsicherheit, Isolation, Spezialisierung, Segmentierung, Überforderung durch die „totale Rolle" gefaßt wird, sind genuine, dem Beruf und seiner Stellung im Dorf anhaftende Rollenkonflikte.[22] Diese Konflikte bzw. das Bewußtsein dieser Konflikte bei den Betroffenen scheint in nicht geringem Umfang beeinflußt von dem, was in der Religionssoziologie unter dem Begriff der Säkularisierungsthese seit längerem eine breite Diskussion entfacht hat. Ähnliche Ursachen, ideologische Verzerrungen und Wirkungsweisen lassen sich hier wie da erkennen: Der tatsächliche Funktionsverlust von Kirche und Schule, Pfarrer und Lehrer im Dorf und ihre Eingrenzung auf den eigeninstitutionellen Bereich wird gesehen als ein historisch linear verlaufender, gleichmäßig durch die Jahrhunderte, ja Jahrtausende sich ziehender Prozeß quantitativer Abnahme, der in der Gegenwart einen gewissen Endpunkt erreicht hat. Solch unhistorisches Einschätzen historischer Abläufe ist zu sehen auf dem Hintergrund des im 19. und 20. Jahrhundert sich vollziehenden rapiden soziokulturellen Wandels. Industrialisierung, Eisenbahnbau, Mobilität, das Entstehen einer neuen Arbeiter- und Handwerkerschicht im Dorf, von Vereinen – diese Stichworte seien hier als Abbreviaturen für hochkomplexe Wandlungsprozesse genannt. In der starren Fixierung darauf muß der Funktionsverlust besonders deshalb als ein gravierender erscheinen, weil es in dieser Zeit großer struktureller Wandlungen vorübergehend zu einer Bedeutungszunahme kam, die nun als eine generell historische aus ihrem Kontext gehoben und überschätzt wird. In dieser Zeit kam den Pfarrern und Lehrern eine wichtige Innovations- und Integrationsfunktion zu. Als Gebildeten stand ihnen ein weites Feld sozialer Aktivitäten offen; Raiffeisenkassen, Verkehrsverbindungen, sozialfürsorgerische Vereine, Gesangvereine wurden von ihnen initiiert und oft lange weitergeführt.

Die Abschaffung der Staatskirche 1918 und die Aufhebung der Konfessionsschule 1936 signalisieren die Entflechtung von Kirche und Schule, den Vollzug der Entkonfessionalisierung des öffentlichen Lebens und der (formalen) Entkirchlichung. Sie haben das historisch Bedingte und vermeintlich überzeitlich Gültige, doch zuvor wohl kaum je Stattgehabte wieder beseitigt. Damit wurde der ‚totale Rollenkonflikt' von Pfarrer und Lehrer im Dorf nicht neu geschaffen, sondern in seiner strukturellen Problematik offengelegt: einen geistlichen Anspruch und zugleich ein weltliches Amt zu verkörpern.

21 *Jaeggi* (a.a.O.), S. 159.

22 Auf ihre Darstellung, Implikationen und Folgen für die gegenwärtige Situation können wir hier nicht ausführlich eingehen; vgl. dazu die oben angeführte Literatur. Empirische Materialien hierzu bieten vor allem Jaeggi (Anm. 3) und Pflaum (Anm. 2).

H.-Jörg Siewert

Der Verein

Zur lokalpolitischen und sozialen Funktion der Vereine in der Gemeinde[1]

1. Der Verein als Stiefkind der deutschen Gemeindeforschung

Angesichts der Höhe der Mitgliedschaften in Vereinen erscheint die bisherige Vernachlässigung des Vereinswesens durch die Sozialwissenschaften prekär.[2] Auch wenn sich die Qualität der Vereinsmitgliedschaft seit der Jahrhundertwende gewandelt haben mag, so stellt doch das heutige Vereinswesen ein soziales Phänomen dar, das bei der Vielfalt der ihm zugeschriebenen Funktionen die Aufmerksamkeit von Sozialwissenschaftlern (wie auch Politikern) verdiente.

Es scheint, als sei der Verein als Gegenstand wissenschaftlichen wie gesellschaftlichen Interesses bei uns erst in jüngster Zeit wieder ins Blickfeld gekommen. Zwar wird in der Bundesrepublik in der Blüte der Gemeindesoziologie, insbesondere Ende der fünfziger Jahre, das Vereinswesen thematisiert, jedoch nur am Rande. Weder die Funktion der Vereine wird als eigenes Forschungsobjekt gefaßt, noch die Beziehung zwischen (politischer) Gemeinde und dem lokalen Vereinswesen näher analysiert. Die Analyse des Vereinswesens, dieses „ungeheure Thema" *(Max Weber)*[3] ist bislang immer noch nicht – in befriedigendem Maße – durchgeführt worden. Die vorhandenen Gemeindestudien geben in der Regel etliche

1 Der Aufsatz basiert in einigen Teilen auf meinen Arbeiten: Verein und Kommunalpolitik, in: KZfSS, H. 3, 1977, S. 487–510 und Verein und Gemeinde, in: Lokale Freizeitvereine, Werkbericht 3, Institut für Kommunalwissenschaften, Bonn 1978

2 Neuere gemeindesoziologische Untersuchungen, die das Vereinswesen mitberücksichtigen, sind: W. Roth, Dorf im Wandel, Frankfurt 1968; H.J. Beckers, Die kommunale Machtstruktur in einer Pendlergemeinde, Diss. Köln 1968; W. Schulenberg, Probleme der sozialen Integration in einer Oldenburger Stadtrandsiedlung, Oldenburg 1969; B. Luckmann, Politik in einer deutschen Kleinstadt, Stuttgart 1970; B. v. Deenen u. a., Lebensverhältnisse in kleinbäuerlichen Dörfern 1952 und 1972, Bonn 1975; H. Dunkelmann, Lokale Öffentlichkeit, Stuttgart 1975; H.-G. Wehling, A. Werner, Kleine Gemeinde im Ballungsraum, Gelnhausen/Berlin 1975

3 Vgl. *M. Weber,* Geschäftsbericht, in: Verhandlungen des Ersten Deutschen Soziologentages in Frankfurt 1910, Tübingen 1911, S. 52–60. Auch R. Königs Anregungen sind nur in Ansätzen verwirklicht worden; vgl. R. König, Grundformen der Gesellschaft: Die Gemeinde, Hamburg 1958, S. 88 ff.

Deskriptionen der Auswirkungen des Vereinswesens in der Gemeinde, wobei die Fragestellung auf den „kulturellen“ Beitrag und die integrative Funktion der Vereine – sowohl für das soziale System Gemeinde (Systemintegration) als auch für das Individuum (Sozialintegration) abhebt; mit einigen Ausnahmen allerdings zumeist theoretisch naiv und empirisch wenig anspruchsvoll. Des weiteren ist es nicht unproblematisch, daß mit wenigen Ausnahmen die Untersuchungsergebnisse aus den fünfziger und frühen sechziger Jahren stammen und somit veränderten Randbedingungen – z.B. konkurrierende Freizeitinstitutionen, die Welle der Bürgerinitiative als „Neuvereine“, insbesondere aber die „Wiederentdeckung“ kommunaler Politik durch die Parteien – nicht Rechnung getragen werden kann. Indem das Objekt Gemeinde selbst einen hohen Grad an Veränderungspotential aufweist, besteht die Gefahr, mit zeitbedingten Kategorien zu arbeiten, die bald nicht mehr stimmen.

Ziel dieses Aufsatzes ist es, die Rolle des Vereins, verstanden als *Assoziation*[4], in „kleinen“ Gemeinden zu analysieren und insbesondere dem Beitrag der Vereine zur lokalen politischen Kultur nachzugehen. Dabei gestaltet sich die Aufgabe zum einen aufgrund der fehlenden empirischen Beiträge, zum anderen angesichts der vielfältig facettierten Ausprägungen kleiner Gemeinden, aber auch der Folgen kommunaler Gebietsreformen recht schwierig.

2. Vereine in unterschiedlichen Gemeindekontexten

Für eine Analyse der Funktionen von Vereinen ist es unabdingbar, den Gemeindekontext (als unabhängige Variable) über die unzulässigen Simplifizierungen „groß“ – „klein“, „Stadt“ – „Dorf“ hinaus empirisch zu kontrollieren, um damit die hier behauptete, je unterschiedliche Funktion von Vereinen überprüfen zu können.

Hierzu ist es zunächst notwendig, einige knappe Ausführungen zur Entstehung des Vereinswesens zu machen.

2.1 Vereine und soziale Differenzierung

Im 18. und vor allem im 19. Jahrhundert setzt in Deutschland die Entfaltung eines neuen Vereinswesens ein.

„Es sind gerade die Vereine, welche im 19. Jahrhundert in immer neuen Wellen neue Bevölkerungsteile erfassen, und zwar in dem Verhältnis

4 „Der Verein ist eine Assoziation, deren Mitglieder nicht primär wirtschaftliche Interessen verfolgen, die keinen Ausschließlichkeitsanspruch an ihre Mitglieder stellt, deren Mitgliedschaft eine freiwillige ist und die über ein gewisses Maß an ‚Öffentlichkeit‘ verfügt.“ H.-Jörg Siewert, Ansätze zu einer Soziologie des Vereins, Magisterarbeit, Tübingen 1971, S. 15; vgl. auch A. Hahn, Vereine, in: A. Bergstraesser, F.H. Tenbruck, B. Fülgraff und H. Oswald, Soziale Verflechtung und Gliederung im Raum Karlsruhe, Karlsruhe 1965, S. 142–168

erfassen, in dem die verschiedenen sozialen Gruppen in den Differenzierungsprozeß hineingezogen werden. Die Entwicklung der studentischen Vereine und Verbände, die immer breitere Skala der bürgerlichen Gruppenzusammenschlüsse, das Übergreifen des Vereinswesens auf den unteren Mittelstand und die neue städtische Arbeiterklasse in den Wellen der Bildungs-, Geselligkeits-, Wander-, Turn-, Freizeit- und anderen Vereine, zu schweigen von den genossenschaftsähnlichen Zusammenschlüssen und Versorgungsverbänden, schließlich die Entstehung von Jugendorganisationen, sind Aspekte dieser Entwicklung."[5]

Erst nach der Differenzierung der sozialen Struktur kann sinnvoll die Rede sein von der *Entdeckung des Ichs* im Sinne der Individualität, von zunehmender gesellschaftlicher Freigabe des Individuums von der traditionellen Primärgruppe wie Familie, Nachbarschaft, aber auch von politischer Herrschaft als Voraussetzung für das Entstehen von freien Assoziationen.

Das Prinzip, mit dem die *Struktur der bürgerlichen Gesellschaft* und ihre soziale Differenzierung zu begreifen ist, liegt in der neuzeitlichen Vorstellung, „daß die einzelnen Bereiche menschlichen Lebens und Handelns als selbständige, in sich geschlossene Verhaltensweisen auf der Basis der Arbeitsteilung ihre Ordnungsnormen in sich selbst trügen"[6], d.h. *zweckhaft* zu organisieren seien. Vereinfacht lassen sich diese Differenzierungsprozesse fassen als der *Übergang von lokal bestimmten Daseinsformen zu funktionalen nicht-lokalen*. Die Verbindung von Menschen geschieht wesentlich unabhängig von der Lokalität.

Die Komplexität der modernen Gesellschaft gründet in der neuen Dimension der sozialen Bezüge. Der Mensch steht insbesondere im 18. und 19. Jahrhundert[7] in wachsendem Maße einer sich steigernden Vielfalt von Handlungsfeldern gegenüber:

„Seine traditionellen Lebensräume, gekennzeichnet durch das Stichwort ‚Kirchtumshorizont', haben sich ausgeweitet. Er nimmt zunehmend teil an anderen Lebensäußerungen und -bereichen, die diese traditionellen Lebensräume teilweise durchkreuzen und ausweiten und teilweise sich auch neu bilden."[8]

5 *F.H. Tenbruck,* Freundschaft – Ein Beitrag zu einer Soziologie der persönlichen Beziehungen, in: KZfSS„ Jg. 16, 1964, S. 447

6 *K.H. Pähler,* Verein und Sozialstruktur, in: Archiv für Rechts- und Sozialphilosophie, Bd. XLII, 1956, S. 202

7 Differenzierungsprozesse lassen sich zu allen Zeiten gesellschaftlicher Evolution ausmachen, wiewohl nicht mit diesen qualitativen und quantitativen Folgen. Vgl. z.B. für das Vereinswesen M.L. Strack, Die Müllerinnung in Alexandria, in: Zeitschrift für die neutestamentliche Wissenschaft, 4. Jg., 1903, S. 213–234; P. Foucart, Des associations religieuses chez les Grècs, Paris 1873; O. Lüders, Die dionysischen Künstler, Berlin 1873; F. Poland, Geschichte des griechischen Vereinswesens, Leipzig 1909 und E. Ziebarth, Das griechische Vereinswesen, Leipzig 1896

8 *F. Fürstenberg,* Ein analytisches Modell zur soziologischen Theorie des 19. Jahr-

Diese Auffächerung der überschaubaren kleinen Welt, die Differenzierung und Umfunktionierung traditioneller Lebensräume hat zweifellos eine Lösung des Individuums aus traditionellen Normensystemen zur Folge *(Emanzipation)*. Wo die gegebenen sozialen Rollen und Beziehungen nicht mehr zur Orientierung des aus den althergebrachten lokalen Orientierungsmustern herausgetretenen Individuums in der ganzen Breite seines Handelns ausreichen, stellt der Verein eine der wichtigen Möglichkeiten dar, die gleichermaßen innere wie äußere Verhaltensunsicherheit auszugleichen, welche im Gefolge von Differenzierungsprozessen entsteht. Vereine können

„eine soziale Struktur abstützen oder erweitern, welche an bestimmten Punkten unzulänglich geworden ist; denn das ist die generelle Funktion der Vereine, wie sie sich aus den bisherigen Forschungen ergeben hat. Zeiten gehäufter Vereinsbildung sind denn auch immer Phasen starken gesellschaftlichen Wandels. Der Vereinsreichtum des 18. Jahrhunderts macht darauf aufmerksam, wie Menschen damals mit Institutionen experimentierten, um dem gesellschaftlichen Wandel gerecht werden zu können.“[9]

2.2 Der ländliche Verein als städtischer Export?

Wenn soziale Differenzierungsprozesse und ihre Folgen für das Entstehen des Vereinswesens als grundlegend angesehen werden und diese Differenzierung, entwicklungsgeschichtlich gesehen, zuerst in ihrem vollen Umfang in der Stadt, insbesondere der Industrie- und Fabrikstadt des späten 19. Jahrhunderts erfolgt, wenn ferner nachzuverfolgen ist, wie Bevölkerungsgruppen in dem Verhältnis vom Vereinswesen erfaßt werden, wie sie in den Differenzierungsprozeß hineingezogen werden, erscheint der Verein als „eine typische städtische Erscheinung“.[10]

Freudenthal betont in seiner Untersuchung der Vereine in Hamburg, daß der Verein im ländlichen Kontext nicht voll erfaßt werden könne: „Wer zu seinen sozialen und kulturellen Lebensfunktionen vordringen will, der muß ihn in erster Linie nicht an Abflüssen studieren, sondern an der Quelle, nicht an Verpflanzungen, sondern auf dem Boden, auf dem er wuchs, nicht an Bei- und Kümmerformen, sondern an seiner originären Hauptgestalt – eben inmitten der Großstadt.“[11]

hunderts, in: Zur soziologischen Theorie und Analyse des 19. Jahrhunderts, W. Rüegg, O. Neuloh (Hg.), Göttingen 1971, S. 26; vgl. auch für das Vereinswesen T. Nipperdey, Verein als soziale Struktur in Deutschland im späten 18. und frühen 19. Jahrhundert, in: Geschichtswissenschaft und Vereinswesen, Veröffentlichung des Max Planck-Instituts, Göttingen 1972, S. 1–44

9 *F.H. Tenbruck,* a.a.O., 1964, S. 445

10 Vgl. *R. Pflaum,* Die Vereine als Produkt und Gegengewicht sozialer Differenzierung, in: G. Wurzbacher, Das Dorf im Spannungsfeld industrieller Entwicklung, Stuttgart 1961, S. 151–182

11 *H. Freudenthal,* Vereine in Hamburg, Hamburg 1968, S. 22

Erst unter der Wirkung urbaner Kräfte faßt der Vereinsgedanke zu Beginn dieses Jahrhunderts auch in ländlichen Gebieten Fuß. In seiner Analyse der Vereine im Landkreis Heidelberg kommt *Wallner* zu dem Ergebnis, daß institutionell wie personell gesehen die Initiativen zur Vereinsgründung in den meisten Fällen von *sozialaktiven Fremden* (Allochthonen) ausgehen:

„Es sind Pfarrer, Lehrer, Bürgermeister, Ratsschreiber, Fabrikanten, städtische Zuzügler verschiedenster Berufszugehörigkeit, manchmal auch eingesessene Grundherrn, die alle in der Absicht handeln, durch das Instrument des Vereins die Dorfbevölkerung teilhaft werden zu lassen: an mehr Bildung und Wissen, an neuen Gesellschaftsformen und Kulturinhalten – im Sinne einer Akkulturationsbewegung auf das städtische Vorbild hin."[12] Nach *Wallner* steht zumindest zu Beginn des 19. Jahrhunderts mit der Landgemeinde als Bauerndorf ein qualitativ verschiedenes Sozialsystem der emanzipatorisch-stadtbürgerlichen Gesellschaft gegenüber. Auch wenn das europäische Dorf bereits vor Beginn der Industrialisierung eine halb- und unterbäuerliche Schicht aufwies, kann für das 19. Jahrhundert das ländliche Sozialsystem noch durch eine relativ feste Einordnung des Einzelnen in die stark integrierten, einander ergänzenden, in ihrem Einfluß gegenseitig stützenden Bereiche der Familie, Nachbarschaft und Kirche interpretiert werden. Auch von daher muß der Verein als „städtischer Import" gelten.

„Der dörflich-agrarische Lebensmikrokosmos mit den sozialen Primärgebilden: trigenerativer Familie, Sippe, Nachbarschaften genossenschaftlichen Charakters, Burschen- und Mädchenschaften mit Sitte und Brauch als Pfeilern einer Weltordnung stellt ein ‚soziales Totalphänomen' dar, in dem über die vorhandenen sozialen Grundformen hinaus ein Bedürfnis zu freiwilliger Assoziierung mit spezifischer Zielsetzung kaum aufzukeimen beginnt. Erst mit dem Strukturwandel des Dorfes von der Bauern- zur gewerblichen oder Arbeiterwohngemeinde und einer parallellaufenden Mentalitätsneueinstellung mit dem Ergebnis eines allmählichen Stadt-Land-Kontinuums öffnet sich das Bauerndorf jener Vielfalt von Vereinen, die freilich ihrerseits nicht immer schon als Resultat eines Transformationsprozesses, sondern, falls früh eingedrungen, selbst als Neuerungsagens zu werten sind."[13]

Als *günstige Entstehungsbedingungen* für das „ländliche" Vereinswesen werden Stadtnähe, gute Verkehrsverbindungen und eine Gemeindegröße nicht unter 600 Einwohnern angeführt:

„Nicht zuletzt durch die urbanen Einflüsse wie durch die fortschreitende Gewichtsverlagerung innerhalb der Berufsstruktur setzt im ‚bauernbefreiten' Dorf mit der Teilnahme am bürgerlichen Emanzipationsprozeß mit der Annahme und Verwendung technisch-zivilisatorischer

12 *E. M. Wallner,* Die Rezeption stadtbürgerlichen Vereinswesens durch die Bevölkerung auf dem Lande, in: Kultureller Wandel im 19. Jh., G. Wiegelmann (Hg.), Göttingen 1973, S. 165

13 ebd., S. 162

Neuerungen, mit den verbesserten Informationsmöglichkeiten, mit der Verkehrserschließung durch die Eisenbahn, mit dem Eindringen eines liberal-individualistischen, rationalen Wirtschaftsgeistes eine Tendenz zu Lockerung, wenn nicht zu Abkehr von hier mehr, dort weniger verpflichtend empfundenen tradierten Bindungen ein, wie sie der sozio-kulturellen Mit- und Umwelt des vorindustriellen Sozialsystems inhärent waren . . ."[14]

Das urbane Beispiel, das Schule machte, scheint auch heute noch unterschiedlich ausgeprägt zu sein. Es interessiert in diesem Zusammenhang nicht so sehr der quantitative Aspekt der Vereinsmitgliedschaften, sondern vielmehr inwieweit sich qualitative Unterschiede von Vereinen in als „städtisch" und „ländlich" etikettierten sozialen Systemen auch heute noch ausmachen lassen. Abermals wird ein Forschungsdefizit sowohl in der Gemeindesoziologie wie auch in den Vereinsanalysen deutlich. Selbst neuere Untersuchungen vergeben die Chance zur Erfassung dieser qualitativen Aspekte.[15]

2.3 Stadt und Land: Von der Polarität zum Kontinuum?

Indem auch Soziologen unter „ländlich" häufig die „kleine" Gemeinde mit geringer Bevölkerungsdichte, Dominanz der landwirtschaftlichen Tätigkeit, „natürlicher" Umgebung, Homogenität der Bevölkerung, wenig ausgeprägter Schichtung und geringer Mobilität, Dominanz personaler und informaler Sozialbeziehungen verstanden und unter „städtisch" meist große Siedlungseinheiten, hohe Bevölkerungsdichte, fast ausschließlich nichtlandwirtschaftliche Tätigkeit, Naturferne, Heterogenität der Bevölkerung, stark ausgeprägte soziale Schichtung und Mobilität, formale sekundäre Beziehungen faßten, wurde der gegensätzliche (dichotome) Charakter der Unterschiede von Stadt und Land als eine Grundkategorie soziologischer Forschung kaum angezweifelt. Nach dem heutigen Stand der Forschung ist es jedoch verfehlt, mit den althergebrachten, ohnehin schon zu häufig an *Tönnies* „Gemeinschaft/Gesellschaft" angelehnten Kategorien „ländlich/städtisch" zu arbeiten:[16]

„Das einzige, über das sich Autoren zu Stadt-Land-Themen weitgehend einig zu sein scheinen, ist, daß sich die fraglichen Begriffe irgendwie auf Stadt und Land beziehen, daß sie mit Unterschieden zwischen Gemeinden hinsichtliche Größe und Dichte der Bevölkerung zu tun haben."[17]

Das, was heute nicht nur im alltäglichen, sondern auch im wissenschaftlichen Sprachgebrauch bislang als „Land" bezeichnet wird, schließt, wie *Kötter* treffend belegt, *völlig heterogene gesellschaftliche Realitäten*

14 ebd., S. 165
15 So H. Dunckelmann, a.a.O., und der demnächst erscheinende Band Verein und Verbände, von W. Reschka
16 Vgl. *F. Tönnies,* Gemeinschaft und Gesellschaft, Berlin 1926.
17 *R. Dewey,* Das Stadt-Land-Kontinuum, in: P. Atteslander und B. Hamm, Materialien zur Siedlungssoziologie, Köln 1974, S. 45

ein.[18] Mit fortschreitender gesellschaftlicher Differenzierung haben wir es jedoch mit einer Pluralität der Umwelten zu tun, zu deren adäquater Beschreibung und Analyse weder die Dichotomie noch das Kontinuum Stadt-Land ausreichen. Die Kritik an der *Kontinuumskonzeption* richtet sich zum einen gegen die Eindimensionalität des Stadt-Land-Gefälles, zum anderen gegen die „Einspurigkeit" einer fortschreitenden Verstädterung im Sinne eines nicht umkehrbaren Prozesses. Bedingt durch die mit den Industrialisierungsprozessen verbundene Verbreitung urbaner Lebensgewohnheiten ist die Vorstellung eines eindimensionalen Stadt-Land-Kontinuums nicht mehr aufrecht zu erhalten. Soziale Konflikte können z. B. in ländlichen Gemeinden ausgeprägter sein als in Städten. Dabei ist jedoch *Kaufmanns* Einwand Rechnung zu tragen, daß „mit der Urbanisierung nicht alles Land zu Stadt wird, sondern daß vielmehr die alte Stadt und das alte Land zu etwas qualitativ Neuem werden."[19]

Insbesondere die *Abgrenzung von Siedlungsgebilden* allein nach dem Kriterium Einwohnerzahl („Größe") scheint für unsere Fragestellung wenig fruchtbar, sagt es doch selten etwas über strukturelle Qualitäten der Gemeinden aus. Fruchtbarer scheint es zu sein, Gemeinden nach dem Grad der „Vollständigkeit" sozialer Institutionen oder Subsysteme zu unterscheiden.[20]

„So können in einer Gemeinde, die ausschließlich dem Wohnen dient, sich nur Subsysteme in Verbindung mit Nachbarschaft und mit familiären und verwandtschaftlichen Beziehungen entwickeln. Finden sich in der Gemeinde zusätzlich auch Arbeitsplätze, so nimmt damit nicht nur die Zahl der verfügbaren Rollen zu. Die typischen Merkmale der zwischenmenschlichen Beziehungen können sich ändern und durch die Entwicklung neuer Institutionen zu einem anderen Typ von lokalem Sozialsystem führen."[21]

18 *H. Kötter,* Stadt-Land-Soziologie, in: Handbuch der Empirischen Sozialforschung, R. König (Hg.), Stuttgart 1969, Bd. II, S. 604–621; vgl. auch H. Gerndt, Städtisches und ländliches Leben. Beschreibungsversuch eines Problems, in: Stadt-Land-Beziehungen, G. Kaufmann (Hg.), Göttingen 1975, S. 31–44

19 *A. Kaufmann,* Urbanisierung, in: Die österreichische Gesellschaft, E. Bodzenta (Hg.), Wien/New York 1972, S. 73

20 Vgl. *F.U. Pappi,* Wahlverhalten und politische Kultur, Meisenheim a. Glan 1970, S. 96 f. und H.-J. Siewert, a.a.O., 1977, S. 81 f. Das politische System der „traditionalen kleinen Gemeinde" ist in der Regel wenig ausdifferenziert. Anders formuliert: Das politische System bildet typischerweise keine Handlungssysteme, in denen das Handeln an spezifischen Werten, Normen und Rollen orientiert ist, die nicht in gleicher Weise in den relevanten Umwelten außerhalb dieses Systems gelten.

21 *M. Stacey,* Totalität: Ein Mythos in Gemeindestudien, in: P. Atteslander und B. Hamm, a.a.O., S. 81

2.4 Die Notwendigkeit einer soziologischen Gemeindetypologie

Die vorangestellten Überlegungen lassen vor dem Ziel einer Analyse von Kontexteffekten die Dringlichkeit einer differenzierten Gemeindetypologie erkennen. Bei den vorliegenden Klassifikationsversuchen der dörflichen Siedlungseinheit stehen überwiegend ökonomische Gesichtspunkte im Vordergrund. So unterschiedet *Linde* in:

(1) *Agrargemeinden* (mehr als 50 % der am Ort Beschäftigten sind hauptberuflich in der Landwirtschaft tätig),
(1.1) Gemeinden mit überwiegend großbäuerlicher oder gutsbetrieblicher Prägung
(1.2) mittelbäuerlicher Prägung
(1.3) kleinbäuerlicher Prägung
(1.4) nebenberuflich bewirtschafteten bäuerlichen Kleinbetrieben;

(2) *ländliche Gewerbegemeinden* (20 bis 50 % der am Ort Beschäftigten sind hauptamtlich in der Landwirtschaft tätig),
(2.1) Gemeinden mit den bestimmenden Elementen des Handwerks und Einzelhandels oder ländliche Dienstleistungsgemeinden,
(2.2) Gemeinden, in denen die nicht in der Landwirtschaft Beschäftigten überwiegend in Industriebetrieben arbeiten.[22]

König warnt jedoch vor einer Überbetonung ökonomischer Faktoren: „So interessant alle diese Versuche auch durchgeführt sein mögen, und soviel Richtiges sie zweifellos treffen, so bleiben sie doch – ganz abgesehen von der Überbetonung des wirtschaftlichen Gesichtspunktes – in gewisser Weise alle in der Luft hängen, solange ihnen nicht vielmehr konkrete *soziologische* Gemeindeuntersuchungen als Grundlage dienen."[23] Derartige Typisierungsversuche werden insbesondere dann problematisch, wenn sich Inkongruenzen von „Lebensform" und Siedlungstypus herausstellen.[24]

22 zitiert nach G. Wurzbacher, Dorf, in: Handwörterbuch der Sozialwissenschaften, Bd. 3, Stuttgart/Tübingen/Göttingen 1961, S. 10

23 *R. König,* a.a.O., 1958, S. 81. Das wissenschaftliche Interesse am „Dorf", an der ländlichen Gemeinde scheint nachgelassen zu haben. Auch in der Neuauflage „Grundformen der Gemeinde" wird überwiegend Literatur aus den 50er Jahren zitiert. D. Kappe, T. Knappstein, M. Schulte-Altedorneburg, Grundformen der Gemeinde – Großstadt und Dorf, Opladen 1975

24 Vgl. *H.J. Gans,* Urbanität und Suburbanität als Lebensformen: Eine Neubewertung von Definitionen, in: U. Herlyn: (Hg.), Stadt und Sozialstruktur, München 1974, S. 67–106. Siehe hierzu den Versuch F. Böltkens, der bei seiner Analyse der Stadt als Interaktionssystem davon ausgeht, daß nicht das Gesamtsystem Stadt handlungsrelevant ist, sondern je nach Rollenzusammenhang von unterschiedlicher Relevanz sein kann. F. Böltken, Zeit- und Raum-Budgets als Informationsinstrument für Stadtforschung und Stadtplanung, in: M. Pfaff, F. Gehrmann (Hg.), Informations- und Steuerungsinstrumente zur Schaffung einer höheren Lebensqualität in Städten, Göttingen 1976, S. 285 ff;

Für unsere Analyse beziehen wir uns im folgenden auf (kleine) Gemeinden, deren politisches System nicht voll ausdifferenziert ist. Der Kreis derer, die man als Träger politischer Rollen identifizieren kann, ist klein. Die Beziehungen auch im politischen Sektor können als durch partikularistische Rollenerwartungen gekennzeichnet angesehen werden. Partikularistisch sind soziale Beziehungen dann, wenn sie auf einer für die Beteiligten persönlich einzigartigen Zugehörigkeit beruhen. Diese Beziehungen sind nicht unabhängig von besonderen und persönlichen Beziehungen – ohne Ansehen der Person – durch gesellschaftlich festgelegte Rollenmerkmale der Beteiligten geregelt.

2.5 Die „kleine" Gemeinde als heile Welt?

Insbesondere die konservativen Deutungen, die die Folgen der Differenzierungsprozesse im 19. Jahrhundert als pathologische Desorganisation ansahen, wirkten bis in die 50er Jahre dieses Jahrhunderts:
„In diesem Zusammenhang wurde lange Zeit und werden vielfach auch in der Gegenwart noch dörfliche Lebensformen als organisch, volkstümlich gewachsen und gesund, städtisch-industrielle dagegen als ungesund, künstlich und konstruiert beurteilt"[25]
Um das „Dorf" bildet sich eine Aura verschwommener Verallgemeinerungen und vielfältiger Mißverständnisse.

Die Chancen für innere Konflikte in einer kleinen Gemeinde sind jedoch unter Umständen viel größer als in großen, gerade weil die Menschen einander nahe sind: „Eine Gemeinde *kann* im Sinne Redfields eine integrierte Ganzheit sein, sie *muß* es jedoch keineswegs, vor allem auch nicht auf Grund ihrer Kleinheit."[26]

Die Unterstellung einer harmonischen Dorfgemeinschaft übersieht gar häufig, daß diese „Gemeinschaft" auf einer ökonomisch-rationalen Grundlage ruht. *Bär* betont in einer Analyse von Winzerdörfern an der Ahr, daß für das Zustandekommen interfamiliärer Beziehungen in der Hauptsache wirtschaftliche Zweckmäßigkeitserwägungen maßgebend seien. Der unmittelbare Anlaß zu solchen, oft als „echte" Beziehungen der Gemeinschaft bezeichneten Erscheinungen (z.B. die rites de passage wie Taufe, Hochzeit, Todesfall) ist weitgehend ökonomisch motiviert:

„Man rechnet damit, auch einmal in eine ähnliche Lage zu kommen und will dann der Hilfe der Nachbarschaft sicher sein. Die wirklichen Absichten werden häufig durch emotionales Handeln und durch scheinbares Reagieren auf Gemüt und Gefühl maskiert."[27]

vgl. auch G.D. Lowe, Ch. W. Peek, Location and Lifestyle: The Comparative Explanatory Ability of Urbanism and Rurality, in: Rural Sociology, Jg. 39, No. 3, 1974, S. 395–420

25 *G. Wurzbacher,* a.a.O., 1961, S. 9; vgl. hierzu vor allem die Schriften von W.H. Riehl, dem großen Wanderer.

26 *R. König,* a.a.O., 1958, S. 111

27 *W. Bär,* Das Winzerdorf an der Ahr als Siedlungsgebilde, in: Kölner Vierteljahreshefte für Soziologie, XII. Jg., 1933/34, S. 118

3. Vereine und Lokalpolitik

Dem Verein wird in der Literatur eine Fülle von (positiven) Funktionen sowohl für das Individuum als auch für das soziale System Gemeinde zugeschrieben.
Im folgenden sei zunächst auf die Funktion der Vereine als Mittler, aber auch als Sozialisationsagent hingewiesen.

3.1 Der Verein als intermediäres System

Wurzbacher bezeichnet die Vereine als wichtige intermediäre Organisationen,
„die in vielfältiger Weise zwischen Individuen und komplexen Verflechtungen und Großstrukturen der Gesellschaft Beziehungen und Kanäle der wechselseitigen Anregung, Initiative, Steuerung, Übertragung und Vermittlung herstellen. Die für den einzelnen überdimensionale, d.h. schwer zu durchschauende und beeinflußbare Gesellschaft mit der verwirrenden Mannigfaltigkeit ihrer Werte, Güter, Gruppen, Veränderungen und Verflechtungen wird so unter dem Maßstab spezieller individueller Bedürfnisse und Interessen gegliedert, überschaubarer und beeinflußbar gemacht."[28]

Es ist die Rede von den „emanzipatorischen" Wirkungen der Vereine, worunter im einzelnen verstanden wird:

- Bewußtmachung, Formulierung, Vertretung und Verstärkung von individuellen wie von Gruppeninteressen.
- Beiträge zur Demokratisierung der Gesellschaft durch Weckung von Initiativen und kritischen Machtkontrollen durch die Bürger. Für die lokale Ebene ist dies durchaus im Sinne einer urdemokratischen Aktivierung der einfachen Mitgliedschaft gemeint.
- Verstärkung der Gruppenaktivitäten und Gruppeneinflüsse durch überlokalen Zusammenschluß zu Verbänden und Dachverbänden.
- Beeinflussung der öffentlichen Meinung wie der politischen Führung im Sinne der Ziele der Assoziation.
- Ausbildung von Sachverstand und Beteiligung an offiziellen Gremien zur Regelung der wichtigen Probleme.
- Auslese und Übung sozialaktiver Persönlichkeiten als hauptamtliche oder nebenamtliche Führungskräfte der Assoziation.
- Beitrag zur Statusbildung und Statussicherheit des Individuums als Gesellschaftsmitglied und Staatsbürger und Organisation der Gesellschaft als Kontrahenden des Staates.

28 *G. Wurzbacher*, Die öffentliche freie Vereinigung als Faktor soziokulturellen Wandels, in: W. Rüegg, O. Neuloh (Hg.), Zur soziologischen Theorie und Analyse des 19. Jahrhunderts, Göttingen 1971, S. 113; vgl. auch G. Lenzer, Staatsbürgerliches Verhalten im kommunalen Bereich, Diss. München 1962

3.2 Vereinsmitgliedschaft und allgemeines politisches Engagement

Auf eine ganz allgemeine Weise wird den Vereinen in der Literatur eine politische Sozialisationsfunktion zugewiesen. In amerikanischen wie auch deutschen Untersuchungen wird unter dem Etikett „kumulative" Beteiligung wiederholt herausgestellt: Wer „sozialaktiv" ist, ist auch politisch stärker engagiert; politisch Aktive sind häufiger Vereinsmitglieder, verfügen über intensivere und ausgedehntere Verkehrskreise.[29]

Kritisch einzuwenden bleibt allerdings zum einen die durchgängige Interpretation der politischen Teilnahme als Sonderfall allgemeinen sozialen Engagements[30] und zum anderen eine fehlende Vereinstypologie, die zu differenzierteren Aussagen vonnöten ist; stimulierten doch so Kaninchenzüchtervereine wie Fußballvereine, Schachvereine wie Liederkränze gleichermaßen zu verstärkter „politischer" Aktivität.[31]

„Eine Verallgemeinerung der Sozialisationsthese für den Spezialfall von Vereinen mit politischem Bezug und informaler politischer Diskussion würde von der Frage nach den Wirkungen von Mitgliedschaft überhaupt auf die praktisch relevantere Problemstellung führen: In wievielen und welchen Vereinen gibt es einen Bezug zur Politik und Gespräche über Politik? Als nächstes wäre zu fragen, ob diese Gespräche nur soviel bewirken, daß die Beteiligten allgemein politisch mobilisiert werden oder ob sie sogar Konformitätsdruck in bestimmter Richtung ausüben. Weiter wäre für praktische Konsequenzen auch relevant, wie stark der dort ausgeübte Konformitätsdruck im Verhältnis zu dem von Primärgruppen ist."[32]

3.3 Verein und lokale Parteien

Es ist offensichtlich, daß die Funktionen politischer Parteien in der Lokalpolitik andere sind als die auf Bundes- und Landesebene:

„Die Situation in der kleinen Gemeinde, die durch das herrschende Ortschaftsinteressen- und Persönlichkeitswahlprinzip gekennzeichnet ist, zwingt die lokalen Parteigruppen dazu, sich diesen Prinzipien anzupassen, wenn sie die Funktion der Kandidatenauslese erfüllen will."[33]

29 Vgl. hierzu den Reader von G. Zimpel, Der beschäftigte Mensch – Beiträge zur sozialen und politischen Partizipation, München 1970. Zu dieser Sozialisationsfunktion kann auch die Funktion der „Auslese" sozial aktiver Persönlichkeiten gezählt werden.

30 Vgl. die Einführung von G. Zimpel, a.a.O., S. 19–81

31 Zur Klassifikation von Vereinen vgl. C.W. Gordon und N. Babchuk, A Typology of Voluntary Associations, in: ASR 24, 1959, S. 22–29

32 *K. Simon,* Der Einfluß von Gruppenzugehörigkeiten auf politisches Verhalten, in: Kommunales Wahlverhalten, Institut für Kommunalwissenschaften (Hg.), Bonn 1976, S. 90

33 *R. Mayntz,* Lokale Parteigruppen in der kleinen Gemeinde, in: Zeitschrift für Politik, N.F. Bd. II, 1955, S. 69

Insbesondere kleinere Gmeinden scheinen sich noch im Stadium der „Honoratiorenpolitik" zu befinden. Ein politisches System ist (noch) nicht weiter ausdifferenziert. Kommunale Ämter werden als „Ehrenämter" verstanden:

„Lokalpolitischer Einfluß verbindet sich nun mit der Führungsrolle im Gesangverein, in der Raiffeisengenossenschaft, in Sport- und Wandervereinen oder Vereinigungen zur lokalen Traditionspflege, und der Weg in den Gemeinderat führt zunehmend über derartige Aktivitäten."[34]

Luckmann weiß zu berichten, daß Beschlüsse des Brettener Gemeinderates zu 90 % einstimmig gefällt werden:

„Bei uns wird nur ganz selten abgestimmt", erklärte ein Gemeinderat. „Denn der Gemeinderat betreibt Kommunalpolitik – ganz objektiv und ohne Rücksicht auf Parteien . . . Die Kommunalpolitik soll die Richtlinien für die Handlungen und Entscheidungen der Stadt als geschlossene Gemeinschaft festlegen. Sie kann daher nicht durch kontroverse Meinungen, Streitigkeiten, eine scharfe Polemik oder eine zugespitzte Konfrontierung verschiedener Fraktionen zersplittert werden."[35]

In dieser Deutung ist *Lokalpolitik kein eigener Sektor,* sondern wird als ein mit dem alltäglichen Leben der Gemeinde eng verflochtenen Aspekt der Daseinsbewältigung erfahren. Lokalpolitik erscheint noch nicht als vom täglichen gesellschaftlichen Zusammenleben abgelöst. Sie wird nicht als „politisch" empfunden.

„Vermutlich ist die geringere soziale Distanz in kleinen und mittleren Gemeinden ein Haupthindernis, das der Politisierung im Wege steht. Soweit in den erwähnten Studien Umfragen durchgeführt wurden, wird immer wieder die Notwendigkeit, in der Gemeinde zusammen leben zu müssen, als zentrales Argument genannt, das die politische Auseinandersetzung auf der Sparflamme hält. In dem Ausmaß, in dem es erst gar nicht zu politischen Auseinandersetzungen kommt, werden auch die Alternativen nicht deutlich, zwischen denen die politische Entscheidung nach wert- und sachrationalen Gesichtspunkten zu erfolgen hätte."[36]

Parteien spielen in diesen Lebenszusammenhängen kaum eine Rolle: „Als Orientierungshilfen für die Wahlentscheidung werden sie zumindest in kleinen Gemeinden nicht gebraucht. Denn dort kennt man die Gemeinderatskandidaten aus dem sozialen Alltag, aus dem Berufsleben oder den Vereinen; man glaubt, ihre Qualifikation selbständig einschätzen und ihr voraussichtliches Verhalten auch ohne die Hilfe eines Programms abschätzen zu können."[37]

34 *G. Lehmbruch,* Der Januskopf der Ortsparteien, in: Bürger im Staat, 25. Jg., H. 1, 1975, S. 4

35 *B. Luckmann,* a.a.O., S. 131 f.

36 *F. Ronneberger, J. Walchshöfer,* Parteien als Kommunikationssysteme, in: Strukturprobleme des lokalen Parteiensystems, Institut für Kommunalwissenschaften (Hg.), S. 230 f.

37 *G. Lehmbruch,* a.a.O., S. 5

Auch *Jeggle/Ilien* heben hervor, daß in der Perzeption der Gemeinderäte Kommunalpolitik selbstverständlich mit Verwandtschaft und Vereinen zu tun habe:
„Was braucht man eine Partei, wenn man sich gegenseitig kennt, wozu bedarf es einer Organisation, die Interessen bündelt, wo man doch sowieso von jedem weiß, welche Interessen er und die Seinen haben.“[38]

Die Mitgliedschaft in Parteien ist lokalpolitisch nahezu unbedeutend. Dort, wo lokale Parteiorganisationen ausgeprägt sind, spielen häufig die Parteien das „politische“ selbst herunter:

„Die Ortsgruppe macht sich nach außen hin unsichtbar und beschränkt sich im wesentlichen darauf, den Mitgliedern das Bewußtsein der Zusammengehörigkeit zu vermitteln und den Binnenkontakt zu stärken. Sie wird gewissermaßen ein Verein unter anderen, der Familienausflüge und Sommerfeste für die Mitglieder organisiert und allenfalls periodisch einen von den oberen Parteigliederungen vermittelten Wahlredner präsentiert, so wie andere Vereine für die Außendarstellung beispielsweise ihre jährliche Kleintierschau veranstalten.“[39]

Albrecht Lehmann weist am Beispiel der niedersächsischen „Arbeitergemeinde“ Greene die Spannungen im SPD-Ortsverein auf, die deshalb entstehen, weil Mitglieder in ihm das Bedürfnis nach Geselligkeit nicht mehr befriedigen können:
„Aufs Ganze gesehen ist der Ortsverein der SPD vielleicht politisch handlungsfähiger geworden als er es vor der besagten sozialen Umschichtung war. Er ist aber keine Gruppierung der Arbeiter mehr. Die Mehrzahl der Arbeiter zahlt zwar nach wie vor ihren Beitrag, bleibt aber den Versammlungen fern. Die SPD wurde für sie eine Organisation wie die Gewerkschaft. Sie erwarten von ihr, daß sie ihre Interessen – etwa auf dem Gebiete der Sozialpolitik – vertritt oder bleiben – was besonders für die Älteren gilt – aus traditionellen Gründen Mitglied.“[40]

Dieser „Vereinscharakter“ der politischen Parteien ist jedoch mit der Wiederentdeckung der Kommunalpolitik durch die politischen Parteien sowie auch den Auswirkungen der Kommunalreform im Schwinden begriffen.[41]

38 *Jeggle/Ilien,* Das Dorf als Not- und Terrorzusammenhang, in diesem Buch S. 39
39 *G. Lehmbruch,* a.a.O., S. 7
40 *Albrecht Lehmann,* Das Leben in einem Arbeiterdorf – Eine empirische Untersuchung über die Lebensverhältnisse von Arbeitern, Stuttgart 1976, S. 71. Lehmann betont, daß nur solange der Ortsverein dem Geselligkeitsbedürfnis, dem Bedürfnis nach Intimität auch in seinen Organisationsformen Rechnung trägt, die „Arbeitermitglieder“ sich in „ihrem“ Verein wohlfühlen.
41 Vgl. *M. Brettschneider, G. Göbel,* Kommunalpolitische Grundsatzprogramme der Parteien, Berlin 1976 und L.-R. Reuter, Kommunalpolitik im Parteienvergleich, in: aus politik und zeitgeschichte, B. 34/76, August 1976

3.4 Der lokalpolitische Einfluß des Vereins[42]

Für *Dunckelmann* sind Vereine „auch heute noch, insbesondere auf der lokalen Ebene im Rahmen der kommunalen Selbstverwaltung, nicht wegzudenken. Sie führen hier zu einer Spezialisierung der lokalen Öffentlichkeit, die sich mit dem Prinzip moderner Arbeitsteilung und einer hieraus ableitbaren Notwendigkeit der Interessendiversifikation zusammenhängt, . . ."[43]

Politische Bedeutung erhalten die Vereine, wenn sie versuchen, über Ratsmitglieder, die gleichzeitig Vereinsbruder/-schwester sind, politische Entscheidungsprozesse zu beeinflussen.

Für eine Zonenrandgemeinde belegt *Roth* die Interessenverflechtung von Vereinen und Gemeindevertretung:
„Etwa die Hälfte aller Vorsitzenden unserer Vereine hat gleichzeitig Führungsfunktionen in anderen Gremien inne. Dabei sind die *Funktions- und Interessenvertretungen* zwischen Parteien bzw. Gewerkschaften und Gemeindevertretungen einerseits und von beiden zusammen mit dem Vereinswesen andererseits am stärksten. Hier vereinigen sich sogar verschiedene Ämter in einer Person."[44]
Es ist jedoch zu fragen, welche Entscheidungen auf diese Weise beeinflußt werden. Meist handelt es sich um Anträge auf Zuschüsse von Seiten der Gemeinde.

Auch wenn Vereine als Wählerpotential eine Rolle spielen können[45], so ist ihr direkter politischer Einfluß als gering anzusehen, was auch in der Untersuchung von *Kromka* belegt wird. In der Einschätzung der Bevölkerung ist in sieben Dorfgemeinden der Verein nur von sekundärer Bedeutung.[46]

42 Hierzu wäre eine breite Diskussion des Autonomieverlustes sowohl der Gemeinde als auch seiner Subsysteme voranzustellen, wodurch die Einschätzung dieser Einflußmöglichkeiten relativiert würde.

43 *H. Dunckelmann,* a.a.O., S. 176 f.

44 *W. Roth,* a.a.O., S. 201; Luckmann stellt ähnliches für Bretten fest: „Da die Stellung der verschiedenen Verbände und Vereine, aber auch die Stellung einzelner einflußreicher Bürger, die diesen Interessengruppen angehören, der Lokalregierung bekannt ist, brauchen diese Organisationen wie auch die städtischen Honoratioren durchaus keine rege politische Aktivität zu entfalten oder einen großen ‚Druck' auf die Lokalpolitiker auszuüben. Ihr Einfluß ist *automatisch,* allein durch ihre Präsenz und potentielle Machtausübung gesichert, denn: ‚Die Vereine will kein Gemeinderat verkrumpeln, weil sich das bei der nächsten Wahl rächen könnte. Es geht dann die Parole vom Vereinsvorstand aus: den wählen wir nicht – der hat uns nicht unterstützt'." B. Luckmann, a.a.O., S. 172

45 So wird der Verein in verschiedenen Arbeiten in den USA als Machtressource gefaßt. Vgl. z.B. T.N. Clark (ed.), Community Power and Decision-Making: Comparative Analysis, San Francisco 1968; vgl. H.-J. Siewert, a.a.O., 1977 S. 502 f.

46 *F. Kromka,* Soziokulturelle Integration und Machtverhältnisse in ehemals kleinbäuerlichen Dörfern, Bonn 1975

Neben Einschätzung der Vereine als potentieller Machtbasis auf lokaler Ebene steht deren Bedeutung für eine „bürgerliche Ingroup", anders gesagt: für ein lokales Interaktionssystem der Elite.

Können Vereine zum einen für die kommunale Elite die Funktion haben, durch Vorsitz *Prestige und Anhängerschaft* zu gewinnen (bzw. ist dieses Amt auch die Folge von Popularität), so stellen sie zum anderen auch die Grundlage für ein Interaktionssystem lokaler Elite dar. Da sich Mitglieder der kommunalen Elite in Vereinen inoffiziell treffen, dabei unverbindliche Vorschläge entwerfen und diskutieren können, letztlich auch Absprachen für Strategien im „öffentlichen" Diskussionsbereich treffen, kann der Verein so als *internes Diskussionsforum* für eine Vorabklärung kommunaler Fragen gesehen werden. *J. Beckers* betont z.B für seine Untersuchungsgemeinde:

„Wichtig ist in unserem Fall die Funktion des Treffpunktes, die die Vereine übernehmen können."[47]

Auch in Bischoffingen „treffen sich die wichtigsten Führer aus dem wirtschaftlichen und politischen Bereich in einem bestimmten Verein und besprechen in diesem für die lokalen Verhältnisse gerade ‚exklusiven' Verein aktuelle Probleme. Wie zu sehen war, sind es oftmals keine originären Vereinsinteressen, die das lokale Geschehen mitbestimmen, sondern die Vereine sind häufig das ‚Vehikel' für die besonderen Interessen lokaler Gruppen. Teilweise gab es sogar Anzeichen, daß die Vereine als Machtwerkzeug miteinander befreundeter Dorfbewohner dienen."[48]

Der Verein ist damit der Ort, an dem (u.a.) Interessen von kommunalpolitischer Bedeutung vorsortiert und kanalisiert werden. Im Verein kann sich auf einer ersten Stufe der Prozeß der Aufmerksamkeitsbindung, der Konfliktsverarbeitungs- und Entscheidungskapazität abspielen.

3.5 Verein und Gemeindeideologie

Eine weitere Dimension des kommunalpolitischen Einflusses von Vereinen ist unter den Begriff „Mobilisierung von Tendenzen" bzw. „Non-Decision-Making" zu erfassen.

Wie häufig kann man etwas ähnliches in Lokalzeitungen lesen:

„Das Gesicht einer Gemeinde wird unter anderem geprägt von ihren Vereinen . . . Allen Vereinen gemeinsam ist der Wille, ihren Mitgliedern Aufgaben zu stellen, ihre Freizeit sinnvoll auszufüllen, gemeinsame Interessen, Geselligkeit und Freundschaft zu pflegen und sie so zu einer Gemeindefamilie zusammenzuführen."

Wir zielen hier auf den Bereich kultureller Faktoren ab, auf den Beitrag von Vereinen zu den in der Gemeinde vorherrschenden *Wertvorstellungen.* Es ist verfehlt, davon auszugehen, daß Macht und politischer Einfluß sich gänzlich auf der Ebene „konkreter Entscheidungen" fassen lassen. Es darf also nicht die Möglichkeit außer acht gelassen werden, daß

47 *H. Beckers,* a.a.O., S. 201
48 *F. Kromka,* a.a.O., S. 97

Vereine durch Beeinflussung kommunaler Wertvorstellungen, politischer Verfahren und Rituale den Entscheidungsprozeß auf verhältnismäßig nicht kontroverse Angelegenheiten beschränken können, obwohl in der Gemeinde ernste, aber latente Machtkonflikte bestehen.

Hierunter fällt auch eine z. T. von Vereinen und insbesondere der lokalen Presse vermittelte „Gemeindeideologie". Die eingeschränkte Gemeindeautonomie und damit relative Machtlosigkeit der Gemeinde und ihrer Bewohner wird in kleinen Gemeinden häufig mittels einer Aufwertung des „Einfachen, Soliden, des Natürlichen und Echten" ins Positive gewendet. In Zusammenhang mit der berühmten Gemeindestudie von *A.J. Vidich* und *J. Bensman* deutet *R. König* diese Uminterpretation als Entlastungsfunktion:

„Gewisse Ideen und sozial-moralische Leitvorstellungen über das Wesen der kleinen Gemeinde werden als ausgesprochene Verteidigungsmechanismen entwickelt . . . So wird die Technik der partikulären Projektion auf besondere Probleme zu einem Mittel, die Wirklichkeit zu umgehen. Genauso werden die Wirklichkeiten der Klassenschichten verdrängt . . . Dies Verfahren ist so konsequent, daß es sowohl die historische Erinnerung fälscht wie die im Alltagsverhalten tatsächlich verfolgten Ziele. Damit kommt es zu einer öffentlichen Ideologie, die zu bestäken alle beitragen, nachdem sie es aufgegeben haben, den Abgrund zwischen Illusion und Wirklichkeit zu überspringen."[49]

Am Beispiel der Analyse von Kinderfesten beschreibt in diesem Sinne *Roland Narr* den Verein als Agent des *Heimat-Gemeinschaft-Tradition-Syndroms:* „Die Arbeit der Vereine auf kulturellem und sportlichem Gebiet sind eine lebendige Demonstration für die örtliche Gemeinschaft. Der Vermassung und Verödung in den Großstädten steht hier der Sinn für Natur, Kunst und Heimat entgegen. Hier auf dem Land ist noch alles da, was das Leben lebenswert macht. Daher gilt es die Dörfer zu stärken und zu unterstützen. Die kleinen Gemeinden beweisen an solchen Tagen, daß sie auch heute noch eine echte Existenzgrundlage haben."[50]
Die empirische Analyse dieses Beitrags der Vereine ist jedoch noch immer nicht durchgeführt, wiewohl schon *Max Weber* auch diesen Aspekt angestrebt hat: „Auf der einen Seite, m. H., atthrahiert fast jeder Verein, auch ein solcher, der das prinzipiell vermeiden will, in irgend einer Weise ‚weltanschauungsmäßige' Inhalte. In gewissem Sinne, könnte man behaupten: sogar auch ein deutscher Kegelklub, in deutlicherem Maße schon ein deutscher Gesangverein. M.H., – um dabei zu bleiben – die Blüte des Gesangvereinswesens in Deutschland übt m.E. beträchtliche Wirkungen auch auf Gebieten aus, wo man es nicht gleich vermutet, z.B. auf politischem Gebiete. Ein Mensch, der täglich gewohnt ist, gewaltige

49 *R. König,* Neuere Literatur zur Soziologie der Gemeinde, in: KZfSS, 10, S. 516
50 Haller Tagblatt vom 1.7.1968, zitiert nach R. Narr, Kinderfest – Eine pädagogische und gemeindesoziologische Studie, Neuwied und Darmstadt, S. 45. Vgl. auch M. Tränkle, R. Narr, Unser Dorf soll schöner werden, in: Zeitschrift für Volkskunde, 72. Jg., 1976, H. II, S. 201–230

Empfindungen aus seiner Brust durch seinen Kehlkopf herausströmen zu lassen, ohne irgend eine Beziehung zu seinem Handeln, ohne daß also die adäquate Abreaktion dieses ausgedrückten mächtigen Gefühls in entsprechend mächtigen Handlungen erfolgt – und das ist das Wesen der Gesangvereinskunst –, das wird ein Mensch, der, kurz gesagt, sehr leicht ein ‚guter Staatsbürger' wird, im passiven Sinn des Wortes. Es ist kein Wunder, daß die Monarchen eine so große Vorliebe für derartige Veranstaltungen haben. ‚Wo man singt, da laß dich ruhig nieder'. Große starke Leidenschaften und starkes Handeln fehlen da.[51]

3.6 Integrationsfunktion des Vereins

Eine der am häufigsten angeführten, aber nichts desto weniger nicht empirisch belegten These über die (latente) Funktion des Vereins ist die seiner integrativen Wirkung. Nicht nur das Individuum, sondern auch die Gemeinde selbst werde über den Verein integriert.

R. Pflaum versucht im Rahmen der Gemeindestudie des UNESCO-Projekts „Das Dorf im Spannungsfeld industrieller Entwicklung" die integrative Wirkung der Vereine nachzuweisen:

„Wenn die Vereine einserseits das Produkt eines sozialen Differenzierungsprozesses sind, so sind sie andererseits im höchsten Maße ausgleichende und wiederum verbindende Faktoren im ländlichen Sozialleben. Die aktive Teilnahme aller Bevölkerungsgruppen über alle beruflichen, konfessionellen und anderen Unterschiede hinweg wirkt integrierend. Obwohl die Teilnahme bestimmte Schwergewichte hat, schließt sich keine Gruppe völlig aus. Die Motive für die Beteiligung sind auf keine bestimmte soziale Gruppe beschränkt. Durch ihre Ortsbezogenheit, durch gemeinsame und breiteste Teilnahme der jeweiligen Ortsbevölkerung an den Veranstaltungen der Vereine wird die Dorfgemeinschaft gefördert. Die Vereine übernehmen auch die Ausgestaltung traditioneller Dorffeste sowie die Tradierung alten Brauchtums. Die ganze Familie wird oft durch die Vereinsmitgliedschaft eines Familienmitglieds zur Teilnahme angeregt. Eine letzte integrierende Wirkung von besonderer Wichtigkeit ist die erneute Verflechtung der zunächst getrennten Sozialbereiche über eine gemeinsame Elite von sozialaktiven Führungspersönlichkeiten. Die Vereinsleiter werden durch ihre Tätigkeit in jenen Fähigkeiten geschult, die für ein verantwortliches Handeln für die Gemeinde wesentlich sind."[52]

Derartig differenziertes Argumentieren findet sich in anderen empirischen Arbeiten nur selten. Vordergründig wird von gemeinsam veranstalteten, ortsbezogenen Festivitäten auf eine integrative Funktion der Vereine geschlossen. Daß Vereinsfeste die „Verbundenheit" der Gemeinde fördern ist fester Bestandteil der Aussagen von Vereinsvorständen:

51 *M. Weber,* a.a.O., S. 57

52 *R. Pflaum,* a.a.O., 1961, S. 180. Auch H. Croon/K. Utermann betonen die Funktion des Vereins als Brücke und Bindeglied, H. Croon/K. Utermann, Zeche und Gemeinde – Untersuchungen über den Strukturwandel der Zechengemeinde im nördlichen Ruhrgebiet, Tübingen 1958.

„Man erwartet vom Verein, daß er die Einwohner des Dorfes zusammenführt, man schreibt ihm die Funktion zu, zwischen Individuum und gemeindlicher Öffentlichkeit zu vermitteln. Um das zu erreichen, soll er die in diesem Ort nicht eben häufigen Anlässe initiieren, bei denen der Einzelne aus seiner Familie heraustritt und sich zu Festen und Versammlungen mit einem größeren Ausschnitt aus der Dorfgesamtheit zusammenfindet."[53]
Vereine werden als Verdichtungs- und Aktivitätskerne gemeindlichen Lebens dargestellt. *Luckmann* sieht diese Systemintegration überwiegend durch „kulturelle Vereine" erfüllt:
„Das Bestehen und die Kontinuität der städtischen Gemeinschaft wird durch symbolisch sinnvolle rituelle Feste, Feiern und Veranstaltungen der Vereine bestätigt und den Bewohnern der Stadt immer wieder vor Augen gehalten."[54]
Die systemintegrierende Funktion der Vereine schlägt sich nieder in der Schaffung von Loyalitätsbeziehungen, in der Repräsentation von Symbolen der Gemeinde. Insbesondere bei Wettbewerben, Ausstellungen etc. vertreten die Vereine „die Farben der Gemeinde".

Hier gilt es jedoch zu differenzieren. Aus dem Zuwachs innergemeindlicher Interaktionen allein ist jedenfalls kein höheres Maß an Integration der Gemeinde zu erwarten. Wichtiger scheint hier das Stichwort „ortsbezogen" zu sein. Verstehen wir unter Ortsbezogenheit „eine affektive Objektbeziehung in bezug auf die Gemeinde"[55], so kommt neben dem Verkehrskreis, der Verwandtschaft auch der Verein als förderlich in Frage.

R. König betont die integrative Wirkung von Symbolen für kleinere Gemeinden:

„Während sich im Heimatgefühl mit der ihm eigenen Symbolik die Integration einer kleinen Gemeinde durchaus adäquat zu erfüllen vermag, was grundsätzlich aber nur für eine Kleinstadt zutreffen kann, bringt es die Vielfalt des Lebens in der großen Stadt mit sich, daß dieses Medium zu undifferenziert, zu blaß und darum wohl auch zu unwirksam bleibt. So ist etwa der Kölner Dom gewiß ein Symbol, das nach Außen als Zeichen für die Gemeinde Köln genommen werden kann und tatsächlich in zahllosen Fällen genommen wird. Aber für die interne Integration steht dieses Symbol dann doch den Wirklichkeiten zu fern."[56]

Dies gilt jedoch nicht für den Verein allgemein. Die Mitglieder lokal orientierter Vereine weisen signifikant eher emotionale Ortsbezogenheit auf als Mitglieder überlokal orientierter Vereine. Gerade vor der Entwick-

53 *A. Lehmann,* a.a.O., S. 68; vgl. hierzu auch H. Lenk, Materialien zur Soziologie des Sportvereins, Ahrensburg 1972, S. 74–76, der davor warnt, die Integrationswirkung der Sportvereine für das dörfliche Gemeindeleben zu überschätzen.

54 *B. Luckmann,* a.a.O., S. 175

55 *H. Treinen,* Symbolische Ortsbezogenheit, eine soziologische Untersuchung zum Heimatproblem, in: KZfSS, 17. Jg., 1964, S. 77–97 und 254–297

56 *R. König,* a.a.O., 1958, S. 125

lung der Vereine zu überlokal eingebundenen und orientierten Organisationen, mit zunehmend partiellem Engagement der Vereinsmitglieder und gleichzeitiger hoher geographischer Mobilität der Bevölkerung ist dieser Aspekt nicht überzubewerten.

Die Integrationsfunktion des Vereins wird in der Literatur gelegentlich auf eine *schichtenintegrierende Funktion* reduziert:

„So wird dem Verein die Funktion sozialer Begegnung und Integration unterschiedlicher Bevölkerungsgruppen, d.h. unterschiedlicher Berufs- und Bildungsschichten, sowie unterschiedlicher Lebensalter und Geschlechtsgruppen zugeschrieben. Die Vereine insgesamt und die Sportvereine speziell haben hier 1945 einen kaum ins öffentliche Bewußtsein gedrungenen wichtigen Beitrag zur Integration von Heimatvertriebenen und Ausgebombten in den neuen Heimatgemeinden geleistet."[57]
Eine Literaturübersicht, die auch neueren Umfrageergebnissen Rechnung trägt, stellt demgegenüber gerade die Schichtspezifität der Vereine heraus.[58] Angesichts der gegensätzlichen Ergebnisse von Einzelfallstudien mögen die „frommen Hoffnungen von der integrativen Wirkung des Vereinslebens recht fragwürdig erscheinen" (*König*); zumindest ist nach Vereinstypen und Gemeindekontexten zu differenzieren.

Der Beitrag der Vereine in kleinen Gemeinden zur Lokalpolitik harrt immer noch einer befriedigenden empirischen Untersuchung, deren Einlösung gleichermaßen abhängig ist von einer theoretisch fruchtbaren Vereins- und Gemeindetypologie.

Es ist zu erwarten, daß sich mit dem Trend zur partiellen Mitgliedschaft, mit zunehmender Verbandstendenz das Vereinswesen verändern wird.[59] Auch die Verwaltungsreformen werden sich auf die skizzierte lokalpolitische Funktion der Vereine auswirken.

57 Vgl. G. Wurzbachers Vortrag: Über die gesellschaftspolitische Bedeutung der Vereine, in: Bay. Bgm., 7, 1963, S. 166

58 Vgl. z.B. *B. Armbruster, R. Leisner,* Bürgerbeteiligung in der Bundesrepublik, Göttingen 1975, und H.-J. Siewert, a.a.O., 1971, S. 106–117

59 Vgl. u.a. *H. Lenk,* Total or Partial Engagement? Changes Regarding the Personal Ties with the Sports Club, in: The International Review of Sport Sociology, Warschau 1966, S. 85–107.

Herbert Schwedt

Das Dorf im Verstädterungsprozeß

Die Phasen des sozialen Wandels auf dem Dorfe und die ungelösten Probleme des menschlichen Zusammenlebens[1]

1. Abschied von der Dorfidylle

Ein Mißverständnis sei aufgeklärt, bevor es entstehen kann: natürlich wissen wir, daß es die vielbesungene Dorfidylle nie gegeben hat. Das Lob ländlichen Lebens, von *Albrecht von Hallers* Lehrgedicht „Die Alpen" bis hin zum deutschen Heimatfilm, den eben jetzt die Nostalgiewelle wieder auf die Leinwand gespült hat – dieses beharrliche Lob hat sich längst selbst verdächtig gemacht und die Detektive verschiedener historischer Wissenschaften auf die Spuren vergangener Wirklichkeit gesetzt. So wissen wir seit langem, daß romantische Seelen ihre Sehnsüchte in die Vergangenheit projiziert haben oder daß solche Projektionen auch als politische Instrumente benutzt wurden.

Demgegenüber ließe sich eine Fülle von Materialien entlarvender Art zum Thema „Dorfidylle" ausbreiten, das aber scheint hier überflüssig zu sein. Ein einziger Beleg mag genügen, um die Vergangenheit des Dorfes in einem höchst bedenklichen Lichte erscheinen zu lassen. Er stammt, ein Zufallsfund, aus dem Unterhaltungs-Blatt des *Schwarzwälder Boten* vom 30. Januar 1886 – ein kleiner Artikel mit der Überschrift „Wer lebt am längsten?"

„Nach einer aus authentischer Quelle geschöpften Zusammenstellung über die durchschnittliche Lebensdauer der den verschiedenen Berufsarten Angehörigen erreichen die Gärtner, Schiffer und Fischer im Durchschnitt ein Alter von 58 Jahren, ihnen folgen die Bäcker, Bierbrauer und Fleischer mit durchschnittlich 54 Jahren; die Zimmerleute, Maurer und Anstreicher mit 49; die Schlosser, Tischler und Schmiede mit 47; die Schuhmacher und Schneider mit 44; die Steinmetzen, Bildhauer, Schriftsetzer und Lithographen mit 41; endlich die Tagelöhner und Fabrikarbeiter mit 32 Jahren. Bei den Kaufleuten schwankt die mittlere Lebensdauer in weiten Grenzen und selbstverständlich wird der vom Wellengang der Hausse und Baisse beeinflußte Börsianer minder alt als der ruhig dahinlebende Geschäftsmann. Unter den akademischen Ständen erfreut sich die Geistlichkeit des längsten Lebens, dessen durchschnittliche Dauer 67 Jahre erreicht. Ihr zunächst stehen die Philologen und Lehrer mit 57, die Juristen mit 54 und endlich die Aerzte mit 49 Jahren. Im allgemeinen erreichen die Verheirateten ein höheres Alter als die Junggesellen."

1 Dieser Beitrag ist die überarbeitete Fassung eines Aufsatzes, den der Autor unter dem Titel: „Abschied von der Dorfidylle. Soziale Schichtung und Kommunikation in kleinen Gemeinden" für die Zeitschrift "Der Bürger im Staat" geschrieben hat (Jg. 23, 1973, H. 2, S. 116–121).

Das statistisch ermittelte Durchschnittsalter der Tagelöhner, also der unterbäuerlichen dörflichen Schicht, bedarf keines Kommentars – die Lebenserwartung von ganzen 32 Jahren spricht für sich.

2. Das alte Dorf als Kastengesellschaft

Selbstverständlich ließen sich weitere Belege beibringen. Sie alle zeigen uns das Dorf noch des vorigen Jahrhunderts als eine Kastengesellschaft, die ihren Mitgliedern höchst unterschiedliche Lebenschancen, wirtschaftliche und politische Möglichkeiten bot. Das *preußische Dreiklassenwahlrecht* – Stimmabgabe nach Besitz bzw. Steuerfähigkeit – ist ein Beispiel für die auch *politische* Hoffnungslosigkeit unterbäuerlicher Existenz im vorigen Jahrhundert.

Der Begriff der Kastengesellschaft wurde ganz bewußt gewählt. Er scheint mir treffend, weil das Kennzeichen dieser Gesellschaft ihre *sehr weitgehende Undurchlässigkeit* war. Nicht etwa nur die Berg- und Heimatromane des 19. Jahrhunderts zeigen, daß es äußerst schwierig war, beispielsweise durch Heirat die eigene Kaste zu wechseln; das tun auch ganz nüchterne Berichte, Bestandsaufnahmen des sozialen Lebens. So berichteten etwa württembergische Lehrer in den sogenannten Konferenzaufsätzen aus der Zeit um 1900, daß damals die *gewerbsmäßige Kuppelei* in vielen Landesteilen noch durchaus üblich war.[2] Und es muß nicht betont werden, daß damit keine Liebesheiraten gestiftet, sondern Ehen im optimal entsprechenden Besitzhorizont ermöglicht wurden.

Ein wichtiges Instrument zur Aufrechterhaltung des dörflichen Kastensystems war neben der ehelichen Partnerwahl die Einrichtung der *Nachbarschaft*. Kaum ein anderer Begriff ist derartig romantisiert worden wie dieser: die gegenseitige Hilfe, die nachbarliche Geselligkeit, die gemeinschaftliche Selbstverwaltung bestimmter Institutionen – das alles ist verherrlicht worden bis zur tatsächlichen Unsinnigkeit. Und doch hat es all das gegeben; und auch heute noch kann man derlei finden – nur eben nicht im *ganzen* Raume der Landgemeinde, sondern im engeren Bereich der Kaste. Das herauszufinden bedarf keiner besonderen wissenschaftlichen Anstrengung – auf Anfrage erzählt es einem beinahe jeder Schwarzwaldbauer. Und es gibt weitere Fakten, die das skizzierte Bild einer dörflichen Kastengesellschaft vervollständigen – von der *Sitzordnung in der Kirche* über die *Anordnung von Leichenzügen* bis hin zur Überrepräsentation der wohlhabenden Bauern in den *Gemeinderäten*. Manches davon ist vergangen, anderes bis heute noch zu beobachten. Kurz gesagt: das soziale Gefüge des alten Dorfes ist bestimmt durch einen *hohen Mangel an vertikaler Mobilität*, durch die Schwierigkeit also, zwischen sozialen Schichten zu wandern. Um so größer war, über Jahrhunderte hin, die daraus folgende *horizontale Mobilität*, die Wanderung in die Städte, aber

2 *Höhn, H.:* Mitteilungen über volkstümliche Überlieferungen in Württemberg. Nr. 5. Hochzeitsgebräuche I. In: volkstümliche Überlieferungen in Württemberg.

auch in die „neuen Länder“ – in viele nach der Türkenherrschaft entvölkerte Gebiete Südosteuropas, nach Übersee.

3. Das Gesetz der Ballung

Nun kann man nicht generell sagen, daß sich diese Situation überall in der gleichen Weise und gleich grundlegend verändert hätte. Die Veränderung hat sich vielmehr nach geographischer Lage, wirtschaftlicher Entwicklung und anderen bestimmenden Faktoren je höchst unterschiedlich vollzogen, und selbst für kleinere Regionen sollte man Verallgemeinerungen zunächst vermeiden. Ein Dutzend benachbarter Gemeinden kann sich in den vergangenen Jahrzehnten auf verschiedene Weise entwickelt haben, und nur ein geduldiges Studium des Einzelfalles berechtigt dazu, behutsame Schlüsse zu ziehen.

Dennoch lassen sich zwei extreme Entwicklungstendenzen ländlicher Gemeinden ohne weiteres ablesen: eine Agrarisierung gewisser Landschaften bei gleichzeitiger Abnahme der Einwohnerzahlen auf der einen Seite, und auf der anderen die unaufhaltsame Einbeziehung kleiner Gemeinden in die wachsenden *Ballungsgebiete*. Dazwischen liegen viele Möglichkeiten, die hier nicht zu diskutieren sind.

Von der kleinen Gemeinde im Sog der Großstadt soll vielmehr die Rede sein. Was ist es denn, was uns mit Unbehagen erfüllt, wenn wir mitansehen und miterleben, wie ein Dorf auf den Fildern oder im Neckartal oder im Schwäbischen Wald von Jahr zu Jahr mehr auswuchert und ausufert, bis wir es zuletzt kaum noch erkennen? Es gibt, wie zu zeigen sein wird, eine ganze Reihe von Gründen für dieses Unbehagen. Aber zuerst muß vielleicht zugegeben werden, daß ein gut Teil des Unbehagens nicht rational erklärbar ist – oder doch nur mit Hilfe komplizierter Analysen psychologischer, philosophischer und schließlich theologischer Art. Der Mechanismus, der uns Vergangenes verklären läßt, mag demnach auf der Sehnsucht nach der vollkommenen Geborgenheit im frühesten Lebensalter beruhen, auf der Entfremdung des Menschen oder auf seinem Sündenfall und seiner Sehnsucht zu Gott – ich habe das nicht zu entscheiden. Sicher ist wohl, daß wir dazu neigen, auch die Veränderung des Veränderten unbehaglich zu registrieren und folgerichtig heutzutage Häuser und Quartiere der Gründerzeit zu schützen suchen.

Aber nicht die Konstruktion des menschlichen Gemütes soll hier diskutiert werden, sondern die Frage, was mit kleinen Gemeinden im Sog der Großstadt geschieht und wie wir darauf reagieren. Dabei sollte die Frage präzisiert werden. Es gibt Beispiele dafür, daß solche Gemeinden ein recht lebendiges Eigenleben entwickeln und beibehalten können, solange nur die Grenze der großen Stadt erkennbar und einigermaßen stabil bleibt. So läßt sich nachweisen, daß die Fischer von *Finkenwerder* ihre farbenfreudigen Trachten erst entwickelten, als sie in den wirtschaftlichen und sozio-kulturellen Einzugsbereich der Großstadt Hamburg gerieten. Die Situation änderte sich, als aus der Großstadt Hamburg ein Ballungsgebiet wurde, dessen Grenzen zunehmend an Erkennbarkeit und Stabilität einbüßten. Das ist zwar eine arg simple Darstellung, die aber zu der gewünschten Präzisierung führt: statt von der Großstadt sollte von Ballungsräumen die Rede sein. Der Unterschied ist der: eine kleine, vielleicht bäuerlich strukturierte Gemeinde kann jahrhundertelang vor den Toren der Stadt liegen, mit ihr arbeitsteilig vorteilhafte wirtschaftliche Beziehungen pflegen und schließlich auch ihren Einflüssen ausgesetzt sein, ohne doch ihren Charakter zu verlieren – eben den eines Bauerndorfes. Sobald die Tore und Mauern der Stadt fallen, beginnt jener Prozeß, den wir Ballung nennen und den gedachtes Dorf nicht überleben wird, es sei denn in seinem Ortsnamen.

Natürlich wissen wir, daß dieser Prozeß seinen beschreibbaren Platz in der Geschichte hat und mit dem der *Industrialisierung* gekoppelt ist. Seinen Zeitgenossen ist er bis heute immer mehr oder weniger unheimlich gewesen und geblieben. Infolgedessen hat er Reaktionen ausgelöst, die von der Großstadtangst in ihren vielfältigen Auswirkungen bis hin zu landesplanerischen Versuchen reichten, ihn zu verlangsamen oder gar umzukehren – die *industrielle Dezentralisierung* war bei uns in den fünfziger Jahren ein ganz einleuchtendes Schlagwort, das freilich nicht viel gefruchtet hat. Selbst die massivsten Anti-Ballungsmaßnahmen, die Deutschland je erlebt hat, nämlich die Angriffe der alliierten Bomberflotten im 2. Weltkrieg, haben an Standorten und Dimensionen der deutschen Ballungsgebiete nicht das geringste ändern können.

Dabei ist das Gesetz der Ballung kein mythisches, sondern ein durchschaubar ökonomisches. Dazu ein paar Zahlen aus dem Einmaleins der Planer. Für einen kleinen Industriebetrieb mit etwa 300 Arbeitsplätzen rechnete man im Jahre 1968 mit durchschnittlichen Wegeerschließungskosten in Höhe von DM 60.000,–. Für das Doppelte dieser Summe konnten bereits 3 und für 210.000,– DM 7 Betriebe durch Wege erschlossen werden. Das heißt, daß für den einzelnen Betrieb im letzten Falle die Anschlußvorteile bei 100 % lagen – seine Wegeerschließungskosten betrugen nur noch 30.000,– DM. Man sieht: der Zauberbegriff der Anschlußvorteile erschwert nicht nur Entballung, er ist vielmehr die Energie, die Ballung möglich macht.

4. Die Folgen für das menschliche Zusammenleben

Nun mögen solche Überlegungen nicht sehr zentral zum Thema gehören; immerhin charakterisieren sie die Unausweichlichkeit des Schicksals kleiner Gemeinden im Soge von Ballungsräumen. Vielleicht ist eben diese Unausweichlichkeit die Quelle unseres Unbehagens. Denn anders als die Zeitgenossen der Entstehung des Ruhrgebietes haben wir einer solchen Entwicklung mehr entgegenzusetzen als eine unbestimmte Stadtfeindlichkeit, als einen wehmütigen Blick zurück ins verlorene, vermeintliche Paradies. Wir sehen immerhin mit eigenen Augen die Ressourcen unseres ferneren Lebens schwinden, und mit ihnen schwindet unser Optimismus.

Dabei habe ich weder von der Landzerstörung zu reden noch von dem steigenden Sauerstoffdefizit, sondern von sozialen Beziehungen. Und da stehen wir vor der gar nicht so überraschenden Tatsache, daß zwar die meisten technischen Probleme eines sehr raschen Gemeindewachstums reflektiert und meist auch gelöst werden, daß aber über die Art des Zusammenlebens der Menschen in solchen Orten kaum nachgedacht wird. Würde ich den Bürgermeister einer Wachstumsgemeinde, der in der Regel auf dieses Wachstum sehr stolz ist, danach fragen, ob er auch an die Zukunft seines Gesangvereins gedacht hat, so würde er erstaunt sein. Er würde allenfalls erwidern, daß der Verein nichts mit der geplanten Ortserweiterung zu tun habe und daß es sich zweitens nicht um vergleichbare Güter handle – ein für den Ort gewonnener Industriebetrieb sei schließlich wichtiger als ein Gesangverein. Die erste Annahme freilich ist falsch, die zweite fragwürdig. Wie aber erklärt sich die Haltung des gedachten Bürgermeisters? Ihr liegt zugrunde 1. der Gedanke, daß Wachstum für eine Gemeinde von großer Wichtigkeit ist, 2. vielleicht die Einsicht, daß es sowieso nicht zu vermeiden ist, und 3. die dunkle Ahnung, daß es mit den sozialen Kontakten schon irgendwie klappen wird – sowas kann man schließlich nicht planen.

Dem Bürgermeister ist eine solche Einstellung nicht in die Wiege gelegt worden – er hat sie aus beschreibbaren historischen Quellen bezogen. So läßt sich, was seine Auffassung vom Schicksal sozialer Beziehungen betrifft, auf eine Stimmung in den Sozialwissenschaften hauptsächlich der fünfziger Jahre verweisen, die ganz ähnlich gerichtet war. *Elisabeth Pfeil* vermochte etwa nachzuweisen, daß die Vereinzelung das Schicksal der ersten Großstadtgeneration ist – die zweite hat sich in der Regel arrangiert und verfügt über soziale Kontakte in ausreichender Dichte.[3] Ähnlich ist schon sehr viel früher in den USA argumentiert worden, so von Soziologen der berühmten *Chicagoer Schule*. Der Agglomeration von Menschen, so fanden diese Soziologen, entspricht immer auch eine Segregation – Anhäufung bedeutet also keineswegs Unordnung.[4] Daß solche Befunde auf exakten Materialien beruhten, sei von vornherein unterstellt; daß sie sinnvoll waren, erhellt aus der Tatsache, daß gegen eine zählebige, irrationelle Stadtfeindlichkeit immer wieder Aufklärung gesetzt werden mußte. Es könnte aber sein, daß sie eine gewisse Laissez-faire-Haltung begünstigten: wenn sich die Menschen schon irgendwie untereinander arrangieren, dann kann man schließlich beispielsweise im Siedlungsbau auf entsprechende Rücksichtsmaßnahmen verzichten.

Stuttgart 1961 (= Schwäbische Volkskunde, N.F. 14), S. 93–123; S. 96.

3 *Pfeil, Elisabeth:* Soziologie der Großstadt. In: Arnold Gehlen – Helmut Schelsky (Hg): Soziologie. Düsseldorf – Köln 1955, S. 228–255; S. 232 f.

4 Zu den Untersuchungen von Park, Burgess und McKenzie vgl. *Klages, Helmut:* Der Nachbarschaftsgedanke und die nachbarliche Wirklichkeit in der Großstadt. Köln und Opladen 1958 (= Forschungsberichte des Wirtschafts- und Verkehrsministeriums Nordrhein-Westfalen, 566), S. 10 f. – *Warren, Roland L.:* Soziologie der amerikanischen Gemeinde. Zur theoretischen Begründung praktischer Gemeindearbeit. Köln und Opladen 1970, S. 35 f.

Ein zweites kommt hinzu. Wenn *Elisabeth Pfeil* recht hat, woran nicht zu zweifeln ist, dann bleibt doch die Tatsache, daß die erste Großstadtgeneration eben mit einem Defizit in der Befriedigung ihrer sozialen Bedürfnisse zu kämpfen hat. In den rasch wachsenden kleinen Gemeinden im Kraftfeld der Ballungsgebiete haben wir es aber gerade mit ersten Generationen zu tun, wenn das auch nicht immer erste Großstadtgenerationen sein müssen.

In der Folge haben andere Untersuchungen allzu optimistische Äußerungen übrigens korrigiert. *Renate Wald*, um ein Beispiel zu nennen, zeichnet in ihrer Studie „Industriearbeiter privat" das Bild einer in Familien verkapselten Bevölkerung (es handelt sich um die Bewohner einer Werkssiedlung)[5]. Da findet kein Vereinsleben statt und kaum eine politische Aktivität, die Hobbies, die Interessen der Arbeiter sind auf Haus und Familie beschränkt. Ob man einen solchen Zustand nun als natürlich empfindet oder als ein Horrorpanorama aus dem Jahre 1984 – es muß diskutiert werden, ob die Chancen der Privatheit hier nicht allzu ausschließlich genutzt werden und ob es *Renate Walds* Industriearbeitern nicht ganz einfach an anderen Chancen fehlt.

5. Die vier Phasen der sozialen Veränderung

Dabei würde ich die These vertreten, daß Veränderungen in sozialen Beziehungen, wie sie sich in unseren kleinen Gemeinden vollziehen, zum mindesten *beschreibbar* sind – vielleicht ließen sich darüber hinaus sogar spezielle *Meßsysteme* entwickeln. Bleiben wir aber einstweilen bei der Beschreibung – sie läßt verschiedene Phasen erkennen.

In Wurmlingen am Fuße jener berühmten Kapelle aus *Ludwig Uhlands* Gedicht besuchte vor etwa 10 Jahren ein Dialektologe eine ältere Bewohnerin, um die Wurmlinger Mundart auf Tonband zu bannen. Die Frau durfte dabei frei über Themen sprechen, die ihr gerade wichtig erschienen. Eines davon war die neue Siedlung. Ein Verwandter von ihr, so berichtete sie, der gerade dort arbeite, könne sich nur wundern. „Bei ui hots faule Leit", so pflege er zu sagen, „die schlofe ja bis om de zehne." Eine solche Äußerung charakterisiert die erste Wachstumsphase. Fremde ziehen in den Ort, typischerweise in die Neusiedlung am Rande, aber sie sind noch nicht zahlreich. Sie werden registriert, und wenn sie ein abweichendes Verhalten an den Tag legen, ist das nicht nur interessant, sondern es wird auch mißbilligt. Denn noch gilt *unangefochten der Normenkatalog* der Gemeinde: in Wurmlingen schläft man nicht bis zehn.

Die zweite Phase produziert keine Anekdoten. Die Fremden sind zahlreich geworden; man kennt sie nicht mehr. Für die Altbewohner ergibt sich eine Schwierigkeit. Sie können sich untereinander über den einzelnen Fremden nicht mehr verständigen, nicht mehr recht über ihn reden. Es

5 *Wald, Renate:* Industriearbeiter privat. Eine Studie über Lebensformen und Interessen. Stuttgart 1966.

bleibt ihnen auch nicht, wie etwa bei den Flüchtlingssiedlungen der Nachkriegszeit, die Möglichkeit der *Unifikation*, der pauschalen Einordnung. Texas oder Klein-Korea gibt es nicht mehr. Die Zugezogenen haben Bungalows gebaut, fahren flotte BMWs, pflegen teuren Rasen. Man kann auf sie nicht heruntersehen, so hilfreich das auch wäre. Aber noch gibt es im „alten" Dorf die althergebrachten Hochzeiten, und bei Taufen wird geschossen, wenn das der Brauch ist. Freilich gibt es schon deutliche Anzeichen der Veränderung. Natürlich gilt das Taufschießen nur noch Täuflingen aus dem *alten* Dorf, und der Musikverein spielt an Fasnacht nicht mehr in den neuen Ortsteilen, weil die Leute dort ganz einfach nicht wissen, daß sie dafür Eier zu spenden haben oder auch Geld. Und wie sollte man ihnen das wohl auch sagen? Die Kommunikationsschwierigkeiten sind evident.

In der dritten Phase ist, in einer Gemeinde bei Tübingen, dies geschehen: der Sohn eines Zugezogenen zusammen mit dem Sohn des Bürgermeisters, im Bus unterwegs zur Oberschule, nennt diesen verächtlich einen Bauern. Es gibt einen hörbaren Knacks, nicht nur bei dem Schüler, der das seinem Vater, nicht nur bei dem, der es weiter erzählt. Man hört diesen Knacks bei allen Einheimischen. Jahrhundertealte Gewohnheiten, unreflektiert beibehalten, werden plötzlich fragwürdig. Ich habe es erlebt, wie eine aufs Land gewanderte Stuttgarterin 1962 in einem Lebensmittelgeschäft spitze Bemerkungen hören mußte, weil sie dort Kartoffeln kaufte. Kartoffeln, so damals die Maxime, kauft man nicht, man hat sie. Bei der Frage nach Suppengrün wurde sie von der mitleidigen Ladenbesitzerin an eine Schwägerin gewiesen, aus deren Küchengarten sie sicherlich etwas abbekommen könnte. Heute gibt es dort einen modernen SB-Markt. Ein anderes Beispiel: in einer Gemeinde wurden noch um 1965 beinahe alle Hochzeiten öffentlich im Wirtshaussaal gehalten. 1972 war es nur noch eine einzige, und vor wenigen Wochen wurde der Saal in den Werkraum einer Strickerei umgewandelt.

Was diese Beispiele zeigen, bedarf keiner tiefgründigen Interpretation. Es ist einfach dies: die alten Wertvorstellungen, aus denen sich Bräuche und Gewohnheiten ableiten, halten nicht stand. Sie zerbröckeln, und das liegt nun nicht etwa an der nivellierenden Wirkung der Massenmedien, die gegen große Hochzeiten nicht das geringste haben, und auch nicht an dem unmittelbaren Vorbild der Zugezogenen, deren Hochzeitssitten man kaum kennt: es liegt an dem umsichgreifenden Gefühl, daß das Hergebrachte nichts wert, daß es altmodisch, rückständig ist. Dieses Gefühl bewirkt eine rasche Veränderung von Verhaltensweisen, die freilich nicht ihrer selbst wegen bedauert werden soll – schließlich geht es hier nicht darum, das Verschwinden alter Hochzeitsbräuche zu bejammern. Aber es wäre gewiß falsch, ausschließlich mit dem neutralen Begriff der Veränderung zu operieren, derart etwa, daß geheimnisvollen Gesetzlichkeiten zufolge stets etwas Neues an die Stelle des Vergangenen zu treten hätte. Auch im sozialen Leben kann es durchaus Verarmungen geben, aus denen so etwas wie *Kulturverlust* folgt. Wir sind Zeitgenossen einer Bewegung, die eben darauf zu reagieren versucht: Bürger- und Straßenfeste sollen spontane Geselligkeit und Lokalbewußtsein reinstallieren, in Kinderläden erlernen Kinder nicht ohne Mühe das Verhalten in einer Gruppe. Soziologen, Psychologen und Pädagogen warnen vor der Unzulänglichkeit der in sich verkapselten Kleinfamilie, in der soziales Rollenspiel nur unzureichend erlernt werden könne, Planer und Architekten freilich verzweifeln an der Entschiedenheit, mit der sich die Bewohner neuer Siedlungen in ihre Wohnung und Familie zurückziehen.

So genügt es also keineswegs, das wankende Alte vollends umzustoßen, damit das Neue um so kräftiger gedeihe – *dieses Neue ist nicht selbstverständlich.* Es stellt sich auch in den rasch wachsenden Landgemeinden nicht einfach ein, in denen herkömmliche Formen sozialen Lebens zerbrochen sind. Das ist nicht weiter verwunderlich, wie das Beispiel traditioneller *Verwandtschaftssysteme* zeigt. Sie waren gekennzeichnet durch eine exakt dosierte Kohärenz. Welche Verwandten alltäglich, welche gelegentlich, welche bei Hochzeit oder Begräbnis zusammentrafen, das war genau festgelegt, und es gab zur Kontrolle dieser oft recht komplizierten Regelungen sogar Spezialistinnen. Aber nun hat sich die private Form der Hochzeit im „kleinsten Kreise" durchgesetzt, und auch Landbewohner wünschen immer häufiger „in aller Stille" beigesetzt zu werden. Da dem System der Verwandtschaft keine Alternativen zur Verfügung stehen, verliert es an Bedeutung, qualitativ wie auch quantitativ. Das mag zwar manchen Betroffenen erfreuen, hat aber doch einen Schwund des sozialen Erfahrungshorizontes zur Folge. Warum backt Onkel Emil, der Bäcker, nur noch Kuchen, während er das Brot aus der Fabrik bezieht? Was hat Tante Else von den Sozialpädagogen zu berichten, die sie ausbildet? Man erfährt das nicht mehr, weil man beide ganz einfach nicht mehr sieht. Auch der Frühschoppen, einst eine wichtige kommunalpolitische Institution, hat aufgehört zu existieren, und das Vereinsleben humpelt auf Krücken in eine trübe Zukunft. Eine Verödung bahnt sich an, unverkennbar.

Daraus folgt, daß auch die *politischen Verhältnisse* sich in dieser Phase rapide verändern. Der wohlhabende Landwirt beispielsweise, seit langer Zeit besonderen Ansehens per Besitzstand gewiß, findet sich plötzlich am Rande des Gemeindegeschehens wieder. Seine Gemeinde hat sich in den letzten zwei Jahrzehnten um das Fünffache, vielleicht um das Zehnfache vergrößert, und er sieht ein, daß er schon rein quantitativ auf seine Berufsrolle zurückverwiesen ist.

Nicht allein er ist frustriert. Neue Technologien und die kostengünstige Massenproduktion haben viele Handwerker aus ihrem Beruf geworfen oder an den Rand der Existenz gedrängt: Wagner, Schmiede, Schuster, Schneider. Alle diese Berufe wurden vor 20 Jahren noch gelehrt, und die Gesellen und Meister, die noch um 1955 ihre Briefe erwarben, haben oft genug bitteren sozialen Abstieg erlebt – vom Handwerksmeister zum Hilfsarbeiter. Ihr Schicksal freilich hat mit der Ballung nichts zu tun; dennoch: sie verstärken das Potential der Entprivilegierten, Unsicheren. In dieser Phase geschieht der Rückzug des ehedem Unangefochtenen aus den Institutionen des öffentlichen Lebens: aus dem Gemeinderat zuvörderst. Aber auch der Verein, den sie in besonderer Weise bevorzugt haben, beginnt zu siechen – meist der Gesangverein. Während Sportvereine bei auch nur halbwegs vernünftiger Führung florieren können und auch Musikvereine sich halten, blättert der ehemalige Honoratiorenverein rasch ab. Chorgemeinschaften allerwärts, Überlebens- oder auch Sterbehilfen, sind Indizien dafür. Die vierte Phase zeichnet sich ab.

Deutlich wird sie am Beispiel einer ehedem kleinen Gemeinde im Schönbuch. Schon in den frühen fünfziger Jahren setzte hier eine Zuwanderung ein. In der kurzen Zeitspanne von 1956 bis 1961 nahm die Wohnbevölkerung um 25 % zu, und diese Entwicklung hält bis heute an. Das ist nichts Besonderes, die Situation wurde hier aber kompliziert dadurch, daß die Zuwanderer zum guten Teil IBM-Leute aus Sindelfingen waren: Ingenieure, Mathematiker, hochqualifizierte Techniker. Bei einer Erhebung im Jahre 1966 zeigte sich, daß der traditionelle Bestand an Brauch- und Geselligkeitsformen auf ein kaum noch zu unterbietendes Minimum geschrumpft ist, bis hin zum Vereinsleben. Der Gesangverein, der keine öffentlichen Auftritte mehr hatte, stellte als logische Folge auch seine Singstunden ein. Der Sportverein, ohnehin nur aus der Sparte Fußball bestehend, war in die für die Gemeindegröße völlig unakzeptable C-Klasse gerutscht. Kontakte zwischen den autochthonen Arbeiter-Bauern der qualitativen und quantitativen Minderheit und der Mehrheit der Zugezogenen waren nicht festzustellen, von wenigen Ausnahmen abgesehen.

Zu dieser Situation ist dreierlei zu bemerken. Zum ersten sollte man sein Augenmerk auf die zunächst doch nicht allzu einleuchtende Tatsache lenken, daß 40 Sänger ihr gewohntes Vergnügen aufgeben, weil in ihren Ort viertausend Menschen zugezogen sind, die sich sowieso nicht um den Chorgesang kümmern. Aber eben deshalb resignierten Bässe und Tenöre. Ihr Bemühen ist offenkundig unwichtig geworden, und vielleicht fühlen sie sich sogar belächelt. Die Gemeinde ist nicht mehr die ihre, sie hat ihre Identität verloren oder doch sehr stark gewandelt. Besonders solche Organisationen, deren Selbstdarstellung in der Öffentlichkeit Teil ihrer Existenzbegründung darstellt, sind hier betroffen – Clubs von Briefmarkensammlern haben es da leichter.

Zweite Bemerkung: In der Situation der zitierten Gemeinde befinden sich sehr viele Orte, die gegenwärtig vom Ballungsprozeß erfaßt werden. Ihre Probleme und die ihrer Bewohner sind eben die der ersten Großstadtgeneration, wenn auch in modifizierter Weise. Das muß nicht bedeuten, daß in einer solchen Gemeinde alle Leute frustriert in schmukken Eigenheimen wohnen. Die Zugezogenen kommen ja irgendwo her, sie haben verwandtschaftliche und bekanntschaftliche Beziehungen vielfältiger Art. Aber diese Beziehungen sind nicht mehr in der Gemeinde gebündelt. Wenn man die Definition akzeptiert, daß eine Gemeinde eine Verdichtungszone sozialer Beziehungen ist, dann wird dieser Anspruch nun durch den ganzen Ballungsraum erfüllt. Das eröffnet neue und andersartige Perspektiven.

Daran schließt sich die dritte, etwas grundsätzlichere Bemerkung. Soll man darauf bestehen, daß eine von dichten Binnenkontakten und bürgerschaftlichen Aktivitäten erfüllte Gemeinde prinzipiell etwas Besseres oder Natürlicheres, dem Menschen Adäquateres ist als ein komfortabler, gut verwalteter Ort mit reiner Wohnfunktion und ohne eben diese Kontakte und Aktivitäten? Man sollte sich nicht zu einer vorschnellen Antwort verführen lassen – immerhin besteht die Möglichkeit, daß die zweite Form dem einzelnen ein gutes Maß an sozialen Zwängen erspart, mit denen die einst so hoch gelobte Dorfgemeinschaft ganz gewiß nicht gespart hat. Vor dem Versuch einer Antwort sei nochmals die Situation rekapituliert.

Die traditionellen Schichtmodelle der kleinen Gemeinde haben sich in den Gemeinden, von denen hier die Rede ist, meist völlig verändert, was sicherlich nicht a priori zu beklagen ist. Kommunalpolitische Entscheidungen werden nicht mehr von einem Gemeinderat gefällt, dessen Zusammensetzung man meistens richtig vorhersagen konnte. Der „Baureschultes" ist dem Fachbürgermeister gewichen. Lehrer und sonstige Honoratioren sind nicht länger Prestigeträger oder Meinungsmacher – sie sind vielfach den meisten Bewohnern kaum noch bekannt. Vormalige Privilegien wie relativ großer Landbesitz oder angesehenes Handwerk sind nur noch in abgeleiteter Form wirksam, etwa dann, wenn Bauland-Verkäufe den Vorbesitzer reich gemacht haben. Hohe Auspendlerzahlen lassen ohnehin die berufliche Qualifikation als soziales Orientierungsmerkmal ein wenig in den Hintergrund treten.

Bis hierher ist die Entwicklung ziemlich deutlich sichtbar und wohl auch allgemein bekannt. Was aber an die Stelle der vergangenen Hierarchien getreten ist, das ist weniger gut erkennbar. In sehr vielen Fällen haben die neu Zugezogenen keinerlei Ambitionen, ihrerseits eine gemeindliche Oberschicht zu konstituieren oder Führungspositionen oder Aufgaben zu übernehmen. Das hat einerseits destruktive Folgen – dazu nochmals ein Beispiel. Nach der Feuerwehrabgabe-Ordnung hat in Orten mit freiwilliger Feuerwehr jede Haushaltung entweder einen aktiven Feuerwehrmann zu stellen oder eine Abgabe zu zahlen. Nun waren die Wehren recht häufig ziemlich exklusive Gruppen mit eigenen Ritualien und standen in hohem Ansehen. Wenn aber nach der Vervielfachung der Einwohnerzahl der Feuerwehrdienst allein Sache der Altbürger bleibt, dann kann aus dem vormaligen Selbstbewußtsein der Wehrmänner rasch das Gefühl werden, für die anderen „die Dackel zu machen" – so hat das ein Brandschützer mir gegenüber einmal ausgedrückt.

Andererseits folgt aus allem bisher gesagten, daß die Zugezogenen eben doch neue Standards setzen, ob sie das nun wollen oder nicht. Auch dafür ein Beispiel: im Großraum Stuttgart sind in den vergangenen 20 Jahren Dutzende von *Karnevalsgesellschaften* entstanden, die man nicht eigens untersuchen muß, um völlig sicher zu sein, daß sie nicht primär von den „Ureinwohnern" gestiftet wurden. Jedenfalls kann ich mir keine gestandene Leonbergerin streng protestantischer Observanz in der Abendtoilette vorstellen, wie sie bei Veranstaltungen der dortigen

„Engelberggesellschaft“ getragen wird. Wenn aber die Karnvalsgesellschaft rauschende Bälle feiert, dann liegt es nahe, daß der Männerchor allmählich Zweifel am Wert des „Silcherlen“ entwickelt. Wenn man also vielleicht nicht oder noch nicht von einer neuen Hierarchie sprechen kann, so muß man doch mit neuen Standards rechnen, deren Gültigkeit zunimmt.

Sicher ist weiterhin, daß die traditionellen Kommunikationskanäle nur noch relikthaft funktionieren. Dazu muß man sich klar machen, daß im alten Dorf der *Informationsaustausch weithin ritualisiert* war: Frühschoppen, bestimmte Treffpunkte wie etwa die Molkereigenossenschaften, Zusammenkünfte unterschiedlicher Art, die nach Personengruppen, Orten, Jahreszeiten, Wochentagen und Tageszeiten exakt festgelegt waren, gewisse Personen als bevorzugte Informationsträger – das alles muß im Prozeß des raschen Anwachsens einer Gemeinde notwendig nachhaltig gestört werden. Es handelt sich hier wie bei allen skizzierten Vorgängen um eine Frage der Quantität. Wo das bestehende Informationssystem dominant bleibt, hat der Dazustoßende nur zwei Möglichkeiten: sich ihm anzuschließen und damit seine Formen der Ritualisierung zu akzeptieren oder aber sich vom Informationsfluß auszuschließen. Aber Informationen beziehen ihre Qualität aus festen Wertsystemen. Wo diese ihre Gültigkeit einbüßen, wird auch der Informationsgehalt einer Nachricht nichtig. Nichts Schlimmeres kann einem Kommunikationssystem widerfahren, als daß die transportierten Informationen unwichtig werden.

Nun könnte es ja so sein, daß sich parallele Kommunikationssysteme entwickeln – den Landwirten auf den Aussiedlerhöfen ist anderes wichtig als den Regierungsräten in der Bungalowsiedlung oder den Pendlern im Bus oder den Türken in den Uralthäusern. Eben das aber scheint in unseren Problemgemeinden nicht der Fall zu sein. Die Zukunft mag das bringen – die Gegenwart ist wohl eher dadurch gekennzeichnet, daß intakte Systeme zerbrechen, bevor neue aufgebaut werden.

6. Hilfen für das menschliche Zusammenleben

Das führt zu der vorhin gestellten Frage zurück, wie die Situation der Gemeinden im Sog der Ballung zu beurteilen sei. Sicher ist einzuräumen, daß eine solche Beurteilung bis zu einem gewissen Grade der persönlichen Entscheidung zu überlassen ist – der eine sieht natürliche Entwicklung, wo der andere Grund zur Klage findet, dieser fordert Hilfen, wo jener auf Selbstregulierungen baut. Manche finden Stammtische grauenhaft, manche die Anonymität des auf engste Bereiche beschränkten Lebens. Solche Meinungen sollten toleriert werden, wenngleich auch sie meist Zeitmoden entsprechen.

Darüberhinaus aber gilt es, Positionen zu beziehen, die durch unser Demokratieverständnis bezeichnet sind. Wenn auch *Theodor W. Adorno* mit Recht die Privatheit als unverzichtbare Errungenschaft der bürgerlichen Gesellschaft bezeichnet, so wird diese Privatheit doch überhaupt erst möglich durch soziales Engagement. Auf unsere simplen Beispiele übertragen heißt das: wenn in einer Gemeinde niemand mehr der Freiwilligen Feuerwehr beitreten will (oder dem Elternbeirat etc.), dann funktioniert diese Gemeinde nicht mehr. Daraus folgt Weiteres. Das Wachstum der Gemeinden, von denen wir reden, ist vielleicht nicht immer richtig, aber doch perfekt geplant: von der Dachneigung bis zur Zaunhöhe ist der Bauherr Verordnungen unterworfen. Planer und Politiker vertrauen aber blind darauf, daß sich das soziale Leben schon irgendwie entwikkeln werde – und wenn nicht: wer vermißt denn schon wirklich das Kinderfest, das Konzert des Musikvereins, die 40er-Feier der Altersgenossen? All das wird zwar allgemein als nett empfunden, aber doch nicht etwa als Planungsfaktor.

Dennoch haben nach meiner Meinung die Bewohner unserer Gemeinden das Recht, Gruppenbindungen ihrer Wahl einzugehen, in diesen von ihnen gewählten Gruppen sich zu entfalten und sich zu bestätigen, für ihre Gruppeninteressen zu arbeiten oder ganz einfach Geselligkeit zu pflegen. Ja, und gerade das, so wird entgegnet, gerade das sei ja nun wirklich niemandem verwehrt. Im Gegenteil: Jeder Planer und Politiker wird sich freuen, wenn sich in dem von ihm konzipierten Gehäuse solche netten Sachen entwickeln (solange sie hübsch nett bleiben).

Aber ein Blick auf die Situation in unseren sogenannten Wachstumsgemeinden hat gerade gezeigt, daß ihre Bewohner in der Regel von einem Krisenzustand determiniert sind, der ihnen viele Möglichkeiten eben doch verwehrt. Soll in dieser Lage so etwas wie *social engineering* einsetzen, so etwas wie eine Planung des sozialen Lebens? Auch nur der Gedanke daran hat für viele Horrorqualität, erinnert an die Zwangsgemeinschaften der NS-Zeit oder an kommunistische Diktaturen. Aber ein wenig nüchternes Nachdenken genügt, um sowohl solchen totalitären Roßkuren eine Abfuhr zu erteilen wie auch unserem geradezu hemmungslosen Liberalismus in Fragen des sozialen Lebens.

Da gibt es zunächst einmal die simple Feststellung, daß Menschen, die sich zu welchem Zweck auch immer versammeln, einen Raum dazu benötigen – mit der Dorflinde ist es nun einmal nicht getan. Dieses Bedürfnis ist zwar viel und schon lange diskutiert worden, und es gibt ja auch in vielen Gemeinden Mehrzweckhallen und Ähnliches. Gibt es aber die Baugesellschaft oder den Bürgermeister, der da sagt: „Bevor ich Gelände ausweise oder überbaue, sollte ich zuerst einmal darüber nachdenken, wo die zukünftigen Bewohner ihr Feierabend-Bier trinken sollen, ob sich da ein Flötenorchester, ein Schachclub oder eine Tischtennismannschaft bilden kann?“ Zugegeben: es findet sich unter den Bürgermeistern kleiner Gemeinden wohl kaum einer, der kein Interesse für solche Aktivitäten hätte; keiner aber auch, der sie von vornherein ins Planungskonzept aufgenommen hat.

Ein weiterer Aspekt. Ungeachtet aller Hochnäsigkeit, mit der die Dummen in Deutschland über das Vereinsleben sich mokieren, ist es gerade in kleinen Gemeinden doch der Verein, der die Kulisse und das

Vehikel für das kulturelle und soziale Leben abgibt. Keine Volkshochschule aber, kein Katholisches Volksbüro und keine gewerkschaftliche Bildungsaktion ist sich gut genug dafür, einmal einen Kurs über das *Vereinsrecht* anzubieten. Darin äußert sich, wie ich meine, eine tiefe Mißachtung der zu Belehrenden.

Das gleiche gilt für die Vermittlung von *psychologischen und soziologischen Führungstechniken*. Zwar gilt es als edel, bürgerschaftliche Aktivitäten zu entwickeln, den Wald von Unrat zu säubern etwa oder einen Akkordeonklub zur höheren Ehre der Gemeinde zu gründen: ehernes Gesetz dabei ist aber, daß der Initiator sozialwissenschaftlicher Dilettant zu sein habe. Die Wissenschaft weiß wohl vieles über die Mechanismen, die kleine Gruppen erfolgreich funktionieren lassen, aber das bleibt auch ihr Geheimnis. Der kleine Vereinsvorsitzende muß schon selber sehen, wie er zurechtkommt. Dafür wird er dann bei Jubiläen vom Landrat gelobt.

Uninformiertheit wird auch in *kommunalpolitischen Angelegenheiten* als Tugend betrachtet. Hier ist es sinnlos, Beispiele zu nennen, weil einem Gegenbeispiele kaum einfallen: Gemeinderäte werden gewählt, die nie auch nur eine Chance haben, jemals zu durchschauen, was ihre Entscheidungen bestimmen wird – längst ist die Administration für Laien viel zu undurchschaubar geworden. Anderwärts werden Verwaltungsfachleute gewählt, aber auch das kann nicht erwünscht sein: auch der Gipser und der Weingärtner soll ja entscheidungsfähig sein. Eine *Kandidatenschule* fehlt aber. Nicht einmal die Parteien, die daran interessiert sein müßten, haben bislang dieses Feld entdeckt.

Ein weiterer Punkt: niemand würde wohl annehmen wollen, daß sein Kind das Zählen und Rechnen lernt nach den Äpfeln, die im Baume hängen. Dafür gibt es, selbstverständlich, Spezialisten, die Lehrer. Vom gleichen Kinde aber wird verlangt oder erwartet, daß es dereinst *sozial aktiv* werde. Wo lernt es, wie man das anstellt? Im Gemeinschaftskunde-Unterricht nicht und nicht in dem der Heimatkunde, die ja ohnehin abgeschafft ist. Wo liegt denn also der Grund dafür, daß Kinder alles lernen, von den Mengen bis zur Musik, nur eben dieses nicht: wie sie einmal soziales Leben organisieren sollen? Ihre Väter konnten das noch gewissermaßen ungelernt, von Traditionen geleitet. Aber es gibt ja wohl keinen Zweifel; daß diese Zeiten vorüber sind.

Zuletzt die folgende Überlegung. In den meisten Gemeinden geht es den Apfelbäumen besser als den Menschen, denn es gibt einen ausgebildeten Baumwart. Einen „Menschenwart" gibt es nicht! Es gibt auch einen Förster, einen Fleischbeschauer und eine Hauswirtschaftslehrerin. Nur ein Spezialist fehlt: der nämlich, der soziales Verhalten in einer veränderten Welt lehrt und betreut. Ist es utopisch, einen solchen Spezialisten zu fordern? Mein Freund Berzi, mit vollem Namen heißt er *Albert Alföldi*, ist ein solcher Spezial-Sozialarbeiter. Nur wirkt er nicht bei uns, sondern in dem südungarischen Dorfe Hajos. Er betreut dort die vereinsartigen Gruppen von der Fußballmannschaft bis zum Folklore-Ensemble, besorgt die Beat-Band für den allwöchentlichen Jugend-Tanzabend, vermittelt Gastspiele etc. Er ist zu einer Hälfte Manager, zur anderen Sozialarbeiter. Kein Zweifel, daß solche Institutionen in totalitären Staaten mit großer Vorsicht zu betrachten sind. Und es ist darüber hinaus Vorsicht geboten gegenüber einem perfektionistischen *social engineering*, welches auf die optimale Integration des einzelnen hinzielt – wir haben schließlich gelernt, dem Begriff der Gemeinschaft mit einigem Mißtrauen zu begegnen. Aber obwohl wir wissen, daß etwa auch die amerikanische Gemeinwesenarbeit keineswegs das Ei des Kolumbus darstellt, sollten wir doch die Planung und Förderung dessen, was *Jo Boer* die „sozio-kulturelle Umgebung" nennt[6], in die hiesige Diskussion einbeziehen.

7. Fragen anstelle einer Zusammenfassung

Diese Diskussion sollte versuchen, Antworten zu finden auf die folgenden Fragen, die hier anstelle einer Zusammenfassung stehen:

1. Die Tendenz fortschreitender Ballung wird zunehmend mit Skepsis beobachtet – die mit ihr verbundene Unweltbelastung tritt schließlich immer deutlicher zutage. Sollten wir nicht auch so etwas wie eine *soziale und kulturelle Umweltbelastung* ins Kalkül ziehen und ihr sehr viel mehr Beachtung widmen?

2. Keine verantwortungsbewußte Gemeindeadministration wird das Dörflein traut konservieren wollen. Alle Spinnstubenromantik in Ehren oder auch in Unehren, aber auch die Bewohner kleiner Gemeinden haben ein Recht auf erreichbare Arbeitsplätze, anständige Wohnungen, gute Schulen und ein nicht permanent überfülltes Wartezimmer beim Arzt. Läßt sich dieses Wachstum aber nicht sinnvoller planen als das gegenwärtig häufig geschieht? Muß dabei vom Ortsbild bis zur funktionierenden Sozialstruktur alles zum Teufel gehen, was sich nicht exakt berechnen läßt?

3. Vergessen wir nicht den *politischen Aspekt*. Der nicht integrierte Zugezogene ist eher auf die Vollkommenheit seines Rasens bedacht als darauf, ein politisches Amt in seiner Gemeinde zu übernehmen. Das ist verständlich: politisches Verhalten, auch dilettantisches, muß eingeübt sein, schon in Rede und Gegenrede am Stammtisch oder im Vereinsausschuß. Können wir uns soviel künstlich erzeugte politische Enthaltsamkeit leisten?

4. Wachstumsperioden, seien sie nun notwendig oder nicht, tragen immer krisenhafte Züge. Im Bereich der technischen Maßnahmen ist ein *Krisenmanagement* gesetzlich vorgeschrieben: auch wenn noch so viele Häuser gebaut werden – die Pläne dafür müssen doch genehmigt, die Wasserversorgung muß gesichert sein. Woher nehmen wir die Gedankenlosigkeit, die soziale und kulturelle Krise in unseren Gemeinden zu übersehen, an ein Krisenmanagement nicht einmal zu denken?

6 *Boer, Jo, Utermann, Kurt:* Gemeinwesenarbeit. Community Organization – Opbouwwerk. Einführung in Theorie und Praxis. Stuttgart 1970, S. 14.

5. Dazu wären freilich massive Hilfen von seiten der *sozialwissenschaftlichen Gemeindeforschung* nötig; sie fehlen, und das speziell in Deutschland. Sie fehlen deshalb, weil interdisziplinäre Zusammenarbeit fehlt, und das hat verschiedene Gründe, die hier nicht zu erörtern sind. Sie fehlen aber auch darum, weil es so etwas wie wissenschaftlichen Hochmut gegenüber manchen Gegenständen gibt. Obwohl viele Millionen unserer Mitbürger in Vereinen tätig sind, gibt es kaum eine wissenschaftliche Erforschung des Vereins. Der Soziologe *Max Weber* hat sie allerdings gefordert – das geschah freilich im Jahre 1910.[7]

6. Bei allem Respekt vor dem Mißtrauen gegenüber der Planung im sozialen und kulturellen Bereich, bei aller Unzulänglichkeit der Instrumente, die wir dafür haben: nochmals die Frage, ob hier nicht *wirksame Hilfe nötig* ist, und das bald. Irgendwo muß es zwischen romantischer Verklärung der Dorfgemeinschaft und dem ebenso romantischen Glauben an die Selbstregulierung sozialer Beziehungen eine vernünftige Mitte geben, die dem einzelnen in der Gemeinde alle guten Rechte privaten Lebens einräumen, ohne ihn dabei allein zu lassen. Gleichgültig, ob die kleine Gemeinde im Ballungsraum überhaupt noch eine Zukunft hat oder ob eben dieser Raum als die wirkliche, künftige Gemeinde angesehen werden muß oder was man überhaupt unter Gemeinde versteht: zumindest in der Zeit der Überganges, die lange dauern kann, ist Hilfe notwendig, und die Voraussetzung dafür ist der oft schmerzhafte Prozeß des Umdenkens.

7 *Weber, Max:* Gesammelte Aufsätze zur Soziologie und Sozialpolitik. Tübingen 1924, S. 431, 442 ff.

Hans-Georg Wehling / Axel Werner

„Schlafgemeinden“

Integrations- und Identitätsprobleme kleiner Gemeinden im Ballungsraum[1]

1. Der Ballungsraum und seine Probleme

Aus ihrer Zugehörigkeit zum großstädtisch-industriellen Ballungsraum ergeben sich für die kleine Gemeinde ganz spezifische Probleme, mit denen sie bis heute nicht fertig wird, für die so gut wie keine Lösungsvorschläge vorliegen, ja über die bislang nur wenig nachgedacht worden ist.

Der Ballungsraum ist nicht zuletzt gekennzeichnet durch den demographischen Sog, den er ausübt. Dieser wiederum ist eine Folge der Anziehungskraft, die der Ballungsraum wegen seiner *Standortgunst* und seiner *Fühlungsvorteile* auf den sekundären (produzierendes Gewerbe) und tertiären (Dienstleistung) Sektor einer Wirtschaft besitzt: Gute Verkehrsanbindung, ausgebautes Bildungswesen, Vorhandensein eines Grundstocks an qualifizierten Arbeitskräften aller Art usf. sowie die Konzentration von Verwaltungen aller Art in der Kernstadt bewirken, daß die wirtschaftliche Potenz des Ballungsraumes ständig steigt. Dadurch entsteht ein chronischer Arbeitskräftemangel, der wie ein klimatisches Tiefdruckgebiet eine Sogwirkung entfaltet, die zeitweise bis an die Randgebiete Europas deutlich zu spüren war (Gastarbeiter).

Für die Arbeitskräfte, die der Ballungsraum also ständig anzieht, müssen Wohnungen zur Verfügung gestellt werden. Das ist jedoch im Zentrum des Ballungsraumes, namentlich in der Kernstadt, kaum mehr möglich. Denn einmal ist nahezu alles überbaubare Land bereits überbaut. Zum anderen wird hier die Zahl der Wohnungen eher noch geringer, weil hier – so lange der Boden noch eine Ware wie jede andere ist, deren Preis sich auf dem Markt bildet – ein *Verdrängungswettbewerb* stattfindet: die profitable Nutzung verdrängt die weniger profitable. Wohnungen müssen Kaufhäusern, Banken und Verwaltungen weichen. Dafür werden Woh-

1 Dieser Aufsatz ist eine veränderte Fassung eines Beitrages, den die Autoren unter dem Titel „Wohngemeinden im Ballungsraum“ in der Zeitschrift „Der Bürger im Staat“ (Jg. 24, 1974, H. 2, S. 129–132) veröffentlicht haben.
Im Auftrag des evangelischen Kirchenbezirks Leonberg und in Zusammenarbeit mit der Arbeitsgemeinschaft für Siedlungswesen Leonberg haben die Autoren ein Gutachten über die Probleme kleiner Gemeinden im Ballungsraum erstellt, auf das sich der vorgelegte Aufsatz stützt. Das Gutachten ist als Buch erschienen: Hans-Georg Wehling/Axel Werner, Kleine Gemeinde im Ballungsraum. Das Verhältnis verschiedener Bevölkerungsgruppen (Herkunftsgruppen) in schnell wachsenden Gemeinden, Gelnhausen/Berlin 1975

nungen dort gebaut, wo Grund und Boden noch erschwinglich sind: auf der grünen Wiese am Rande des Ballungszentrums, wobei zu beachten ist, daß sich dieser Rand – logischerweise – immer weiter hinausschiebt.

Damit sind eine ganze Reihe von Problemen geboren, die heute die Ballungsgebiete aufs schwerste belasten (sie sind teilweise bereits anschaulich beschrieben worden): das Problem der verödenden Kernstädte (*City-Problem*), das *Verkehrsproblem* und – mit ihm verknüpft – das *Pendlerproblem*, das Problem der *Schlafstädte* – von *Zersiedlungsproblemen* und Problemen des *Umweltschutzes* ganz zu schweigen.

2. Eine Beispielgemeinde

Am Rande des Ballungsraumes liegen kleine Gemeinden, die jahrhundertelang als Gemüse- und Ackerbaugemeinden streng abgesetzt zur Stadt ein vergleichsweise beschauliches Leben führten – bis der demographische Sog, den der Ballungsraum ausübt, immer neue Bevölkerungswellen über sie hereinbrechen ließ und unter sich begrub.

Nehmen wir das Beispiel der Gemeinde H., dicht vor den Toren der Kernstadt gelegen (ohne allerdings mit dieser Großstadt gemeinsame Grenzen zu haben, zwischen beide schiebt sich das Gebiet einer Kleinstadt), von der City der Großstadt rund 12 km Luftlinie entfernt. Die Beispielgemeinde wurde deswegen ausgewählt, weil sich hier der Wandel quantitativ wie qualitativ besonders eindringlich zeigt: Von 1900 bis 1945 hatte die Gemeinde nahezu konstant 500 Einwohner. Nach 1945 kamen rund 270 Vertriebene hinzu. Am 1.1.1974 zählte das Dorf bereits 4.434 Einwohner. Um sich das ganze Ausmaß des Zuzugs zu vergegenwärtigen, muß man bedenken, daß dieser Bevölkerungszustrom im wesentlichen seit 1962 erfolgt ist.

Bleiben wir zunächst bei Äußerlichkeiten, die bereits qualitativ und quantitativ den Umfang der Probleme erahnen lassen, vor die kleine Gemeinden im Ballungsraum gestellt sind.

Bis zum Ende des Zweiten Weltkrieges war die Gemeinde ein nahezu geschlossen *evangelisches* Dorf. Das änderte sich erstmals durch den Zustrom *katholischer* Heimatvertriebener. Mittlerweile sind 38% der Einwohner katholisch. Nimmt man nur die männlichen Bewohner, dann ist jeder zweite Mann Katholik.

Darin spiegelt sich nicht zuletzt der hohe *Gastarbeiteranteil*. Das Dorf hat – prozentual gesehen – genauso viel Gastarbeiter wie die Stadt München, nämlich rund 17%. Da unter den Gastarbeitern mehr Männer als Frauen sind, bedeutet das: annähernd jeder vierte Mann ist hier ein ausländischer Arbeiter. Anzumerken ist jedoch, daß insgesamt der Gastarbeiteranteil im betreffenden Ballungsraum mit mehr als 20% höher ist als in der Untersuchungsgemeinde (wobei der Ballungsraum den höchsten Gastarbeiteranteil des Landes hat).

Nur noch 5% der Erwerbstätigen sind in der *Landwirtschaft* beschäftigt, gegenüber durchschnittlich 8,4% im gesamten Bundesgebiet (1971) und 7,5% im betreffenden Bundesland (1972). Das eindeutige Übergewicht liegt beim *produzierenden Gewerbe,* in dem über 68% der Erwerbstätigen aus dem Dorf beschäftigt sind.

Daß die Erwerbstätigen nur zum geringeren Prozentsatz ihren Arbeitsplatz am Wohnort haben, braucht nicht eigens gesagt zu werden. Die *Zahl der Berufspendler* ist erwartungsgemäß hoch. Bei der Volkszählung vom 27. Mai 1970 wies die Gemeinde insgesamt 1.079 Berufspendler aus, das waren 57% der Erwerbstätigen. Daß das Dorf dabei keine Ausnahme ist, sondern daß es vielmehr im gesamten Ballungsraum ähnlich aussieht, wird beispielsweise aus dem gesamten Auspendleranteil des zugehörigen Landkreises deutlich, der 1970 54% betrug. Von den beruflichen Auspendlern der Gemeinde pendelten – auch das überrascht nicht – 68% in die Kernstadt ein.

Die Probleme, die sich hinter den hier vorgetragenen Daten abzeichnen, sind Kommunikations-, Integrations- und letztlich Identitätsprobleme, die nahezu allen kleinen Gemeinden in Ballungsräumen gemeinsam sind. Anders formuliert: Wie können die verschiedenen Bevölkerungsgruppen kleiner Gemeinden in Kontakt miteinander gebracht werden, auf daß nicht jeder am anderen vorbeilebt? Ist die Herstellung oder Wiederherstellung einer örtlichen Gemeinschaft möglich, sinnvoll und erwünscht? Kann die kleine Gemeinde im Ballungsraum ihre Identität auf die Dauer aufrechterhalten?

3. Vier verschiedene Bevölkerungsgruppen

Wendet man die Kategorie der regionalen Herkunft an, kann man in den kleinen Gemeinden im Ballungsraum ganz grob vier Bevölkerungsgruppen unterscheiden (wobei es sich im soziologischen Sinne zum Teil nur um Quasi-Gruppen handelt und nicht um Gruppen, die sich selbst als solche verstehen).

Zunächst einmal treffen wir auf die Gruppe der *Alteingesessenen.* Sie sind in den Gemeinden des genannten Typs deutlich in die Minderheit geraten. Das hat nicht etwa dazu geführt, daß diese Gruppe sich nun um so dichter zusammenschart; vielmehr werden ihr unter dem Eindruck der Herablassung und Mißachtung durch die Neuzugezogenen ihre eigenen Werte und Normen, ihre althergebrachten Bräuche und Gewohnheiten fragwürdig, wie *Herbert Schwedt* aufgezeigt hat.[2]

Als zweite Gruppe ist die der *Heimatvertriebenen* anzusehen, die unmittelbar nach dem Zweiten Weltkrieg in die Dörfer kam. Das gemeinsame Schicksal und die oft gemeinsame Herkunft gaben dieser Gruppe ein Zusammengehörigkeitsgefühl, das dadurch noch wesentlich verstärkt wurde, daß die Alteingesessenen sie als Eindringlinge empfanden, die man sich durch getrenntes Siedeln möglichst weit vom Hals halten wollte. Davon legen die überall anzutreffenden Flüchtlingssiedlungen (und nicht zu-

2 *Herbert Schwedt,* Das Dorf im Verstädterungsprozeß, in diesem Band, S. 89 f

letzt die Schimpfnamen, mit denen man sie bedachte) ein deutliches Zeugnis ab.[3] Spannungen und Konflikte zwischen Alteingesessenen und Heimatvertriebenen bleiben nicht aus. Das alte Dorf erhob den Anspruch auf die unangefochtene Geltung seiner Normen, die Vertriebenen waren Abweichler, die als Gruppe einfach zu groß war, um sich reibungslos anzupassen. Der tiefe Graben, der auch rein äußerlich siedlungsgeographisch sichtbar war, ist erst im Laufe der Zeit mehr und mehr verschwunden; weniger durch bewußtes „Zuschütten" als durch die „natürliche" Erosion der Jahre: die Kinder gehen gemeinsam zur Schule, man gewöhnt sich aneinander. Die neue Zuzugsflut seit Anfang der sechziger Jahre läßt schließlich Alteingesessene und Vertriebene noch näher zusammenrükken, so daß beide Gruppen als inzwischen nahezu miteinander zu einer neuen Gruppe verschmolzen angesehen werden können, wenngleich in Krisensituationen die alten Gegensätze neu hervorbrechen können.[4]

Die zweite Zuzugsgruppe umfaßt alle diejenigen, die der Sog des Ballungsraumes und die Wohnungsknappheit im Zentrum in die kleinen Gemeinden gespült hat, die *Neuzugezogenen* also. Dabei ist ausschließlich an die Zugezogenen mit deutscher Staatsangehörigkeit gedacht. Unter den Angehörigen dieser Einwohnerkategorie gibt es praktisch kein Zusammengehörigkeitsbewußtsein, man lebt mehr oder weniger isoliert für sich. Diese Quasi-Gruppe der Neuzugezogenen bildet die *eigentliche Problemgruppe* in den kleinen Gemeinden; was noch verstärkt wird dadurch, daß es sich hierbei um die zahlenmäßig stärkste Gruppe handelt.

Eine dritte Zuzugsgruppe stellen schließlich die *ausländischen Arbeiter* dar. Hier ist gegenwärtig der Graben zu den übrigen Bevölkerungsgruppen am tiefsten, sind die Konfliktmöglichkeiten am stärksten. Erträglich wird das Verhältnis – oder sagen wir besser: das Nebeneinanderherleben – dadurch, daß deutsche Staatsangehörige wie Gastarbeiter, daß beide Teile von der Vorstellung eines Provisoriums, eines Zustandes, der vorübergeht, ausgehen – eine Vorstellung, die nicht unbedingt richtig ist. – Anzumerken ist, daß die Gastarbeiter keine in sich homogene Gruppe darstellen: es gibt nur landsmannschaftlich bestimmte Gruppen innerhalb der Kategorie der Gastarbeiter.

3 Vgl. hierzu *Hermann Bausinger, Markus Braun, Herbert Schwedt,* Neue Siedlungen, Stuttgart 1959

4 Ein Beispiel hierfür liefert *H. Schwedt,* Heimatvertriebene in württembergischen Landgemeinden, in: Jahrbuch für ostdeutsche Volkskunde, Bd. 12, 1969, S. 27–40: Ein Heimatvertriebener, Mitglied im dörflichen Gesangsverein und als guter Sänger allgemein geachtet, wird sofort als Dieb verdächtigt, als bei einer Gesangsprobe einer seinen Geldbeutel vermißt: „Sofort waren alle harmonisierenden Leitbilder außer Kraft gesetzt, alle latenten Emotionen bündelten sich: nur der Flüchtling konnte nach allgemeiner Überzeugung der Dieb sein." Hinterher stellte sich heraus, daß der angeblich Bestohlene den Geldbeutel zu Hause liegengelassen hatte! (S. 32 f)

4. Das Konzept der sozialen Integration

Wo Bevölkerungsgruppen nebeneinanderher und aneinandervorbei leben, wo ein Großteil der Familien isoliert für sich ohne Kontakte zu anderen im Dorf bleiben, da kann von einer gemeindlichen Integration oder erst recht von einer Dorfgemeinschaft nicht mehr die Rede sein.

Was bedeutet nun Integration? Hinter dem zumeist verwendeten Gemeindebegriff steht unausgesprochen und vielfach auch unbewußt die Systemtheorie. Gemeinde wird als ein soziales System angesehen. Zu einem solchen gehört, daß seine Grenzen klar auszumachen sind, seien sie nun physisch (politische Grenzen) oder sozial (z.B. Lebensstile). Man muß also angeben können, wer bei einem sozialen System dazu gehört und wer nicht. Soziale Systeme haben zunächst eine Erhaltungsfunktion, die wiederum Voraussetzung dafür ist, daß sie ihre Aufgabenfunktion wahrnehmen können.

Die Systemerhaltungsfunktion erfordert ein bestimmtes Maß an Konformität: Anpassung an die Werte des Systems, Unterwerfung unter gemeinsame Normen, Erfüllung von ganz bestimmten Verhaltenserwartungen usf. Mit anderen Worten: Das System erfordert, daß die einzelnen Systemeinheiten sich einpassen, *integrieren*. Die Integration wird überwacht durch die Institution der sozialen Kontrolle.

Werner S. Landecker unterscheidet vier verschiedene Bereiche von Integration; wobei sich das *tatsächliche* Integrationsverhalten jeweils mit Hilfe eines Kontinuums zwischen zwei Extremen beschreiben läßt.[5]

1. *Kulturelle Integration* meint die Übereinstimmung über grundlegende Werte, Normen, Verhaltensweisen usw. Das Kontinuum reicht von starker Übereinstimmung bis hin zu völlig entgegengesetzten Vorstellungen.
2. *Normative Integration:* Inwieweit werden die anerkannten Normen auch tatsächlich beachtet? Hier reicht das Kontinuum von der vollkommenen Erfüllung der anerkannten Normen bis hin zu starker Abweichung.
3. *Kommunikative Integration:* Man versteht sich und was der andere sagt und meint; oder man versteht sich überhaupt nicht. Auch hier sind – wie bei jedem Kontinuum – alle Zwischenabstufungen möglich.
4. *Funktionale Integration.* Sie reicht vom völligen Aufeinanderangewiesensein bis hin zu weitgehender Selbstgenügsamkeit.

Dieses Vierfelderschema hilft bei der Beantwortung der Frage, ob kleine Gemeinden im Ballungsraum noch als integriert – oder besser: *inwieweit* (Kontinuum!) noch als integriert anzusehen sind. Zugleich läßt sich anhand dessen zu einem guten Teil die Frage beantworten, ob eine solche Integration – wenn sie nur noch in geringem Maße gegeben sein sollte – durch irgendwelche Maßnahmen *wiederherstellbar* wäre.

5 *Werner S. Landecker,* Types of Integration and their Measurement, in: American Journal of Sociology, 56, 1950/51, p. 332–340

5. Wie weit ist Integration noch gegeben?

a) Gemeinsamkeit an Wert- und Normvorstellungen

Die Fragen, deren Beantwortung uns entsprechende Aufschlüsse geben könnten, müßten folgendermaßen formuliert werden:

In welchem Umfang gibt es von allen Einwohnern anerkannte lokal vermittelte Wert- und Normvorstellungen?

Die Antwort muß – soweit wir sehen – lauten: Es gibt allenfalls *innerhalb* der verschiedenen Bevölkerungsgruppen so etwas wie kulturelle Integration; am ehesten noch in der Gruppe der Alteingesessenen und der Gastarbeiter (aber nur, sofern die letzteren aus dem gleichen Herkunftsland kommen). Am wenigsten gibt es für die Zugereisten gemeinsame Wert- und Normvorstellungen.

Um ein Beispiel für die geringe kulturelle Integration zu nennen: Das Sonnen im Bikini auf der Terrasse des eigenen Hauses gilt für die Zugezogenen als etwas durchaus Selbstverständliches, die Alteingesessenen nehmen jedoch an einem solchen Verhalten der Zugezogenen Anstoß.

b) Normabweichung

In welchem Umfang wird von den jeweils in einer Gruppe anerkannten Normen abgewichen?

Selbst die jüngere Generation der homogenen Gruppe der Alteingesessenen erfüllt nicht ohne ein erhebliches Maß an Abweichung die überkommenen Normen. Grund: Das Beispiel der anderen Bevölkerungsteile macht Schule und die größere Mobilität erlaubt es, sich stärker der sozialen Kontrolle zu entziehen.

c) Kommunikation

In welchem Umfang ist eine Verständigung zwischen den verschiedenen Bevölkerungsgruppen möglich? In welchem Ausmaß leben Einwohner isoliert, ohne Kontakt zu anderen?

Schon rein *sprachlich* ist eine Verständigung zwischen den verschiedenen Gruppen der Gastarbeiter und dem deutschsprachigen Teil der Bevölkerung nur schwer möglich. Aber auch zwischen den verschiedenen deutschsprachigen Bevölkerungsgruppen bildet der Dialekt eine Sprachbarriere, die von beiden Seiten her nicht immer leicht zu übersteigen ist. Nicht übersehen werden darf ferner, daß sprachliche Verständigung ein gewisses Maß an Kommunikationsfähigkeit voraussetzt. Anders ausgedrückt: Sprache ist nicht nur eine Anhäufung von Worten, vielmehr stekken hinter ihr jeweils die anerkannten und verinnerlichten Werte und Normen, die gemachten Erfahrungen usw. Der Kommunikation kommt also eine Schlüsselfunktion zu, kulturelle und normative Integration werden durch sie sichtbar, ohne die eine Verständigung nur begrenzt möglich ist.

Zum Grad der Isolierung seien aus unserer Beispieluntersuchung für H. Zahlen angegeben: Rund ein Drittel der erwachsenen Einwohner hat keine Freunde und Bekannte am Ort, rund ein Viertel hat keine Kontakte zu den Nachbarn, rund ein Viertel besucht keine Veranstaltungen am Ort. Es überrascht nicht, wenn man feststellt, daß die Wahrscheinlichkeit der Isolierung mit der Wohndauer abnimmt. Auf der anderen Seite sollte aber zu denken geben, daß man um so isolierter ist, je niedriger der Platz auf der sozialen Stufenleiter (Schichtzugehörigkeit) ist, den man einnimmt.

d) Funktionale Integration

In welchem Umfang sind die Bewohner von Gemeinden der genannten Art aufeinander angewiesen?

Das Dorf ist heute nicht mehr eine in sich geschlossene, nahezu autarke Einheit, die in sich arbeitsteilig organisiert ist und wo nicht nur in Zeiten der Not (Brand, Krankheit) jeder den anderen braucht. Am wenigsten ist die Gemeinde funktional integriert, die einem industriellen Ballungsraum angehört.

Das läßt sich allein schon an den hohen Pendlerzahlen ablesen. Wenn jeder zweite Erwerbstätige auswärts seinem Beruf nachgeht, dann läßt sich daraus ersehen, daß nicht mehr die Wohngemeinde die Grundeinheit gesellschaftlicher Arbeitsteilung ist, sondern der Ballungsraum. Aber auch andere Funktionen kann die Gemeinde nur beschränkt erfüllen. So kauft ein Großteil der Einwohner außerhalb der Wohngemeinde ein, verbringt seine Freizeit außerhalb, besucht die weiterführenden Schulen anderer Gemeinden, ja geht selbst anderswo zur Kirche.

Dabei sind jedoch deutliche Unterschiede zwischen den verschiedenen Herkunftsgruppen sichtbar: Der Anteil der Alteingesessenen ist unter den Berufs-, Ausbildungs-, Einkaufs- und Freizeitpendlern am geringsten, der Anteil der Zugezogenen und Gastarbeiter jeweils am höchsten.

Fazit: Legt man das Schema von *Landecker* an, muß man zu dem Ergebnis kommen, daß kleine Gemeinden im Ballungsraum kaum noch als integriert anzusehen sind.

6. Ist die verlorengegangene Integration wiederzugewinnen?

Die feststellbare geringe Integration ist eine Folge der Entwicklung des Ballungsraumes, dem die Gemeinden zugehören. Die demographischen Veränderungen, die die bestehende weitgehende Integration durchbrachen, haben sich innerhalb der letzten 25 Jahre vollzogen.

Der *Entwicklung des Ballungsraumes* sind Grenzen gesetzt, der Bevölkerungszustrom könnte versiegen. Bedeutet das, daß das ursprüngliche Ausmaß an Integration wieder annähernd erreicht werden könnte, vor allem, wenn eine geschickt vorgehende Sozialtechnologie einen solchen Integrationsprozeß zielstrebig unterstützt?

1. *Kulturelle Integration* wäre möglich, wenn alle künftig in den jeweiligen Gemeinden Heranwachsenden demselben Sozialisationsprozeß unterworfen sind, vorausgesetzt, der Zuzug von außen bleibt minimal. Sozialisationsagentur ist aber nicht nur die örtliche Schule. Elternhaus und Freundeskreis sind mindestens in gleicher Weise beteiligt und können so ihren Teil dazu beitragen, bestehende kulturelle Unterschiede zwischen den verschiedenen Bevölkerungsgruppen aufrechtzuerhalten. Auch das Ausbildungspendeln wird eine kulturelle Integration erschweren.

Denkbar – und vielleicht auch anzustreben – wäre eine kulturelle Integration gleichsam auf „höherer Ebene". Bei allen trotz vieler Angleichung noch bestehenden Unterschieden in den Wert- und Normvorstellungen zwischen verschiedenen Bevölkerungsgruppen gibt es so etwas wie eine wechselseitige Tolerierung unterschiedlicher Verhaltensformen: Man lehnt es für sich und seinesgleichen ab, sich im Bikini auf der Terrasse zu zeigen, nimmt aber das Verhalten anderer nicht zum Ärgernis, wenn es nicht den eigenen Vorstellungen entspricht.

2. Ähnliches ließe sich für die *normative Integration* denken: Die Abweichungen der eigenen Familienangehörigen werden ertragen, man gesteht ihnen zu, die überkommenen Normen abzuändern oder ganz durch neue zu ersetzen, auch wenn man das selbst nicht nachvollziehen kann.

Ein Mehr an kultureller und normativer Integration ist, schließt man sich der hier vorgetragenen Argumentation an, demzufolge nur durch eine erhebliche Zunahme an Toleranz zu erreichen.

3. *Kommunikative Integration* scheint uns am leichtesten erreichbar. Die Kinder von Einheimischen, Vertriebenen, Zugezogenen und selbst Gastarbeitern werden mit der Zeit dieselbe Sprache sprechen. Dafür sorgt nicht zuletzt der gemeinsame Kindergarten- und Grundschulbesuch, der unter diesen Gesichtspunkten dringend erwünscht ist. Kommunikative Integration ist förderbar, indem z.B. gezielt Kommunikationszentren für alle Bevölkerungsgruppen zur Verfügung gestellt und für attraktive Veranstaltungen angeboten werden, zu denen sich auch jeder hinzugehen traut. Auf diesem Wege ist eventuell auch – man denke an die bereits erwähnte Schlüsselfunktion kommunikativer Integration – ein Mehr an kultureller und normativer Integration „auf höherer Ebene" zu erreichen: die Toleranz gegenüber anderen Vorstellungen und Verhaltensweisen könnte über Veranstaltungen und Kommunikationszentren gefördert werden.

Kulturelle, normative und kommunikative Integration ist jedoch verstärkt nur möglich, wenn *Zuzug von außen,* intra- und inter-Generationenmobilität sich in Grenzen halten. Eine Annahme, die man nicht als realistisch unterstellen kann.

4. *Funktionale Integration* hingegen bleibt unerreichbar, wenn man die Gemeinde als Grundeinheit ansieht.

7. Das Verhältnis der kleinen Gemeinde zur Kernstadt

a) Verschiedene Gemeindebegriffe

Damit ist die Frage nach der Identität von kleinen Gemeinden in großstädtisch-industriellen Ballungsräumen aufgeworfen. Denn neben schwerwiegenden Integrationsproblemen und – wie wir sahen – eng damit verknüpft haben es kleine Gemeinden im Ballungsraum vor allem mit dem Problem der Eigenständigkeit zu tun, haben sie vor allem mit dem Problem der eigenen Identität zu kämpfen. Wobei hier nicht in erster Linie die Bedrohung der eigenständigen Existenz durch die von der Landespolitik betriebene *Gemeindereform* gemeint ist. Im Gegenteil: die Gemeindereform vollzieht vielfach nur nach, was faktisch längst eingetreten war – ohne daß damit ein Urteil über die Zweckmäßigkeit jeder einzelnen Maßnahme zur Gemeindereform gefällt werden soll.

Die Frage nach der Identität von Gemeinden läßt sich nicht beantworten, ohne daß man fragt, was eine Gemeinde denn nun eigentlich ist.

Nach *Arno Klönne*[6] gibt es drei Varianten des Begriffs Gemeinde:

1. Gemeinde ist, was nach Verfassungsrecht und Verwaltungsstruktur als Gemeinde ausgegeben wird (*staatsrechtlich-kommunalwissenschaftliche Definition*).

2. Gemeinden sind „jene räumlichen und personellen Einheiten, die einen sinnvollen Rahmen politischer Entscheidungs- und Planungsmöglichkeiten auf der untersten Ebene der politischen Willensbildung abgeben". (*politisch-wissenschaftliche Definition*).

So betrachtet, ist Gemeindereform als der Versuch zu verstehen, staatsrechtlich-kommunalwissenschaftlichen und politisch-wissenschaftlichen Gemeindebegriff zur Deckung zu bringen.[7]

3. Soziologisch gehört zum Begriff der Gemeinde, „daß sie genaue Grenzen im Raume hat, innerhalb derer sich der Nachbarschaftszusammenhang aufbaut, und daß sich die Bürger einer Gemeinde deutlich als von denen anderer Gemeinden verschieden empfinden". (*René König*, den *Klönne* hier für den *soziologischen Gemeindebegriff* zitiert).

Zentral für diese soziologische Definition von Gemeinde ist, daß es nicht reicht, wenn die genaue Abgrenzung einer Gemeinde gegenüber anderen auf dem Papier (oder dem Ortsschild) steht: die Abgrenzung muß vielmehr von den Gemeindemitgliedern als solche *empfunden* werden. Gemeinde stellt ein soziales Gefüge dar, ein besonders dichtes Bündel von sozialen Interaktionen. Sie ist – wie *Herbert Schwedt* formuliert – „eine Verdichtungszone sozialer Beziehungen".[8]

6 *Arno Klönne,* Zum Begriff und zur Realität von politischer Gemeinde, in: Gegenwartskunde, 16, 1967, S. 22–27

7 Zum Thema Gemeindereform: *Rosemarie und Hans-Georg Wehling,* Gemeinde und Gemeindereform, in: Hans-Georg Wehling (Hrsg.), Kommunalpolitik, Hamburg 1975, S. 12–42

8 *Schwedt,* Das Dorf im Verstädterungsprozeß, in diesem Buch, S. 92

b) Überlokale Beziehungen

Wir sahen: Mehr als die Hälfte aller Erwerbstätigen pendelt in unserem Beispiel täglich zur Arbeit aus, zumeist in die Kernstadt. Doch das Pendeln vollzieht sich nicht allein im beruflichen Bereich. Zum Berufspendeln kommt das Einkaufs- und Freizeitpendeln: der Wochenbedarf an Lebensmitteln wird in den großen Supermärkten und Einkaufszentren gedeckt, Kleidung und langfristige Gebrauchswaren wie Möbel und Elektrogeräte kauft man zum großen Teil in der Kernstadt. Geht man einmal gut essen oder geht man einmal aus, sucht man entsprechende Lokale und kulturelle Einrichten anderswo – nicht zuletzt in der Kernstadt – auf. Zum Wandern fährt man in die Naherholungsgebiete. Selbst die Kirchgänger besuchen zu einem guten Teil den Gottesdienst in anderen Gemeinden – weil ihnen der Pfarrer in der eigenen Pfarrgemeinde nicht paßt oder weil die Kirche „zu Hause" zu stark eine Kirche der Einheimischen ist und sich nicht ausreichend für die Neuzugezogenen öffnen kann.

Hinzu kommt, daß man einen beträchtlichen Teil seiner Verwandten, Bekannten und Freunde außerhalb der eigenen Gemeinde wohnen hat. Das bedeutet: Man muß nach außerhalb fahren, wenn man sie besucht. Und umgekehrt: Wenn man Angehörige und Freunde zu Besuch hat, gibt die eigene Gemeinde nicht unbedingt einen wichtigen Gesprächsstoff ab: der andere könnte kaum folgen, da er anderswo wohnt.

Es kommt noch mehr dazu: In den kleinen Gemeinden gibt es – vom Gemeindeblatt, dem Mitteilungsblatt der Gemeindeverwaltung einmal abgesehen – keine Lokalzeitung und in der regionalen Zeitung einen kaum nennenswerten Lokalteil für die entsprechende Gemeinde. Und nicht nur das: ein Großteil der Einwohner liest ausgesprochen überlokal orientierte Tageszeitungen. So lesen etwa in der von uns untersuchten Beispielgemeinde 43% der Zeitungsleser eine der beiden großen Tageszeitungen der Kernstadt. Hinzu kommen durchschnittlich zwei Stunden täglich vor dem Fernsehgerät. Von den 10%, die regelmäßig die Bild-Zeitung lesen, wollen wir gar nicht erst sprechen.

c) Neue Siedlungen

Die Bedeutung dieser Zahlen ist für unseren Zusammenhang um so größer, als es vor allem die Neuzugezogenen sind, auf die die gemachten Feststellungen – vom Fernsehkonsum und der Bild-Zeitungslektüre abgesehen – in erster Linie zutreffen: Sie stellen in der Hauptsache die Pendler aller Bereiche, sie haben vor allem Verwandte und Freunde auch außerhalb der Wohngemeinde, sie lesen überdurchschnittlich oft die Großstadt-Zeitungen. Die Beziehung zur Gemeinde, in der sie wohnen, schrumpfen auf ein Minimum zusammen: Kontakte mit anderen Bewohnern derselben Wohngemeinde finden verhältnismäßig selten statt, die Wohngemeinde ist kaum für sie Gesprächsstoff. Schon rein zeitlich sind sie – vor allem, wenn es sich um Berufspendler handelt – für ihre Wohngemeinde kaum da.

Viel stärker als auf ihre Wohngemeinde ist dieser Personenkreis auf die Kernstadt bezogen. Überspitzt formuliert könnte man sagen, daß die kleinen Gemeinden im Ballungsraum vielfach eher neuen Siedlungen der Kernstadt gleichen als selbständigen Gemeinden (dazu paßt, daß sie bereits rein statistisch – Altersstruktur, Familiengröße, Haushaltsstruktur usf. – die Merkmale neuer Siedlungen aufweisen). Die Frage stellt sich – wenn auch in unserem Zusammenhang nur nebenbei –, ob die Gemeindereform im Ballungsraum die von uns hier aufgezeigten Zusammenhänge nicht zu wenig berücksichtigt.

Davon zu trennen ist die Frage, was sinnvollerweise die unterste räumliche und personelle Einheit politischer Entscheidungs- und Planungsmöglichkeiten abgeben könnte (*Klönnes* politisch-wissenschaftliche Gemeindedefinition, s.o.). Daß die Angebote der Infrastruktur im großstädtischen Ballungsraum stärker als bisher dezentralisiert werden müssen, scheint uns genau so erforderlich zu sein wie eine Dezentralisierung der politischen Entscheidungsstruktur.

Damit aber ist das Problem der mangelnden Kommunikation und Interaktion nicht gegenstandslos geworden, vielmehr taucht es in neuem Zusammenhang und auf höherer Ebene wieder auf. Es ist nur, so das Ergebnis der bisherigen Überlegungen, nicht mit dem Modell der herkömmlichen Gemeinde und dem traditionellen gemeindlichen Integrationspostulat zu lösen.

8. Was kann man tun?

Was kann man tun, so muß abschließend gefragt werden, um ein Minimum an Kommunikation und Interaktion zu schaffen, das sowohl um der einzelnen Menschen wegen notwendig ist als auch um eine sinnvolle Dezentralisierung der politischen Entscheidungs- und Planungsprozesse zu ermöglichen? Dazu reichen emotionale Appelle an Heimatgefühl und Bürgersinn ebensowenig aus wie Versuche, die Neuzugezogenen einzupassen. Unter solchem Gesichtspunkt müßte etwa das bestehende *lokale Vereinswesen* näher betrachtet werden. Können die örtlichen Vereine in ihrer gegenwärtigen Struktur den Bedürfnissen urban orientierte Menschen gerecht werden?

Um Kommunikation und Interaktion in den von uns skizzierten Problemgemeinden zu fördern, müssen vor allem solche Orte und Gelegenheiten angeboten werden, die eine zwangslose Kontaktaufnahme erlauben. Die bereits angesprochenen Vereine müssen sich nicht nur sozial öffnen. Die enge Bindung der Mitgliedschaft muß zugunsten eines lockeren Zusammenhalts aufgegeben werden, die Vereine müssen – wollen sie auf die Dauer überleben – „Clubcharakter" annehmen.

Hinter solchen Überlegungen steht die Einsicht, daß die Verbindlichkeit eines festgefügten und für alle geltenden Normensystmes in der kleinen Gemeinde einem kulturellen und normativem Pluralismus gewichen ist. Soziale Kontrolle durch die Gesamtheit der Gemeindebürger wird von daher nicht mehr akzeptiert. Der Rückzug in die Privatheit, der gerade bei den Neuzugezogenen registriert und beanstandet wird, ist nicht zuletzt daraus zu erklären, daß man sich nicht der sozialen Kontrolle von Gruppen aussetzen will, die man sich nicht ausgesucht hat. Nur solche Normen ist man bereit zu akzeptieren, die man selbst als gültig anerkannt hat und die auf Werten beruhen, die man teilt.

Daraus ergeben sich zwei *Konsequenzen.* Vom *einzelnen* her gesehen: Man sucht sich seine eigenen Gruppen zusammen, in denen eine starke Übereinstimmung über Werte und Normen besteht; man sucht – mit anderen Worten – „Gleichgesinnte". Von der *lokalen Gesellschaft* her gesehen: Ohne eine ausdrückliche Anerkennung des Wert- und Normenpluralismus, ohne Hinnahme anderer Verhaltensweisen, kurz: ohne ein gehöriges Maß an Toleranz ist das beziehungslose Nebeneinanderherleben der verschiedenen Bevölkerungsgruppen in kleinen Gemeinden nicht zu überwinden, sind (latente) Spannungen und (offene) Konflikte nicht zu vermeiden.

Herbert Schneider

Trivial?

Der Handlungs- und Entscheidungsspielraum dörflicher Gemeinden abseits der Verdichtungsräume

Der Duden übersetzt ‚trivial' mit seicht, abgedroschen, unbedeutend. Auf die Gemeinden bezogen ist daher zu fragen, ob deren Handlungs- und Entscheidungsspielraum tatsächlich unbedeutend geworden ist. Darauf deutet zunächst die Rhetorik mancher Bürgermeister hin, die vor ministeriellen Ohren gern über finanzielle Auszehrung und bürokratische Bevormundung ihrer Gemeinden klagen. Dagegen spricht jedoch die Beobachtung, daß abseits der Verdichtungsräume die Bevölkerung noch immer einen verhältnismäßig großen Anteil am lokalpolitischen Geschehen nimmt. Würde sie sich so verhalten, wenn die Landgemeinden zu staatlichen Agenturen degradiert worden wären, oder stellt sie sich ganz einfach blind gegenüber neueren Entwicklungen? Um diese widersprüchlichen Eindrücke zu klären, soll zunächst die dörfliche Gemeinde abseits der Verdichtungsräume betrachtet werden. Erst danach ist es möglich, auf die eingangs gestellte Frage einzugehen – wobei es allerdings notwendig sein wird, zwischen dem *Handlungs-* und *Entscheidungs*spielraum zu unterscheiden.

1. Die dörfliche Gemeinde abseits der Verdichtungsräume

Wer vom Dorf spricht, verbindet damit in der Regel die Vorstellung eines von der bäuerlichen Lebensweise beherrschten Ortes, dessen Gehöfte sich um Kirche, Schule und Rathaus scharen. Dieses politische Einheit und soziales Wirkungsfeld in Übereinstimmung bringende Dorf (wie überhaupt das ‚flache Land') wird dann als Gegenstück zur Stadt (und den urbanisierten Ballungsräumen) gesehen. Doch kann dieses noch aus der vorindustriellen Zeit stammende dichotomische Begriffspaar Dorf-Stadt der heutigen sozialen Wirklichkeit überhaupt noch gerecht werden?[1] Daran muß man zweifeln, wenn man übers Land fährt. Allein das *äußerliche Bild* unserer Dörfer hat sich augenfällig geändert. Um ihre alten, zuweilen stark sanierungsbedürftigen Ortskerne lagern sich Neubaugebiete, die nicht immer zu ihrem Vorteil die Bauweisen der Stadtrandsiedlungen kopieren. Von den Straßenschildern ist abzulesen, daß die charakteristische

1 Siehe u.a. *D. Kappe:* Der soziale Wandel des Dorfes, Opladen 1965, S. 10 ff. *H. Schwedt:* Das Dorf im Verstädterungsprozeß, in diesem Buch, S. 84 ff S. 116 ff.

Identität von sozialem Wirkungsfeld und politischer Einheit weithin verlorengegangen ist. Durch die *kommunale Gebietsreform* sind viele von ihnen in Großgemeinden zusammengeschlossen bzw. in benachbarte Städte eingegliedert worden. Die Ortsgemeinde wurde durch die Flächengemeinde ersetzt! Statistiken belehren uns zudem, daß sich die *Lebensgrundlage* der Dorfbewohner tiefgreifend geändert hat. Die Gemeindesoziologie unterscheidet daher zwischen Bauern-, Arbeiterbauern-, Arbeiter- und Gewerbegemeinden. Um allen Mißverständnissen aus dem Wege zu gehen, ziehe ich es daher vor, den nicht ganz emotionsfreien Begriff 'Dorf' durch den mir sachlicher bestimmten einer Landgemeinde zu ersetzen. Dieser hebt auf zweierlei ab: Einmal auf ihre Eigenschaft als Gebietskörperschaft, zum anderen auf ihre Lage abseits der Verdichtungsräume, d.h. einen Standort im ländlichen Raum.

Der ländliche Raum kann als Gegenteil vom *städtischen Ballungsraum* verstanden werden, d.h. im Unterschied zu diesem ist sein Pro-Kopf-Einkommen, sein Industriebesatz und seine Steuerkraft geringer. Der mit Hilfe dieser und anderer ähnlicher Kriterien abgesteckte ländliche Raum umfaßt rund 85% der Oberfläche der Bundesrepublik. Zu ihm gehören derart unterschiedlich strukturierte Bereiche wie das traditionelle Fremdenverkehrsgebiet Schwarzwald, das industrieschwache Ostfriesland oder die vom Verkehr schlecht erschlossene Oberpfalz. Die Raumplaner versuchen deshalb, den um gleichwertige Lebensverhältnisse in der Bundesrepublik bemühten Politikern zusätzliche Kriterien zur Verfügung zu stellen, die diese in den Stand versetzen sollen, für die verschiedenen Standortbedingungen angemessene Entwicklungsprogramme in die Wege zu leiten. Ausgehend von seinen unterschiedlichen Verflechtungsbedingungen kann z.B. der ländliche Raum *unterteilt* werden,[2] in

- Einzugsbereiche von Verdichtungsräumen und Großstädten, d.h. in Siedlungskerne von mehr als 150.000–200.000 Einwohnern, oder
- Einzugsbereiche von gehobenen Mittelzentren (Kernstadt und Nahbereich von etwa 30.000–40.000 Einwohnern), die gleichzeitig Mittelpunkt eines eigenständigen Arbeitsmarktes sind, oder
- Gebiete mit einem schwachen Mittelzentrum, d.h. mit weniger als 30.000 Einwohnern in Kernstadt und Nahbereich, und schwach ausgeprägten Arbeitsmarktbedingungen.

Da der Begriff ‚Ländlicher Raum' für eine differenzierte Betrachtung nicht ausreicht, sollte man ihn besser durch den der ‚Ländlichen Räume' ersetzen. Wie sich deren Verflechtungen politisch auswirken können, sei einmal kurz dargestellt. In den ländlichen Randzonen der Verdichtungsräume profitieren viele Gemeinden von der Stadtflucht. Dank ihrer durch Gewerbeansiedlung beträchtlich gestiegenen Steuereinnahmen sind sie in der Lage, auch kostspieligere Investitionsvorhaben, wie z.B. den Bau eines Hallenbades, zu verwirklichen. Es ist jedoch nicht zu übersehen, daß der auswärtige Zuzug auch die Gefahr einer Zersiedlung der Fluren mit

2 Entwicklung ländlicher Räume, Studien zur Kommunalpolitik, Konrad-Adenauer-Stiftung, Bonn 1974, S. IXX, Bd. 2

sich bringt, ganz abgesehen, daß diese Gemeinden ihre Individualität zu verlieren drohen. Ländliche Gemeinden in der Nähe von Mittelzentren sind ebenfalls nicht ganz frei von ähnlichen Erscheinungen, wenn sie auch eine größere Chance besitzen, ihre Individualität zu bewahren oder nach dem Eingriff der kommunalen Gebietsreform zurückzugewinnen. Ihre Zukunftsaussichten als Gewerbe- oder Wohngemeinden erscheinen nicht ungünstig, wenn sie es mit staatlicher Hilfe verstehen, ihre Infrastruktur zu urbanisieren. Hingegen konnte selbst das Einpumpen beträchtlicher Subventionen in Gebiete ohne ein gehobenes Mittelzentrum nicht verhindern, daß daraus aktive Bevölkerungselemente abwandern. Dieser Entleerungsprozeß der strukturschwachen Räume beschleunigt sich möglicherweise noch, wenn Regionalplanungen diesen nur Ausgleichsfunktionen, wie z.B. Erholung oder Wasserschutz, zuweisen.

Zu welchem Raum rechnet der von mir ins Auge gefaßte *Neckar-Odenwald-Kreis*? Der nur 130.000 Einwohner zählende Landkreis gehört zu den strukturschwachen Gebieten Baden-Württembergs: sein Pro-Kopf-Einkommen betrug 1973 nur DM 10.470,–.[3] Obwohl die Ballungsräume Unterer und Mittlerer Neckar auf seine an der Entwicklungsachse Heidelberg-Heilbronn gelegenen Neckartalgemeinden noch ausstrahlen, wird seine Struktur vor allem durch den relativ gewerbereichen Elzmündungsraum und das noch immer landwirtschaftlich geprägte Bauland bestimmt, in dem die Industrie erst nach dem 2. Weltkrieg Fuß fassen konnte. Da die Oberzentren Heidelberg und Heilbronn mit den öffentlichen Verkehrsmitteln bzw. dem Individualverkehr nicht leicht erreicht werden können, sind Bemühungen im Gange, die Kreisstadt Mosbach neben dem noch auszubauenden Mittelzentrum Buchen zu einem Mittelzentrum *„gehobener Art“* zu entwickeln. Davon versprechen sich manche Politiker kräftige Impulse für den umliegenden Raum, obwohl die Aufstockung der Bevölkerung Mosbachs von heute 25.000 auf vielleicht 40.000 oder 50.000 nur auf Kosten des flachen Landes geschehen könnte. Daß von einer solchen Gefahr nicht alle Kreisgemeinden gleichmäßig betroffen sind, zeigt ein Blick auf folgende drei – vor allem im Hinblick auf ihre unterschiedliche sozialstrukturelle Zusammensetzung – für eine eingehendere Betrachtung ausgewählte Gemeinden Neckargerach, Limbach und Ravenstein. Sie bilden nicht nur die Erfahrensbasis vorliegenden Berichts, sondern können auch dem Leser den *verschiedenen Charakter von Landgemeinden verdeutlichen.*

Das an der Entwicklungsachse Eberbach-Mosbach gelegene *Neckargerach* besitzt den Charakter einer Arbeiter-Wohn-Gemeinde.[4] Da fast die

3 Der Durchschnittswert betrug in Baden-Württemberg DM 14.020,–; s.a. das Land Baden-Württemberg, Bd. V, Reg. Bez. Karlsruhe, Stuttgart 1976, S. 234–325.

4 Am Beispiel von Neckargerach habe ich die Entscheidungsstrukturen und Partizipationsmöglichkeiten in Landgemeinden untersucht. S. auch meine Abhandlung: Lokalpolitik in einer Landgemeinde, in: Aus Politik und Zeitgeschichte, B 3/77, S. 21–39

Hälfte seiner Berufstätigen nach außerhalb pendeln muß, bemühte sich die Gemeinde um die Ansiedlung kleinerer Gewerbebetriebe. Allerdings ohne einen durchgreifenden Erfolg, da manche Niederlassungsbemühungen an dem Veto des Landes scheiterten, das Neckargerach als Naherholungsgebiet ausgewiesen hat. Als Ausgleich dafür gelang es der Gemeindeverwaltung – trotz der ungünstigen topographischen Lage – ausreichend Bauland zu erschließen, so daß mit einer geringen Bevölkerungszunahme der heute 2.400 Einwohner zählenden Gemeinde zu rechnen ist. Ihr Wohnwert soll durch den Fremdenverkehr zugute kommenden Einrichtungen – wie z.B. einem Freibad – noch verbessert werden. Obwohl die Eingemeindung des 400 Seelen-Dorfes Guttenbach einige Spannungen zur Folge hatte, dürften beide durch den Neckar getrennten Ortsteile nach Abschluß eines 8 Mill. DM kostenden Brückenbaues nicht nur verkehrsmäßig, sondern auch sozial einander näherrücken. Die Ortsidentifikation ist sowohl in Neckargerach als auch in dem eingemeindeten Guttenbach verhältnismäßig groß. Sie äußert sich auch in einem regen Vereinsleben und dem damit verbundenen vielfältigen Freizeitangebot. Der Gemeinderat setzt sich aus 7 CDU und 5 SPD-Mitgliedern zusammen.

Die erst durch die kommunale Gebietsreform entstandene Großgemeinde *Limbach* besteht aus 7 Teilorten mit insgesamt 4.400 Einwohnern. Für 2.100 Erwerbstätige stehen in der Gemeinde 1.700 Arbeitsplätze zur Verfügung. Während sich in den Ortsteilen Limbach-Krumbach ein gewerbliches Zentrum mit monoindustriellem Besatz (Beleuchtungskörper und Holzverarbeitung) herausbilden konnte, sind in den anderen Teilorten noch immer über 300 Arbeitskräfte in der Landwirtschaft tätig. Da diese jedoch auch hier noch weiter schrumpfen wird, soll durch den Ausbau des bereits recht lebhaften Fremdenverkehrs und die Ansiedlung weiterer Gewerbebetriebe das Arbeitsplatzangebot erweitert werden. Entsprechende Maßnahmen sieht auch ein langfristig angelegter Finanzierungs- und Investitionsplan vor, der bereits die Zustimmung des Gemeinderats (CDU = 11, FWV = 6, SPD = 1) erhalten hat. Dabei soll versucht werden, einen Ausgleich zwischen einer infrastrukturellen Schwerpunktbildung im Raum Limbach-Krumbach und den Wünschen bzw. Bedürfnissen der anderen, teilweise weit auseinanderliegenden und noch mehr landwirtschaftlich bestimmten Teilorte zu finden; so ist z.B. die gemeinsame Grundschule in Laudenbach errichtet und ausgebaut worden. Limbach wurde zwar dem Mittelzentrum Mosbach zugeordnet, möchte aber auch seine heute noch schwachen Verbindungen mit Buchen ausbauen.

Ebenfalls als neue Gemeinde stellt sich das 1971 als Vorwegnahme der Gemeindereform ins Leben gerufene *Ravenstein* vor. Seine 2.800 Einwohner verteilen sich auf folgende Teilorte: Ballenberg, Erlenbach, Hüngheim, Merchingen, Ober- und Unterwittstadt. In der noch immer stark bäuerlich geprägten Gemeinde sind über 30% aller Erwerbstätigen in der Landwirtschaft tätig. Da im Gemeindebereich selbst nur wenig gewerbliche Arbeitsplätze angeboten werden, müssen 35% aller Beschäftigten auspendeln. Während Neckargerach und Limbach zwischen 1871 und 1975 eine Bevölkerungszunahme von 88,4% bzw. 76,3% zu verzeichnen hatten, ging im gleichen Zeitraum im Gemeindegebiet Ravensteins die Einwohnerzahl um 22,4% zurück. Inzwischen hat sie sich fürs erste einigermaßen stabilisiert, wenngleich es der Gemeinde noch nicht gelungen ist, Gewerbebetriebe anzusiedeln. Trotz eines in den letzten Jahren ermöglichten Autobahnanschlusses werden diese Bemühungen auch durch die Regionalplanung erschwert, die Ravenstein außerhalb der Entwicklungsachsen beläßt. Am Einspruch des Regierungspräsidiums und des Naturschutzes scheiterte bislang die Absicht, auf der Gemarkung der Gemeinde eine Art von Feriendorf zu errichten. Bürgermeister und Gemeinderat (in dem übrigens keine Fraktionen bestehen) haben sich deshalb einmütig an den Petitionsausschuß des Landtages gewandt. Die Entwicklung von Ravenstein wird schließlich auch dadurch gehemmt, daß sein Mittelzentrum Buchen noch im Ausbau begriffen ist und selbst über keinen ausreichenden Gewerbebesatz verfügt.

2. Urbanisierung der Handlungsthemen

Vergilbte Gemeinderatsprotokolle bringen es an den Tag: Vor 50 oder 100 Jahren war der Umfang der in einer Landgemeinde zu entscheidenden Themen wesentlich geringer als heute. Er beschränkte sich in der Regel auf folgende Arbeitsfelder:

a) Überwachung der Dorfmoral,
b) Sicherung und Förderung der landwirtschaftlichen Produktionsbedingungen und
c) Verwaltung des Gemeindevermögens.

Zum Problemkreis a) gehörende Fragen haben in den heutigen Gemeinderatssitzungen einen Seltenheitswert erlangt. Nur gelegentlich kommt es noch einmal vor, daß sich ein Gemeinderatskollegium mit den Streichen der Jugend in einer Maiennacht oder der Rauflust der Burschen am Kirchweihfest beschäftigt. Früher war das anders. Zum Rollenverständnis der Gemeindeväter gehörte es auch, auf der Grundlage eines engmaschigen Normensystems den Lebenswandel ihrer Mitbürger zu überwachen. Dazu wurden sie aber auch aus ganz praktischen Überlegungen veranlaßt. Wenn ein Trunkenbold nicht mehr in der Lage war, für den Lebensunterhalt seiner Angehörigen aufzukommen, fielen diese der Gemeinde zur Last. Das mußte schwer auf ihr drücken, wenn das Steueraufkommen gering und das Gemeindevermögen bescheiden war. Die Geburt eines unehelichen Kindes stellte deshalb damals nicht nur ein moralisches Ärgernis, sondern auch ein lokalpolitisches Ereignis dar, denn es war nicht auszuschließen, daß die Gemeinde für dessen Aufbringung aufzukommen hatte. Diese unmittelbare Verantwortung für „Fehltritte" ihrer Bürger besteht jedoch nicht mehr, seitdem die soziale Fürsorge von der Gemeinde auf den Kreis übergegangen ist.

Das Arbeitsfeld b) „Sicherung und Förderung der landwirtschaftlichen Produktionsbedingungen" hat sich sowohl verändert als auch erweitert. Im „alten Dorf" lebte noch der überwiegende Teil der Bevölkerung von der Landwirtschaft. Sie lieferte das tägliche Brot! In der von Bauern beherrschten Dorfpolitik wurde es daher für selbstverständlich gehalten, das durch die Ablösung an den Grundherrn mit großen Opfern errungene Privateigentum an landwirtschaftlichen Produktionsmitteln zu sichern und dessen Nutzung zu erleichtern. Dem hatte auch das Arbeitsfeld c) „Gemeindevermögen" mit zu dienen. So überwachten die Gemeinden den Grundstücksverkehr, achteten auf Grenzsteindelikte und bestellten Feldhüter. Sie legten aber auch Wege an, bauten Kelter und hielten Zuchttiere. Die Gemeindeverwaltung stellte so etwas wie eine bäuerliche Komplementärinstitution dar.[5] Zwar werden diese Leistungen auch heute noch erbracht, doch hat ihr Stellenwert für eine von der Landwirtschaft nicht mehr so stark abhängige Bürgerschaft abgenommen. Ein Nebenerwerbslandwirt mag in manchen Fällen mehr als sein hauptberuflicher Kollege auf die kommunale Landwirtschaftsförderung angewiesen sein, gleichzeitig wird er aber auch ein ausreichendes gewerbliches Arbeitsplatzangebot für nötig halten. Die Wirtschaftsförderung der Landgemeinden muß sich daher heute auch auf die Ansiedlung von Gewerbebetrieben bzw. die Förderung des Fremdenverkehrs erstrecken.

Die Landgemeinden weisen in ihren Flächennutzungsplänen Gewerbegebiete aus. Bei dieser Absichtserklärung bleibt es jedoch nicht, sondern sie versuchen, diese auch zu erschließen. Damit konnten sie in Zeiten der Hochkonjunktur Arbeitskräfte suchende Unternehmen zur Niederlassung bewegen. Sie besaßen damals einen großen Standortvorteil: Arbeitskräftereservoirs, die in den Ballungsräumen nicht mehr zu finden waren. Das ist heute anders. Einmal sind die Unternehmer aufgrund der veränderten Arbeitsmarktlage wählerischer geworden. Sie ziehen es vor, sich an Orten mit einer bereits gut ausgebauten Infrastruktur und einem differenzierten Arbeitsmarkt niederzulassen. Zum anderen ist auch die Regionalplanung bemüht, die Gewerbeansiedlung auf wenige Standorte zu konzentrieren. In einer solchen Situation bietet sich der Fremdenverkehr als „Nothelfer" an. Neckargerach und Limbach haben deshalb ihre Anstrengungen erhöht, den Fremdenverkehr weiter zu entwickeln. Die Gemeindeverwaltungen sind sich dabei darüber im klaren, daß sie nur eine flankierende Hilfe geben können (Ausbau von Wanderwegen, Anschluß an überörtliche Verkehrseinrichtungen und finanzielle Zuwendungen an den Verkehrsverein). Über Erfolg und Mißerfolg des Fremdenverkehrs entscheidet letzthin die private Initiative! Selbst wo diese gegeben ist, stellt unter den besonderen klimatischen Bedingungen des Odenwalds – verhältnismäßig kurze Sommersaison – der Fremdenverkehr kein Allheilmittel zur Behandlung von Entwicklungsstörungen dar. Es kann aber helfen, zusätzliche Erwerbsmöglichkeiten zu erschließen und durch Verbesserung der Infrastruktur den Wohnwert der Gemeinden zu erhöhen.

Voraussetzung einer attraktiven Wohngemeinde ist ein ausreichendes Bauplatzangebot. Dieses sollte es zunächst den baulustigen Einheimi-

5 *A.K. Köttgen:* Der Strukturwandel des flachen Landes als Verwaltungsproblem, in: Archiv für Kommunalwissenschaften, Jg. 3/1964, S. 155–178

schen ermöglichen, Baugrundstücke zu annehmbaren Preisen zu erwerben. Erstellen diese erst mit der am Lande noch üblichen Hilfe der Verwandtschaft ein Eigenheim, so nehmen sie auch längere Anfahrten zu auswärtigen Arbeitsplätzen in Kauf und bleiben damit der Gemeinde als Einwohner erhalten. In Stadtnähe kann die Baulanderschließung sogar zum Zuzug von außerhalb führen. Zur Freude der Gemeindeväter entstehen dann Ortsrandsiedlungen, die die Einwohnerzahl des Kernortes übersteigen, wie dies u.a. in dem Neckargerach benachbarten Binau der Fall ist. Die oft beträchtlichen Erschließungskosten müssen zwar von der Gemeinde vorfinanziert, doch können sie durch Anliegerbeiträge wieder hereingebracht werden. Es verbleiben aber zusätzliche Erweiterungsinvestitionen für Gemeindeeinrichtungen wie Kindergärten und Schulen, die den Haushalt auf Jahre hinaus belasten. Sie begünstigen jedoch die Diversifizierung des Gemeindevermögens, in dem neben Grund- und Hausbesitz in immer größer werdendem Umfang Versorgungsanlagen wie Wasserwerke und Kläranlagen oder Sozial- und Freizeiteinrichtungen erscheinen. Deren Errichtung und Unterhaltung erfordert laufend neue Sach- und Personalentscheidungen, d.h. die Tagesordnungen der Gemeinderatssitzungen werden immer umfangreicher und vielseitiger. Die einzelnen Beratungspunkte gleichen sich denen der Städte an, so daß trotz der deutlich erkennbaren Unterschiede zwischen den einzelnen Landgemeinden dennoch ganz allgemein eine *Urbanisierung* ihrer Handlungsthemen festzustellen ist.

Urbanisierung ist nicht zu verwechseln mit *Urbanität*. E. Salin meinte, daß deren Maßstäbe bereits *Perikles* gesetzt hat, als er die Tugenden der Athener pries: Tätiger Bürgersinn, Liebe zum Schönen, ohne sich zu versteigen, Liebe zum Geistigen, ohne sich zu verweichlichen. Eine auf dieser klassischen Höhe gelebten Urbanität ist nur vorübergehend in der Geschichte der Städte anzutreffen, so etwa im Rom zur Zeit Ciceros oder der florentinischen Republik. Ein Hauch davon wird auch den deutschen Bürgerstädten des 19. Jahrhunderts Frankfurt, Köln oder Mannheim nachgesagt.[6] Die heutigen Landgemeinden träumen nicht einmal von einer solchen Urbanität. Ihnen geht es ganz einfach darum, die zivilisatorischen Annehmlichkeiten der Städte zu übernehmen. Die Verwirklichung dieses Ziels soll im folgenden unter Urbanisierung verstanden werden, obwohl zu berücksichtigen ist, daß von einem derartigen Prozeß auch das Normgefüge bzw. die Verhaltensweise ihrer Bürger nicht unberührt bleiben kann.[7] Altgewohntes verbindet sich mit Neuem. Solidarität wird z.B. noch immer großgeschrieben. Gleichzeitig sind jedoch auch hier im Fernsehzeitalter die Nachbarschaften auf Distanz gegangen. Die Bürger von Landgemeinden wurden zwar nicht zu Städtern, doch unterscheiden sie

6 *E. Salin:* Urbanität, in: Der Städtetag, 13/1960, S. 324
7 Zur Vielschichtigkeit des Begriffs „Urbanisierung", siehe auch den gleichnamigen Beitrag von A. Kaufmann, in: Materialien zur Siedlungssoziologie, Köln 1974, S. 275

sich in ihrem Lebensstil bzw. ihren Verhaltensweisen immer mehr von den Dörflern alten Schlages.

Ein *Grund* für diesen Urbanisierungsprozeß wurde bereits genannt: Damit soll die durch den Strukturwandel der Landwirtschaft hervorgerufene *Landflucht* aufgefangen werden. Ein anderer ist in dem durch Massenkommunikation und Mobilität *erhöhten Anspruchsniveau* der Bevölkerung von Landgemeinden zu suchen. Sie wünscht sich genauso wie in der Stadt Straßenbeleuchtungen, Kindergärten und Freibäder. Bürgermeister und Gemeinderäte greifen diese Wünsche auf, einmal um einer drohenden Landflucht vorzubeugen, zum anderen aber auch, um der eigenen Tüchtigkeit ein Denkmal zu setzen. Ihre Bemühungen überschneiden sich mit den Zielvorstellungen von Bund und Ländern, die dem Sozialstaatsprinzip verpflichtet, jedem Bürger in Stadt oder Land die Teilnahme am zivilisatorischen Fortschritt ermöglichen möchten.[8] Um auch in Landgemeinden die Voraussetzungen für stadtähnliche Versorgungsleistungen zu schaffen, sind sie zu finanziellen Zugeständnissen bereit. Das Ergebnis dieser Bemühungen kann sich sehen lassen. Das flache Land ist von einem Netz von Festhallen, Sportplätzen und Kläranlagen überzogen. Die von den Kommunisten geforderte Überwindung des Unterschieds zwischen Stadt und Land ist daher in der Bundesrepublik wesentlich weiter vorangeschritten als in den Ländern Osteuropas. So populär staatliche Zuschüsse für Hallenbäder oder Straßen auf dem Lande sind, so wenig erfreut sind allerdings die Bürger von Landgemeinden über die von „oben" verordneten Auflagen zum Bau von Kläranlagen oder den Entzug ihrer „Müllhoheit" durch Landesabfallgesetze. Beide sind jedoch auch Ausdruck eines umfassenden Urbanisierungsprozesses.

3. Finanzielle Außenabhängigkeit und Entscheidungsstruktur

Ein Blick in die Vergangenheit macht die gegenwärtige Situation verständlicher. Die „alte" Dorfgemeinde konnte ihre wenigen, bescheidenen Aufgaben noch mit eigenen Mitteln bewältigen. Wasser floß aus dem örtlichen Brunnen, Material für den Schulhausbau lieferte der Gemeindewald, Straßen- und Wegearbeiten verrichteten die zu Hand- und Spanndiensten herangezogenen Bürger. Und die unumgänglichen Schreibarbeiten besorgte der ehrenamtliche Bürgermeister in der guten Stube seines Hofes.[9] Eine solche selbstgenügende Gemeinde kam mit einem verhältnismäßig geringen Verwaltungs- und Vermögenshaushalt aus, dessen Ausgabenseite durch Steuern, Gebühren und Erlöse gedeckt wurde. Als Folge des Urbanisierungsprozesses sind jedoch die Landgemeinden defizitär geworden. Zwischen den nicht allzu sehr gestiegenen eigenen Einnahmen

8 *R. Bocklet:* Kommunale Selbstverwaltung und Gebietsreform-Verstärkung oder Minderung der Anteilnahme? in: R.A. Roth (Hrsg.) Freistaat Bayern, München 1975, S. 192

9 Entwicklung ländlicher Räume, a.a.O., S. 202

(u.a. aus Gewerbe- und Grundsteuern, Anliegerbeiträgen, Holzverkaufserlösen, Einkommensteueranteil) und den als notwendig empfundenen Millioneninvestitionen tut sich eine Lücke auf, die allein durch zweckgebundene Zuschüsse (Bund, Land, Kreis) zu schließen ist. Aus finanziellen Selbstversorgern sind staatliche (Teil-) Kostgänger geworden! Daran konnte auch die kommunale Gebietsreform wenig ändern, denn dem Zusammenschluß von Beihilfeempfängern folgt nicht Wohlhabenheit auf dem Fuße. Im Gegenteil, durch die Bildung von Großgemeinden wurde nicht nur die Verwaltungskraft gestärkt, sondern auch der Personalhaushalt belastet. Anstelle von ehren- und nebenamtlichen Kräften treten ausgebildete Fachbeamte, die auch entsprechend besoldet werden müssen. Das dehnt den Verwaltungshaushalt auf Kosten des Investitionsspielraums aus. Dabei sind noch nicht einmal die besonderen Bedingungen der ländlichen Räume berücksichtigt, wo Investitionen durch die Bevölkerungsstreuung verteuert werden können, wenn man z.B. an die Ausdehnung des Straßennetzes und die Länge der Versorgungsleitungen denkt. Der Bau von Entwässerungsanlagen (Kläranlagen) zeigt dies ebenfalls. Er bringt in den Landgemeinden unverhältnismäßig große Belastungen mit sich, so daß von deren politischen Vertretern Steuervergünstigungen für die Hauseigentümer und erhöhte staatliche Zuschüsse für die Gemeinden gefordert werden. Wollen diese gleichwertige Lebensverhältnisse auf dem Lande realisieren, sind sie mehr als die Gemeinden in Ballungsräumen oder in den Randzonen auf staatliche Subventionen in Form von frei einsetzbaren Schlüsselzuweisungen und zweckgebundenen Zuweisungen angewiesen. Wie stark die einkommensschwachen Landgemeinden mit dieser staatlichen Unterstützung rechnen (und rechnen müssen), beweist der Investitions- und Finanzierungsplan der Gemeinde Limbach. Die darin für den Zeitraum von 1974–1983 vorgesehenen Investitionen in Höhe von 20,2 Mill. DM sollen zu 46% in Form von Beihilfen (Bund, Land, Kreis) aufgebracht werden.[10] Andere Unterstützungsarten wie z.B. Kredite zu günstigen Bedingungen oder Zinszuschüsse sind dabei noch gar nicht berücksichtigt.[11] In welchem Umfang die Vermögenshaushalte der Gemeinden von zweckgebundenen Zuschüssen bestimmt werden, möchte ich im folgenden an Hand der Beispiele von Neckargerach, Limbach und Ravenstein für das Haushaltsjahr 1977 aufzeigen.

10 Gemeinde Limbach: Investitions- und Finanzierungsplan 1974–83

11 36 verschiedene Subventionsmöglichkeiten in Rheinland-Pfalz wurden aufgelistet von K. Fischer: ABC der Regionalplanung, Köln 1974,

Neckargerach	Gesamtkosten	Ansatz 1977	Zuschüsse	
Neckarbrückenbau	8.400.000 DM	4.000.000	Finanzausgleichsgesetz § 27	2.800.000
			Kreis	1.200.000
Gemeindesaal Guttenbach	150.000	60.000	Sportförderungsmittel	15.000
Gehwege	200.000	55.000	Finanzausgleichsgesetz § 27	22.000
Feldwegebau	68.000	68.000	Kombinierter Zuschuß EG, Bund, Land	42.000
Bahnüberführung	300.000	300.000	Gemeindeverkehrsfinanzierungsges.	255.000
Kläranlage	2.650.000	300.000	Infrastrukturprogramm Land	150.000
Waldsee-Anlage	35.000	35.000	Landesbeihilfe Erholungsmaßnahmen	16.000

Zieht man den aus dem Rahmen fallenden Brückenbau ab, entfallen von einem Vermögenshaushalt von 1,7 Mill. DM allein 0,5 Mill. DM auf zweckgebundene Zuschüsse.[12] Obwohl der Haushaltsplan immer nur Ausschnitt aus längerfristigen Planungen sein kann, soll danach gefragt werden, ob ähnliche Relationen auch in den beiden anderen Gemeinden bestehen.

Limbach	Gesamkosten	Ansatz 1977	Zuschüsse	
Stützpunktfeuerwehr -Funkausrüstung-	59.000	59.00	Landesprogramm Stützpunktfeuerwehren	36.000
			Kreis	11.200
Hauptschule Limbach	3.780.000	1.500.000	Schulhausbauprogramm Land	1.000.000
			Gemeindeausgleichsstock	150.000
Grundschule Laudenberg	350.000	117.840	Schulhausprogramm Land	117.840
Erholungseinrichtungen Limbach-Laudenberg	150.000	33.000	Landesbeihilfe Erholungsmaßnahmen	12.200
Freizeitanlage ehem. Bahnstraße	340.000	100.000	Landesbeihilfe Erholungsmaßnahmen	50.000
			Kreis	10.000
Ortsdurchfahrt	194.000	88.500	Finanzausgleichsgegesetz § 27	20.800
Straße Laudenberg	200.000	100.000	Gemeindeausgleichsstock	22.500
Kläranlage Limbach	1.300.000	150.000	Land (Wasserwirtschaft)	150.000

12 Im Vermögenshaushalt erscheinen u.a. auch Anliegerbeiträge zur Erschließung von Baugrundstücken.

Ravenstein	Gesamtkosten	Ansatz 1977	Zuschüsse	
Ortsdurchfahrt Unterwittstadt	80.000	14.300	Finanzausgleichsgesetz § 27	14.300
Leichenhalle Oberwittstadt	250.000	90.000	Gemeindeausgleichsstock	20.000
Feldwegebau Ballenberg	80.000	80.000	Kombinierte Zuschüsse EG, Bund, Land	44.000
Feldwegebau Merchingen	60.000	60.000	Land	31.000
Wasserhochbehälter Merchingen-Hüngheim	1.200.000	1.124.810	Land (Wasserwirtschaft)	411.000
			Gemeindeausgleichsstock	190.000
Sportplatz Oberwittstadt	56.350	2.000	Lotto-Toto	2.000

Diese Haushaltsauszüge vermitteln nicht nur einen Eindruck von der vielseitigen Investitionstätigkeit von Landgemeinden, sondern beweisen auch die starke Abhängigkeit ihrer Vermögenshaushalte von zweckgebundenen Zuschüssen. Bei einem Gesamtvolumen von 4.594.460 DM beträgt deren Anteil in der Gemeinde Limbach 1.622.000 DM. Ähnlich liegen die Verhältnisse in Ravenstein, wo bei einem Vermögenshaushalt von 2.122.960 DM ebenfalls ein Drittel der Ausgaben – 712.300 DM – durch Zuschüsse gedeckt wird.

Umfang und Bedeutung der zweckgebundenen staatlichen Zuwendungen für Infrastrukturmaßnahmen bleiben nicht ohne *Folgen für die lokalpolitische Entscheidungsstruktur.* Im „alten Dorf" konnte man noch davon ausgehen, daß sich die Entscheidungskompetenz einigermaßen gleichmäßig unter Bürgermeister und Gemeinderäte verteilte, war doch jeder von ihnen imstande, über Wegebau und Waldnutzung sachverständig mitzureden. Der Urbanisierungsprozeß bringt jedoch jetzt *Themen* in Gemeinderatssitzungen, die vielfach außerhalb des Erfahrungshorizonts und Sachverstands seiner ehrenamtlichen Mitglieder liegen. Vor allem sind die Gemeinderäte nicht mehr in der Lage, das für die Bezuschussungen so wichtige Feld der *Außenbeziehungen* zu überblicken. Je nach den Zielrichtungen der Bundes- und Landespolitik wechseln die Förderprogramme, d.h. die Gemeinden müssen ständig am Ball bleiben, um sich rechtzeitig auf neue Zuschußmöglichkeiten einzustellen. Diese Aufgabe ist ganz auf die Person des hauptamtlichen Bürgermeisters zugeschnitten. Als „Außenminister" seiner Gemeinde sucht er nach Subventionsmöglichkeiten und führt aufgrund von vorbereiteten „Schubkastenplänen" die erforderlichen Verhandlungen. Der damit verbundene Zeitaufwand ist beträchtlich, wenn man sich vorstellt, daß z.B. in Baden-Württemberg für den Bau von Kläranlagen folgende Förderungsmaßnahmen in Anspruch genommen werden können:

- Reguläres Förderungsprogramm des Landes
  abgestufte Finanzierung von 10–80%
- Sonderprogramm ländlicher Raum 1976–1980
- Arbeitsbeschaffungsprogramm des Bundes
- Neckarsanierungsprogramm des Landes
- Sonderprogramm zur Förderung von Regen- bzw. Regenüberlaufbekken

Diese Außenbeziehungen vergrößern das durch die Professionalisierung des Bürgermeisters bereits entstandene *Kompetenzgefälle.* Ein erheblicher Bürokratisierungsschub ging im übrigen auch von der kommunalen Gebietsreform aus. Leidtragende dieser Entwicklung sind die ehrenamtlichen Gemeinderäte. Da sie sich in den zusammengewürfelten neuen Großgemeinden kaum einen Gesamtüberblick verschaffen noch an den geschilderten Außenbeziehungen teilhaben können, ziehen sie sich auf die „Patronatsaufgaben" zurück, indem sie sich gerufen oder ungerufen der Anliegen einzelner Bevölkerungsteile (Ortschaften) annehmen. Wie in Bund und Ländern geht also die wachsende Bedeutung der Außenverflechtungen zu Lasten der Repräsentativversammlungen.

Dennoch wäre es verfrüht, daraus auf eine Angleichung der lokalpolitischen Entscheidungsstrukturen an die des gesamtstaatlichen Systems zu schließen.[13] Dessen Kennzeichen – u.a. Bürokratisierung, Parteienherrschaft und Interessenorganisation – sind zwar auch den Landgemeinden nicht mehr fremd, doch bleiben in diesen die noch aus dem ‚alten Dorf' stammenden Elemente des Konsenszwangs, der persönlichen Nähe und der Solidarität wirksam. Lokalpolitik in Landgemeinden ist z.B. auch heute noch stärker personen- als organisationsbezogen, obwohl sie inzwischen ebenfalls von den Parteien (Fraktionsbildung) mitgestaltet wird.

4. Handlungs- und Entscheidungsspielraum

Der *Handlungsspielraum* der Landgemeinden hat sich gegenüber der Zeit vor 25 Jahren ersichtlich *erweitert.* Er umfaßt heute u.a. folgende Dienstleistungen und Versorgungsaufgaben: Gemeindeplanung, Erschließung des Gemeindegebietes mit Straßen, Wasserversorgung, Kanalisierung und Kläranlagen, Wirtschaftsförderung, Schule und Freizeit (Sport) sowie soziale Einrichtungen. Gemeinderäte diskutieren deshalb heutzutage über die Anlage von Feldwegen ebenso wie über den Bau eines Freibads oder die Erschließung eines Gewerbegebietes. Die Gemeinden verdanken diese Erweiterung vor allem dem bereits geschilderten Urbanisationsdruck und den damit verbundenen zweckgebundenen Zuschüssen. Ihr vergrößerter Handlungsspielraum geht z.T. auch auf die kommunale Gebietsreform zurück, die Erwartungen erweckt und soziale Inhomogenität

13 Dazu auch *Th. Ellwein:* Das Regierungssystem der Bundesrepublik Deutschland, Opladen 1973, S. 57/58

verstärkt hat.[14] Während die lokalpolitisch in die Defensive gedrängten Landwirte nach wie vor eine Förderung ihrer Belange erwarten, rufen Pendler nach Baulanderschließung und Gewerbeansiedlung. Die dadurch hervorgerufenen *Interessengegensätze* werden allerdings in Landgemeinden vielfach durch soziale Interaktionen und Identifikationsprozesse verdeckt; auch bemühen sich Bürgermeister und Gemeinderäte, sie mit Hilfe eines allseitigen Interessenausgleichs erst gar nicht aufbrechen zu lassen. Eine solche Politik verlangt vor allem viel Kraft und Einfühlungsvermögen in den neugeschaffenen Großgemeinden, in denen sich Teilortpartikularismus mit sozialstruktureller Schwerpunktbildung verbindet.

Kehrseite des erweiterten Handlungsspielraums ist eine *Einschränkung der Entscheidungsfreiheit*. Um Straßen, Festhallen und Kläranlagen bauen zu können, brauchen die Gemeinden erhebliche Investitionsmittel, die ohne staatliche Hilfe nicht aufzubringen wären. Wer Geld gibt, möchte in der Regel auch mitreden. Das ist im öffentlichen Bereich nicht anders als im Privatleben. Die von zahllosen Gesetzen, engmaschigen Planungen und zweckgebundenen Zuschüssen abhängig gemachten Gemeinden sind daher nicht mehr Herr ihrer eigenen Entschlüsse. So werden Mittel aus dem Gemeindeausgleichsstock nur dann bewilligt, wenn die beantragende Gemeinde ihre Einnahmequellen voll ausgeschöpft hat, d.h., sie wird dadurch gezwungen, die Steuerhebesätze bzw. die Gebührensätze entsprechend zu erhöhen. Der Gemeinderat von Neckargerach mußte diesen Weg gehen. Der im Frühsommer 1977 vorgelegte Regionalplan Rhein-Neckar weist in der Gemeinde Limbach die Teilorte Scheringen und Wagenschwend als Dorferneuerungsstandorte unter der Bedingung aus, daß die bezuschußte Dorfsanierung mit einer Flurbereinigung zu koppeln ist. Wird sich der Limbacher Gemeinderat auf diese Bedingung einlassen? Andere Auflagen beziehen sich auf Größe und Ausführung der mit Hilfe von zweckgebundenen Zuschüssen zu errichtenden Anlagen wie Schulen, Sportstätten und Freibäder. Um Investitionsvorhaben in Angriff nehmen zu können, bleibt den kommunalen Entscheidungsträgern vielfach keine andere Wahl, als die gestellten Bedingungen zu akzeptieren.

Der Entscheidungsspielraum der Landgemeinden wird aber nicht nur durch die zweckgebundenen Zuschüsse, sondern auch durch Einzelgesetze (u.a. Abfallgesetze) und Planungen verschiedenster Art eingeengt. Gutgemeinte Verkehrs-, Krankenhaus-, Sportstätten- und Schulentwicklungspläne lassen die Kommunen nicht ungeschoren, gleichgültig, ob es sich um das Oberzentrum Mannheim oder das Kleinzentrum Limbach handelt. Da sie aber auf das zentralörtliche System der Landesplanung abgestimmt werden, wirken sie sich auf Landgemeinden anders aus als auf Groß- und Mittelstädte. Letztere können darauf vertrauen, als Ober- oder Mittelzentren Planungsschwerpunkte zu bilden. Nicht ganz so sicher dürfen hingegen die Landgemeinden sein. Da die knappen Mittel in der Fläche der ländlichen Räume an einigen Stellen konzentriert werden sollen,

14 *D. Jauch:* Auswirkungen der Verwaltungsreform in ländlichen Gemeinden, Stuttgart 1975, S. 23

müssen sich manche damit abfinden, außerhalb des zentralörtlichen Systems zu bleiben. Selbst wenn sie das begehrte Etikett Kleinzentrum erringen, haben sie damit – wie das Beispiel Ravenstein deutlich macht – noch keine Entwicklungsfreiheit erhalten. Der Regionalplan steckt für sie einen Rahmen ab, in dem er ihnen Funktionen als Gewerbe-, Agrar-, Wohn- oder Fremdenverkehrsgemeinde zuweist.[15]

Innerhalb dieses von außen gesetzten Rahmens können die Gemeinden noch eigene Entwicklungspläne aufstellen, wobei sie u.a. auch darüber zu entscheiden haben, ob sie ihre Infrastrukturprogramme mehr am Verwaltungssitz konzentrieren – wie es u.a. in Limbach vorgesehen ist – oder ob sie diese mehr – wie in der Gemeinde Ravenstein – auf die Teilorte verteilen. Ihrer Entscheidungsfreiheit sind allerdings auch hier durch die Regionalplanung Grenzen gesetzt, die die Bauleitplanung der Gemeinden von ihrer Zustimmung abhängig macht. Dies hat u.a. zur Folge, daß die Gemeinden nicht mehr nach eigenem Ermessen Gewerbegebiete in ihren Flächennutzungsplänen ausweisen können; auch soll die Erschließung weiterer Baugebiete durch die auf die bisherige Bevölkerungszahl bezogenen Richtwerte gesteuert werden. Noch sind diese Planungselemente mit den verschiedenen Zuschußprogrammen nicht völlig abgestimmt; doch sollten sie eines Tages mit diesen miteinander verzahnt sein, dürfte sich dies vor allem nachteilig für jene Gemeinden auswirken, die in den Regionalplänen zu den sogenannten „Verzichtgebieten" gerechnet werden. Ihnen mutet man zugunsten der zentralörtlichen Fördergemeinden einen Entwicklungsstillstand, wenn nicht gar Einbußen zu, so daß für sie nur die Hoffnung bleibt, eines Tages auch von den Entwicklungsimpulsen erreicht zu werden. Bis dahin müssen sie sich mit dem Rezept begnügen, die Qualität der bereits vorhandenen Wohnungen zu verbessern und den Ausbau von Zweitwohnungen zu fördern.

Der Entscheidungsspielraum mancher Landgemeinden hat aber noch aus einem anderen Grunde eine Einengung erfahren. In der sogenannten Freiwilligkeitsphase der kommunalen Gebietsreform überboten sich manche Bürgermeister darin, ihre noch abwartenden oder gar widerstrebenden Nachbarkollegen zum Abschluß eines Fusionsvertrages zu bewegen. Was ist damals nicht alles versprochen worden: Turnhallen, Festsäle, Kindergärten; selbst die Schule sollte im Dorfe bleiben. Solange die Steuereinnahmen sprudelten und Fusionsprämien winkten, schien es nicht weiter problematisch, diese Versprechungen einzulösen. Die Rezession hat aber auch hier manches erschwert. Sie führte zu einer finanziellen Engpaßsituation, in der die einmal gegebenen Zusagen nur unter Verzicht auf neue Projekte erfüllt werden können. Mit den Fusionsverträgen haben sich daher manche Landgemeinden auf Jahre hinaus selbst die Hände gebunden.

Der Bürger nimmt die den Entscheidungsspielraum seiner Gemeinde stark beschneidende Außenabhängigkeit nicht immer wahr. Zuweilen

15 *H. Thrum:* Hat das Dorf noch eine Zukunft?, in: Die Gemeinde, 4/1976, S. 70

wiegt er sich noch in dem Glauben, diese könne nach wie vor einen erheblichen Teil der gesellschaftlichen Umwelt eigenständig gestalten. Das scheint besonders in solchen Gemeinden wie Neckargerach noch der Fall zu sein, in denen soziales Interaktionsfeld und politische Einheit zusammenfallen. Wo beide nicht mehr deckungsgleich sind, kann die Erfahrung Außenabhängigkeit durch die Ergebnisse eines erweiterten Handlungsspielraums verdrängt oder auch bewußt in Kauf genommen werden. Auch in ländlichen Räumen fragt heute der Bürger weniger danach, wer etwas entscheidet als daß etwas getan wird. Output interessiert mehr als Input! Was geschieht jedoch, wenn eine Gemeinde diese Außenabhängigkeit nur negativ erfährt? Und was ereignet sich, wenn sich ein gesamter ländlicher Raum vernachlässigt fühlt? In beiden Fällen dürfte zunächst eine politische Mobilisierung die Folge sein. Sollte diese jedoch keine Korrekturen bewirken können, breitet sich wahrscheinlich Apathie unter den Bürgern aus.

In den Landgemeinden geht heute bürgerwirksame Daseinsvorsorge vor bürgerschaftliche Selbstverwaltung! Auf diese Prioritätensetzung ist es auch zurückzuführen, daß der „revolutionäre" Akt der kommunalen Gebietsreform fast widerstandslos hingenommen wurde. Dennoch wird damit das Problem des eingeschränkten Entscheidungsspielraums nicht einfach ad Acta gelegt. Die kommunale Selbstverwaltung rechtfertigt sich noch immer durch einen eigenen Gestaltungsspielraum. Hängt von diesem nicht auch zum Teil die Motivation für lokalpolitisches Handeln ab? Die Effizienz einer bürgernahen Selbstverwaltung beruht u.a. darauf, daß sie durch ausreichende Entscheidungskompetenzen den örtlichen Verhältnissen gerecht werden kann. Deshalb ist danach zu fragen, wie die Landgemeinden ein gewisses Maß an Entscheidungsspielraum zurückgewinnen können. Eine radikale Alternative zur bisherigen Finanzierungspraxis bestünde darin, alle zweckgebundenen Zuschußmittel dem kommunalen Finanzausgleich zuzuführen. Doch ist kaum anzunehmen, daß sich damit der Staat selbst der Möglichkeit beraubt, auf den Ausbau der kommunalen Infrastruktur steuernd einzuwirken. Ein anderer Vorschlag lautet daher, die Zuschußmittel in einem noch zu gründenden Sonderfond zusammenzufassen. Je nach der staatlichen Schwerpunktbildung könnten daraus Beihilfen für die antragstellenden Gemeinden gewährt werden, ohne daß diese gezwungen wären, wie bisher mit verschiedenen Stellen zeitraubende Verhandlungen zu führen. Es ließe sich auch vorstellen, diese Fonds mehr auf einer unteren Ebene wie dem Landkreis anzusiedeln, um eine größere Praxisnähe zu erreichen. Der Ressortegoismus ist jedoch eine ernstzunehmende Größe der Bundes- und Landespolitik![16] Ich zweifle daher daran, daß die einzelnen Ministerien jemals bereit sein werden, auf das auch optisch wirksame Steuerungsinstrument der zweckgebundenen Zuschüsse zu verzichten. Am realistischsten er-

16 s. auch *A. Katz:* Politische Verwaltungsführung in den Bundesländern, Berlin 1975, S. 206

scheint mir daher noch die Forderung, die Richtlinien beim Zuschußverfahren flexibler zu halten bzw. den Gemeinden einen größeren Spielraum bei der Entscheidungsumsetzung zuzugestehen.

Trivial? – Der Handlungsspielraum der heutigen Landgemeinden verdient dieses Attribut nicht. Es ist im Gegenteil zu beobachten, daß er sich als Folge des Urbanisierungsdruckes erweitert und an Bedeutung gewonnen hat. Dafür mußten jedoch die Landgemeinden eine Einengung ihres Entscheidungsspielraumes in Kauf nehmen, d.h. sie sind von Vorentscheidungen des Bundes, Landes und Kreises abhängiger geworden. Zentrallegislatorische Programmierung, Planhaftigkeit der Verwaltung und finanzielle Außenabhängigkeit beschneiden ihre Entscheidungsfreiheit. Dies gilt besonders für die einkommensschwachen Gemeinden in solchen ländlichen Räumen, die noch kein ausgebautes Mittelzentrum und nur schwache Arbeitsmarktverflechtungen besitzen. Daran konnte auch die durch die kommunale Gebietsreform zustandegekommene Bildung von ländlichen Großgemeinden wenig ändern. Muß man daraus schließen, daß die Verwirklichung von gleichwertigen Lebensverhältnissen auf dem flachen Lande nur auf Kosten des Prinzips der Selbstverwaltung möglich ist? Dies braucht jedoch nicht ohne weiteres der Fall zu sein, wenn die Landgemeinden, u.a. auch durch die Neuordnung des Zuschußwesens, größere Entscheidungsfreiräume erhalten bzw. im Wege eines Gegenstromverfahrens bereits an den sie betreffenden Entscheidungen beteiligt werden.[17]

17 Überlegungen dazu in *R. Voigt:* Kommunale Partizipation am staatlichen Entscheidungsprozeß, Würzburg 1976

Karl-Heinz Naßmacher / Wolfgang Rudzio

Das lokale Parteiensystem auf dem Lande

Dargestellt am Beispiel der Rekrutierung von Gemeinderäten[1]

Die Aufstellung von Kandidaten für den Gemeinderat ist ebenso eine wichtige Aufgabe lokaler Parteiorganisationen wie ein notwendiger Beitrag zur kommunalen Selbstverwaltung. Von daher liegt unser Thema im Schnittpunkt der von der Gemeindesoziologie und der empirischen Parteienforschung zu bearbeitenden Problemfelder. Wer allerdings von der verstärkten Hinwendung der Parteien zur Kommunalpolitik und der Sozialwissenschaft zur lokalen Politikforschung eine stärkere Beachtung dieses Gegenstandes erwartet hätte, wird enttäuscht.

Soweit die *Parteienforschung* lokale Parteiorganisationen überhaupt in ihre Arbeit einbezieht, begnügt sie sich meist mit einer eher deduktiven Ableitung von ersten Hypothesen oder einer gewissen Verallgemeinerung mehr zufälliger Beobachtungen. Arbeiten, die sich nicht diesen Kategorien zuordnen lassen, wählen als Untersuchungsobjekt einzelne Großstädte.[2] Lediglich ältere *gemeindesoziologische* Forschungen haben der sozialen Struktur und dem Rekrutierungsprozeß des politischen Personals im ländlichen Raum in Verbindung mit anderen Problemen Beachtung geschenkt. Bei diesen Studien liegt die Datenerhebung allerdings etwa ein bis zwei Jahrzehnte zurück, so daß eine Übertragung der Ergebnisse in die Gegenwart nicht ohne weitere Überprüfung zulässig erscheint.

1. Fragestellungen und Untersuchungsorte

Die Suche nach empirisch abgesicherten Aussagen zur Rekrutierung politischen Personals für lokale Vertretungskörperschaften im ländlichen

1 Die Daten für diese Arbeit wurden im Rahmen des Projekts „Sozialer und politischer Wandel in Oldenburg/Ostfriesland" an der Universität Oldenburg erhoben. Das Projekt wird gefördert mit Hilfe von Forschungsmitteln des Landes Niedersachsen.

2 So etwa *Renate Mayntz:* Parteigruppen in der Großstadt. Untersuchungen in einem Berliner Kreisverband der CDU, Köln 1959, insb. S. 64 ff.; *Karl-Heinz Naßmacher:* Funktionen politischen Personals in lokalen Vertretungskörperschaften (Kommunalparlamenten), in: ZParl, 1973, S. 550 ff.; *Jörg Ueltzhöffer:* Die kommunale Machtelite und der politische Willensbildungsprozeß in der Gemeinde, in: Kommunalpolitik, hrsg. v. Hans-Georg Wehling, Hamburg 1975, S. 95 ff., insb. S. 114–117; *Peter Seibt u.a.:* Kommunalpolitik konkret, Projekt an der Universität Bremen.

Raum kann deshalb in den Ergebnissen der älteren Gemeindeforschung ebenso wie in den Überlegungen der Parteiensoziologie nur Arbeitshypothesen sehen, die einer Überprüfung an neuem Datenmaterial bedürfen. Beim gegenwärtigen Stand unserer Arbeiten ist es noch nicht möglich, auf Ergebnisse einer flächendeckenden und damit in einem umfassenden Sinne *vergleichenden* Untersuchung zurückzugreifen. Immerhin weist T.N. Clark zu recht darauf hin, daß schon die Untersuchung weniger Gemeinden eine forschungstechnische Verbesserung gegenüber der einzelner Gemeinden darstelle; zur Entwicklung von gültigen Aussagen über komplexere Zusammenhänge sei jedoch eine quantitativ sehr viel breitere Grundlage erforderlich, für die allerdings „menschliche und finanzielle Ressourcen“ mobilisiert werden müßten.[3] Als erste Ergebnisse einer *Pilotstudie* werden hier Hypothesen aus der (im eingeschränkten Sinne) vergleichenden Untersuchung für die im nordwestlichen Niedersachsen gelegenen Gemeinden Cloppenburg und Westerstede formuliert.

Die untersuchten Orte sind in einigen Aspekten als weitgehend *homogen*, in anderen geradezu als *Gegensatzpaar* anzusehen. Beide erfüllen für die Versorgung des Kreisgebietes in hohem Maße *mittelzentrale* Funktionen. Auch die *Bevölkerungszahl* von 18.355 bzw. 16.537 deutet auf weitgehende Übereinstimmung der örtlichen Situation. Die unterschiedliche *Größe des Gemeindegebietes* (70,5 bzw. 179,2 qkm) und der deutliche Einpendlerüberschuß Cloppenburgs (sowohl bei den Berufs- als auch bei den Ausbildungspendlern) von insgesamt 1948 gegenüber 124 Personen weisen aber bereits auf beachtliche *Unterschiede* hin: Während Westerstede mit etwa 20 vom Ortskern räumlich abgetrennten Ortsteilen („Bauernschaften“) eine stärkere dezentrale *Siedlungsstruktur* aufweist und hinsichtlich der Dienstleistungsfunktionen in einer gewissen Konkurrenz zu seiner Nachbargemeinde Bad Zwischenahn steht, ist beides in Cloppenburg nicht der Fall. Dort wohnt in räumlich vom Ortskern abgetrennten Siedlungen nur etwa ein Achtel der Bevölkerung. Bei der Bevölkerungsgliederung nach *Wirtschaftsbereichen* (Vgl. dazu unten Tabelle 3) weist Westerstede mit 24,6% einen größeren Anteil der Landwirtschaft auf als Cloppenburg mit 8,4%.

Deutlicher allerdings ist der Unterschied in der *Konfessionsstruktur*: Während in Cloppenburg 8 von 10 Einwohnern der katholischen Konfession angehören, sind mehr als 9/10 der Einwohner Westerstedes evangelisch.[4] Dieser Gegensatz der Konfessionsstruktur findet seinen Niederschlag in unterschiedlichen *politischen Traditionen* der beiden Orte. In Übereinstimmung mit ihrem Umland repräsentieren beide Städte zwei der (insgesamt vier) für die Grundstruktur des deutschen Parteiensystems

3 *Terry N. Clark:* Community Structure, Decision-Making, Budget Expenditure, and Urban Renewal in 51 American Communities, in: Community Politics, hrsg. v. C.M. Bonjean, T.N. Clark, R.L. Lineberry, New York – London 1971, S. 294.

4 Vgl. Gemeindestatistik Niedersachsen 1970, Teil 2: Bevölkerung und Erwerbstätigkeit, Heft 8 (= Statistik von Niedersachsen, Bd. 193), hrsg. v. Niedersächsischen Landesverwaltungsamt, Hannover 1973, S. 12, 15, 17, 25.

Tab. 1: Ergebnisse der Bundes- und Landtagswahlen in Cloppenburg und Westerstede (in % der gültigen Stimmen)[1]

Ort	Wahl	Zentrum	CDU	FDP	DRP/NPD	BHE/GDP	SPD	Sonstige
Cloppenburg	LT 1947	11,53	66,85	4,75	0,0	0,0	15,62	1,25
"	BT 1949	21,65	46,14	2,37	3,83	7,50	17,22	1,29
"	LT 1951	26,06	37,26	2,65	10,19[2]	8,79	13,48	1,58
"	BT 1953	0,0	72,90	4,02	1,14	8,24	10,96	2,74
"	LT 1955	7,99	62,74	3,35	1,29	7,40	13,40	3,82
"	BT 1957	0,80	71,30	2,19	0,92	5,81	13,04	5,95
"	LT 1959	0,0	66,98	1,18	2,32	7,13	15,18	7,22
"	BT 1961	0,0	72,78	7,46	0,89	1,96	16,55	0,35
"	LT 1963	0,0	70,96	4,02	0,86	1,39	21,01	1,75
"	BT 1965	0,0	74,26	5,54	1,21	0,0	18,21	0,78
"	LT 1967	0,0	71,41	3,02	3,99	0,0	20,37	1,20
"	BT 1969	0,0	69,14	2,90	2,08	0,03	25,52	0,33
"	LT 1970	0,0	69,00	3,05	1,74	0,0	26,21	0,0
"	BT 1972	0,0	65,31	6,40	0,37	0,0	27,76	0,17
"	LT 1974	0,0	70,50	4,87	0,37	0,0	24,11	0,15
"	BT 1976	0,0	66,88	5,68	0,16	0,0	26,95	0,34
Westerstede	LT 1947	0,0	20,69	58,23	0,0	0,0	18,72	2,36
"	BT 1949	0,80	5,39	33,23	26,40	15,74	10,49	7,95
"	LT 1951	1,83	3,31	42,69	29,87[2]	12,81	8,52	0,97
"	BT 1953	0,0	22,79	42,87	9,39	10,43	9,43	5,09
"	LT 1955	0,19	11,81	47,90	13,39	14,28	9,67	2,77
"	BT 1957	0,03	29,55	24,43	5,16	7,43	12,06	21,35[3]
"	LT 1959	0,0	11,69	47,47	7,14	9,49	12,32	11,87
"	BT 1961	0,0	32,96	40,30	4,51	4,16	17,46	0,62
"	LT 1963	0,0	16,08	52,59	4,20	5,99	20,17	0,96
"	BT 1965	0,0	42,29	32,61	6,15	0,0	18,50	0,45
"	LT 1967	0,0	24,40	42,46	15,50	0,0	17,35	0,29
"	BT 1969	0,0	44,59	19,06	11,65	0,01	24,45	0,23
"	LT 1970	0,0	38,51	22,62	12,25	0,0	26,62	0,0
"	BT 1972	0,0	42,01	17,76	1,82	0,0	38,21	0,20
"	LT 1974	0,0	52,16	15,97	1,47	0,0	30,14	0,27
"	BT 1976	0,0	47,04	17,49	0,38	0,0	34,79	0,30

[1] Berechnungen im RZ der Universität Oldenburg. [2] einschließlich 8,84 bzw. 27,55% SRP. [3] davon 20,47% DP/FVP.

seit dem letzten Drittel des 19. Jhdts. kennzeichnenden regional und sozial segmentierten Subkulturen, das liberale und das katholische Milieu. Als *Milieu* wird hier in Anlehnung an Lepsius eine spezielle Zuordnung von Konfession, regionaler Tradition, ökonomischer Struktur und spezifischen Führungsschichten bezeichnet. Während das Zentrum nur der „politische Ausschuß der . . . katholischen Volksbewegung war“, beruhte der Liberalismus „auf dem lokalen Prestige einer vorindustriellen Schicht von Honoratioren“.[5]

Für unsere Überlegungen können wir davon ausgehen, daß die FDP nach dem Zweiten Weltkrieg die Milieupartei des – wie andere protestantisch-mittelständische Regionen – in der Weimarer Zeit vom Liberalismus zum Nationalsozialismus abgedrifteten Ammerlandes[6] war. So stellte sie etwa in allen Gemeinden (mit Ausnahme von Apen und Zwischenahn) 1946 die überwältigende Mehrheit der Gemeinderäte; bei der Landtagswahl 1951 war sie in allen Gemeinden des Kreises stärkste Partei. Diese Stellung hat die FDP zunächst recht lange bewahren können. So war sie zumindest in Westerstede bis weit in die sechziger Jahre bei fast allen Wahlen stärkste politische Kraft am Ort. Bei den Gemeinderatswahlen erzielte sie bis 1972 noch den höchsten Stimmenanteil.[7]

Im oldenburgischen Münsterland hatte die CDU (wie in anderen katholischen Landesteilen) bereits in der Mitte der fünfziger Jahre die Nachfolge des Zentrums als politische Organisation des katholischen Milieus angetreten und hat diese Stellung mit Stimmenanteilen in der Größenordnung von 63% (1955) bzw. 71% (1974) bis heute unangefochten behauptet. Während also die konfessionell verankerte Milieupartei CDU nahezu unverändert dominiert, ist bei der vorwiegend sozialstrukturell (protestantischer „alter Mittelstand“ im ländlichen Raum) erklärbaren Dominanz der FDP ein allmählicher Zerfall festzustellen (vgl. Tab. 1).

Für eine vergleichende Untersuchung des kommunalpolitischen Personals in zwei so unterschiedlich politisch-sozialen Milieus drängt sich das Problem auf, wie sich *Veränderungen in den Kommunikationsbeziehungen* auf die Rekrutierungsmuster im ländlichen Raum ausgewirkt haben. In diesem Zusammenhang stellen sich insbesondere zwei Fragen:

– Inwieweit wirken sich die durch *Massenmotorisierung* und allgemeine Verbreitung des *Fernsehens* vermittelten überörtlichen Kommunikationsbeziehungen und politischen Orientierungen auf die Auswahl kommunalpolitischen Personals aus?

5 *M. Rainer Lepsius:* Parteiensystem und Sozialstruktur, in: Die deutschen Parteien vor 1918, hrsg. v. Gerhard Albert Ritter, Köln 1973, S. 68, 71. – Für die Verhältnisse im ähnlich strukturierten Raum Heilbronn s. *Hans D. Klingemann:* Bestimmungsgründe der Wahlentscheidung, Meisenheim 1969, insb. S. 49–58.

6 Vgl. hierzu *Günther Franz:* Die politischen Wahlen in Niedersachsen 1867–1949, Bremen 1951, S. 262.

7 Bei der Bundestagswahl 1976 lag die FDP in Westerstede mit einem Zweitstimmanteil von 17,5% noch immer deutlich über ihrem Landes- und Bundesdurchschnitt.

– Kann die *territoriale Neuordnung* durch Aufhebung des unmittelbaren Zusammenhangs zwischen siedlungsgeographischem Lebensraum und öffentlich-rechtlicher Verwaltungseinheit zur Veränderung bestehender „Parochialitäten" im Sinne von räumlich abgegrenzten Bezugssystemen für politisches Handeln[8] beitragen?

2. Gesellschaftliche und politische Aktivität

Die Kandidatenaufstellung für die Wahl des Gemeinderats gilt in der Literatur übereinstimmend als wichtigste Aufgabe der lokalen Parteiorganisationen in der örtlichen Politik.[9] Ebenso übereinstimmend wird betont, daß dabei parteipolitischen Gesichtspunkten eine geringe (eigentlich zu vernachlässsigende) Bedeutung zukommt. Lehmbruch hat unlängst die Auffassung vertreten, in der Lokalpolitik der kleinen Gemeinden habe sich die im staatlichen Bereich zu konstatierende Ablösung der Politik vom bestehenden Sozialgefüge bislang nicht vollzogen.[10] Allerdings werde der Weg in den Gemeinderat auch nicht mehr (wie im Stadium der Honoratiorenpolitik) durch Besitz[11] und berufliche Stellung, sondern zunehmend durch Aktivitäten in lokalen Vereinen und Verbänden geebnet. Als *Kriterien für die Kandidatenaufstellung* im ländlichen Raum gelten

– die „Erfüllung öffentlicher Tugenden", wie Verantwortungsbewußtsein, freundliches Wesen, Einsatzbereitschaft und geordnetes Familienleben,
– die durch berufliche Tätigkeit oder ehrenamtliche Mitarbeit in Vereinen, Schulbeiräten und Kirchengemeinden (nicht jedoch in einer Parteiorganisation) nachgewiesene Amtskompetenz,
– der auf dem gleichen Wege oder durch Familienzugehörigkeit erlangte Bekanntheitsgrad.[12]

8 Vgl. *Karl Rohe:* Liberalismus und soziale Struktur, in: liberal, 1976, S. 48, 115.
9 Vgl. *Renate Mayntz:* Lokale Parteigruppen in der kleinen Gemeinde, in: ZfP, 1955, S. 69; *Heino Kaack:* Die Basis der Parteien, in: ZParl, 1971, S. 27 (bzw. Geschichte und Struktur des deutschen Parteiensystems, Opladen 1971, S. 473); *Gerhard Lehmbruch:* Der Januskopf der Ortsparteien, in: Der Bürger im Staat, Heft 1/1975, S. 5.
10 *Lehmbruch,* ebd., S. 4.
11 Die Bedeutung dieses Kriteriums betont *Ulrich Matthée:* Elitenbildung in der kommunalen Politik, phil. Diss. Kiel 1967, S. 102 ff.
12 *Herbert Schneider:* Lokalpolitik in einer Landgemeinde, in: aus politik und zeitgeschichte, B 3/1977, S. 27; anschaulich insb. *Albert Jakob:* Das Ende der Dorfpolitik, in: Der Bürger im Staat, Heft 1/1975, S. 26 f., 30 f. (wieder abgedruckt unter den Autorennamen *Utz Jeggle/Albert Ilien*, Die Dorfgemeinschaft als Not- und Terrorzusammenhang, in diesem Reader); vgl. auch *Renate Pflaum:* Politische Führung und politische Beteiligung als Ausdruck gemeindlicher Selbstgestaltung, in: Das Dorf im Spannungsfeld industrieller Entwicklung, hrsg. v. Gerhard Wurzbacher, Stuttgart 1954, S. 266 ff.

Kommunale Mandate sind hier nur ausnahmsweise Folge parteipolitischer Betätigung[13], überwiegend vielmehr *Ausfluß sozialer Aktivität* in anderen Bereichen. Nach Auflösung der traditionellen lokalen Eliten vermitteln die örtlichen Parteigruppen mit ihren Kandidatenlisten der neuen Elite der sozialaktiven Bürger „den Zugang zu den politischen Führungsstellen in der Gemeindepolitik".[14] Die uns vorliegenden Daten bieten keinen Anlaß, diese Thesen in Frage zu stellen. Gemeinderatskandidaten aller Parteien in beiden Städten haben führende Funktionen im lokalen Vereinswesen inne. So wurden in Westerstede 1976 allein sieben der insgesamt zehn Vorsitzenden von Ortsbürgervereinen in den Gemeinderat gewählt. In Cloppenburg entfallen auf die sechs Spitzenkandidaten der dominierenden Partei u.a. die Führung der beiden (in Außenbezirken) bestehenden Ortsbürgervereine, des (mitgliederstarken) Kneippvereins, des Liederkranzes, des Reit- und Fahrvereins, der Bildungsvereinigung „Arbeit und Leben" und ein Elternratsvorsitz.

„Es bewerben sich Kandidaten, . . ., die sich an führender Stelle für öffentliche Belange eingesetzt haben, sei es in den Sportvereinen, den Ortsbürgervereinen, den Elternräten der Schulen, den Heimatvereinen, im Jugendzentrum oder im Naturschutz".[15] Schon in der Weimarer Zeit traten die lokalen Parteigruppen „von sich aus an alle Personen heran, die als Sozialaktive besonderes Vertrauen in ihren Dörfern genossen".[16] Persönliche Aktivität, „Präsenz" in örtlichen Organisationen, Bekanntheitsgrad, Anerkennung in der Bevölkerung werden von den Vertretern der lokalen Parteien als wichtige Kriterien der Kandidatenaufstellung genannt. Dieser Zusammenhang erklärt auch die beiden folgenden, für den Außenstehenden zunächst überraschenden Erscheinungen.

Bei der Kandidatenaufstellung verfügen die lokalen Parteien nur über *beschränkte Auswahlmöglichkeiten.* So wurden 1976 im Durchschnitt mehr als 20% der Parteimiglieder (in einem Falle sogar ca. 45%!) als Kandidaten nominiert. Dennoch finden sich in den Reihen der Mitglieder nicht genügend „geeignete" Kandidaten. Deshalb nominieren die Parteien auch Bewerber, die bei ihnen nicht mitgearbeitet haben, die gerade erst Parteimitglieder geworden sind, ja sogar solche, die auch zum Zeitpunkt der Kandidatur noch nicht Mitglied „ihrer" Partei werden. So war etwa 1968 nur ein Drittel der FDP-Kandidaten in Westerstede Mitglied dieser Partei. Zwar waren 1976 von insgesamt 83 Kandidaten in Westerstede nur zwei nicht Parteimitglied, aber bei allen drei Parteien traten zwischen 20 und 90% der Erstkandidaten erst im Zusammenhang mit der Nominierung der betreffenden Partei bei. Im Gegensatz dazu waren schon 1968 in Cloppenburg alle Kandidaten Parteimitglieder. Aber selbst 1976 bestand

13 So erhalten etwa die örtlichen Parteivorsitzenden in beiden Städten aussichtsreiche Listenplätze unabhängig von ihrer Verankerung im lokalen Vereinswesen.

14 *Mayntz,* a.a.O., S. 69.

15 Wahlanzeige der F.D.P., in: Westersteder Umschau, 12. Jg., Oktober 1976, Ausg. 8.

16 *Mayntz,* a.a.O., S. 70.

ein Mangel an „geeigneten" Bewerbern: CDU und SPD nominierten jeweils einige Kandidaten, die erst in der Nominierungsphase Parteimitglied wurden. Bei der SPD gehörte dazu die Mehrheit der neugewählten Ratsherren.[17] Entgegen der für Großstädte weitgehend zutreffenden Vorstellung, daß man zunächst Parteimitglied wird, dann eine Parteifunktion übernimmt, um schließlich eines Tages für die Partei zu kandidieren, tritt diese Reihenfolge im ländlichen Raum völlig verändert auf: am Anfang steht die angetragene Kandidatur, dann folgt der Eintritt in die Partei und erst am Ende kann unter Umständen auch ein Parteiamt übernommen werden.

Das begrenzte Rekrutierungsfeld setzt zugleich die *Selektionsleistung der Parteien auf ein Minimum* herab. Bis auf marginale Fälle konnte in den von uns untersuchten Orten von einer Selektion der Kandidaten, bei welcher Interessierte keinen Platz auf der Gemeinderatsliste erhalten, nicht die Rede sein, wenn auch die mögliche Existenz nicht erkennbar Interessierter eine abschließende Feststellung erschwert. Die Parteien fassen die an einem Gemeinderatsmandat interessierten Sozialaktiven zu einer Vorschlagsliste zusammen, beschränken sich also auf die *Reihung* der Kandidaten. Doch auch diese bewirkt keine Selektion: nur ausnahmsweise verdanken Ratsmitglieder das Mandat (insgesamt 14 von 174 Mandaten) ihrem Listenplatz. Die eigentliche Selektion aber ergibt sich unter den Bedingungen eines *personalisierten Listenwahlverfahrens,* wie es das niedersächsische Kommunalwahlrecht im Untersuchungszeitraum (1968–1976) vorschrieb, aus dem Wählerverhalten. Jeder Wähler konnte seine Stimme entweder für die (unveränderte) Gesamtliste einer Partei (bzw. Wählergruppe) oder für *einen* einzelnen Kandidaten auf dieser Liste abgeben. Die Mandatszahl der einzelnen Wahlvorschläge ergab sich aus dem Verhältnis ihrer Stimmenanteile (Listenstimmen plus Personenstimmen); die personelle Besetzung der einer Partei danach zustehenden Mandate erfolgte im Verhältnis der jeweiligen Anteile an den Gesamtstimmen der betreffenden Partei aus der (unveränderten) Gesamtliste und aus einer nach der Zahl der für die einzelnen Bewerber abgegebenen persönlichen Stimmen gereihten „Liste der Einzelbewerber".

Ein solches Wahlverfahren gibt der Stimmabgabe (im Vergleich etwa zum hessischen oder nordrhein-westfälischen Kommunalwahlverfahren) eine zusätzliche Dimension: Auch tatsächlich beeinflussen die Wähler durch die ganz überwiegende Abgabe von persönlichen Stimmen nicht nur die Mandatszahl der einzelnen Parteien, sondern auch die Erfolgsaussichten der jeweiligen Kandidaten. Persönliche Stimmen bestätigen die gesellschaftliche Bedeutung einzelner Kandidaten und signalisieren anderen Kandidaten, daß diese ihre eigene gesellschaftliche Bedeutung überschätzt haben. Die einen bilden den Gemeinderat, etwa 3/4 der andern kandidieren nicht wieder: infolgedessen erreichten 1972 und 1976 insgesamt 77% der neugewählten Ratsmitglieder das Mandat bei ihrer ersten

17 Protokollierte Interviews mit örtlichen Spitzenkandidaten und Parteifunktionären im Herbst 1976.

Kandidatur. Eine „Ersitzung" von Ratsmandaten durch mehrfach erfolglose Kandidatur bei fortgesetzter parteipolitischer Aktivität gehört – wie in einer untersuchten Großstadt[18] – zu den Ausnahmeerscheinungen. Das örtliche Parteiensystem erscheint so lediglich als *politischer Ausdruck des sozialen Milieus.* Allerdings verdeckt dieser Gesamteindruck auch gewisse Diskrepanzen. So bleibt etwa die Frage offen, ob die Zuordnung einzelner Kandidaten zu bestimmten Parteien nur durch schlichten Zufall, „äußere, etwa wirtschaftliche oder verwandtschaftliche Gesichtspunkte"[19] oder persönliche Rivalitäten[20] beeinflußt wird.

In den untersuchten Orten zeigen sich auffallende *landsmannschaftliche Unterschiede* zwischen den Kandidaten der einzelnen Parteien (s. Tab. 2). Während die Milieuparteien – CDU in Cloppenburg, FDP in Westerstede – überwiegend „einheimische", d.h. in der betreffenden Gemeinde geborene Kandidaten, präsentieren, erweist sich die SPD durch die Geburtsorte ihrer Kandidaten in beiden Städten schwerpunktmäßig als „Zuwandererpartei"[21], wobei die „Fernwanderer" (mit Geburtsorten außerhalb der Region Weser-Ems) überwiegen. Die NPD ist in Westerstede auch in dieser Hinsicht deutlich „Milieupartei". Lediglich die Westersteder CDU weist zwei (völlig gleichgewichtige) Schwerpunkte bei den „Einheimischen" und bei den „Fernwanderern" auf, die wohl die Situation dieser Partei im örtlichen Parteiensystem widerspiegeln: ursprünglich als „Zuwandererpartei" entstanden, ist sie dabei, auch in Westerstede Repräsentantin des sozialen Milieus zu werden.[22] Indem sozialaktive „Zuwanderer" sich politisch außerhalb der jeweiligen „Milieupartei" organisieren, verleihen sie bisher vernachlässigten Interessen politischen Ausdruck und stellen damit auch Strukturen des sozialen Milieus, insbesondere seinen vermeintlich „unpolitischen" Charakter, in Frage. Politische Aktivität kann so zum *Vehikel sozialer Integration* werden.[23]

18 S.d. *Naßmacher,* a.a.O. (Anm. 2), S. 552, ff.

19 *Mayntz,* a.a.O., S. 70.

20 Vgl. *Matthée,* a.a.O., S. 66.

21 Für eine vergleichbare (wenn auch anders aufgewiesene) Situation der SPD in weiten Teilen Baden-Württembergs (und Bayerns) s. *Uli Maurer:* Sozialdemokratie in Süddeutschland – fremde Partei?, in: Die Neue Gesellschaft, 1977, S. 511 ff.

22 Eine andere Gemeinde, in der ebenfalls die SPD als Zuwandererpartei anzusehen ist, während CDU und FDP um die Rolle der Milieupartei ringen, untersucht *Pflaum,* a.a.O., insb. S. 253 f., 256, 270.

23 Ein ähnlicher Prozeß liegt der von *Robert A. Dahl:* Who governs? Democracy and Power in an American City, New Haven und London 1961, S. 32–51, beschriebenen Integration der irischen und italienischen Einwanderer in New Haven zugrunde.

3. Soziale Repräsentanz der kommunalpolitischen Elite

Die „landsmannschaftlichen" Unterschiede deuten bereits das Problem der sozialen Repräsentanz, die Frage nach den Auswirkungen der im *Milieu* angelegten spezifischen Interessen auf die Kommunalpolitik, an. Das Milieu beruht keineswegs auf einer weitgehenden Homogenität der gesellschaftlichen Interessenlage (insbesondere der Stellung im Produktionsprozeß). Die Statistik der sozialen Strukturmerkmale (insbesondere der Erwerbstätigkeit nach Stellung im Beruf und Zugehörigkeit zu bestimmten Wirtschaftsbereichen) zeigt für beide Orte eine gewisse Heterogenität der Bevölkerungsstruktur. Es fragt sich, ob diese Heterogenität ihren Niederschlag in der Zusammensetzung der kommunalen Vertretungskörperschaften[24] finden soll.

Träger solcher Bestrebungen könnten entweder die Parteien (bei der Kandidatenaufstellung) oder die Wähler (bei der Stimmabgabe) sein. Die *Parteien,* die sich nach inhaltlich weitgehend übereinstimmenden Aussagen ihrer örtlichen Funktionäre darum bemühen, daß „alle Bevölkerungskreise" unter ihren Kandidaten vertreten sind, scheinen soziale Repräsentanz anzustreben. In den untersuchten Orten gelingt ihnen dies – gemessen an den Kategorien der herkömmlichen Sozialstatistik – weder im Hinblick auf die beruflichen Statusgruppen noch bezüglich der verschiedenen Wirtschaftsbereiche (s. Tab. 3). Nahezu durchgängig sind eine Unterrepräsentanz der Arbeiter und des produzierenden Gewerbes, eine Überrepräsentanz der Selbständigen und Beamten der Landwirtschaft und des Dienstleistungsbereichs festzustellen. Wie der Vergleich zwischen angebotenen Kandidaten und gewählten Ratsmitgliedern zeigt, führt die Stimmabgabe nicht zu einer Annäherung an die in der örtlichen Bevölkerung vorhandene Verteilung sozial-statistischer Merkmale. Eine Korrektur, z.B. zugunsten der Arbeiter oder zu Lasten des Dienstleistungsbereichs, erfolgt nicht. Diese Tatsache erlaubt den Schluß, daß mit der Abgabe von Personenstimmen bei der Gemeinderatswahl eine Interessenvertretung durch Angehörige der gleichen sozialen Gruppe (Träger des gleichen sozialstatistischen Merkmals) überwiegend nicht intendiert ist.

Das Bemühen der Parteien um eine Streuung der Kandiaten nach sozialstatistischen Merkmalen mag durch Imagegesichtspunkte oder die spezifische Perzeption einer nach sozialen Gruppen segmentierten Öffentlichkeit, wie sie einem bestimmten Konzept von „Volkspartei" zugrundeliegt, beeinflußt sein. Zumindest in den untersuchten Fällen besteht dazu

24 Vgl. *Benita Luckmann:* Politik in einer deutschen Kleinstadt, Stuttgart 1970, S. 134, 142.

25 Voraussetzung dafür ist allerdings, daß das Wahlverfahren den Wählern die Möglichkeit bietet, durch ihre Stimmabgabe nicht nur die Zahl der auf einen Wahlvorschlag entfallenden Mandate, sondern auch deren Zuweisung an bestimmte Kandidaten zu beeinflussen. Dies ist in Niedersachsen (wie in Baden-Württemberg) der Fall. Vgl. §§ 30, 36, 37 NKWG i.d.F. v. 24. Januar 1972 (GVBl. 1972, S. 27).

Tab. 2: Geburtsorte der Ratskandidaten[1]
(Angaben in % der jeweiligen Kandidaten)

Ort	Partei	Wahl	Geburtsort gehört			liegt	absolute Zahl der Kandidaten
Ort	Partei	Wahl	zur Wohnsitzgemeinde	zur Nachbargemeinde	zum Bezirk Weser-Ems	außerhalb des Bezirks	
WST	NPD	72	80,0	0,0	20,0	0,0	5
		68	57,9	5,3	26,3	10,5	19
WST	FDP	72	66,6	4,2	25,0	4,2	24
		68	54,2	12,5	25,0	8,4	24
WST	CDU	72	36,7	10,0	16,6	36,7	30
		68	35,0	5,0	25,0	35,0	20
WST	SPD	72	16,0	16,0	28,0	40,0	25
		68	14,4	0,0	42,8	42,8	7
WST	insg.	68 + 72	43,6	8,4	24,7	23,3	154
CLP	CDU	72	52,6	13,2	15,8	18,4	38
		68	50,0	8,3	12,5	29,2	24
CLP	SPD	72	26,7	6,7	6,7	60,0	15
		68	25,0	12,5	12,5	50,0	8
CLP	NPD	72	0,0	0,0	0,0	0,0	0
		68	0,0	0,0	100,0	0,0	1
CLP	insg.	68 + 72	44,2	10,5	13,9	31,4	86

[1] Die Wahlvorschläge der Parteien für die Gemeinderatswahlen 1968 und 1972 sowie die detaillierten Wahlergebnisse der Gemeinderatswahlen 1968, 1972 und 1976 wurden uns freundlicherweise von den beiden Stadtverwaltungen zur Verfügung gestellt. Auch an dieser Stelle möchten wir den Herren Bruns (Westerstede) und Sande (Cloppenburg) herzlich für ihre bereitwillige Hilfe danken.

aber vom Wahlverhalten her kein Anlaß. Selbst das Bemühen der Parteien, durch Zuweisung günstiger Listenplätze auch politischen „Randgruppen" (wie Arbeitern und Frauen) eine Vertretung im Gemeinderat zu verschaffen, wird teilweise durch das „Hochwählen" von sozialaktiven Honoratioren konterkariert. Insoweit bringt das Milieu unter Ausnutzung des Wahlverfahrens mit Zustimmung der Bevölkerung die Parteien um den Erfolg ihrer ohnehin reduzierten Selektionsleistung.

Andererseits erbringt das *Milieu* im Hinblick auf die sozialstatistischen Merkmale der Kandidaten und Mandatsträger *eigene Selektionsleistungen,* die sich in krassen Unterschieden im Sozialprofil der einzelnen Parteien niederschlagen. Während bei den Milieuparteien durchgängig die Selbständigen mit 50–80% der jeweiligen Ratsmitglieder weiter dominieren, präsentieren „neue" Parteien wie die SPD in beiden Orten und die FDP in Cloppenburg vor allem Kandidaten aus dem Bereich der Angestellen und Beamten. Die Westersteder CDU zeigt auch hier einen Januskopf. Im Zusammenhang mit dem Auftreten der „neuen" Parteien verändern sich im Zeitablauf die Sozialprofile der Kandidaten und Mandatsträger in beiden Orten: gerade im Untersuchungszeitraum nimmt der Anteil der Selbständigen deutlich ab. Diese Entwicklung erscheint in Cloppenburg ebenso ausgeprägt wie in Westerstede, wenn man dort die Werte von 1964 einbezieht: damals stellten die Selbständigen 44,7% der Kandidaten und 63,3% der Ratsmitglieder. Zunehmend werden Angestellte (insbesondere in Cloppenburg) und Beamte (vor allem in Westerstede) als Kandidaten aufgestellt und in die Gemeinderäte gewählt.

Betrachtet man die *Anteile der Wirtschaftssektoren an der lokalen politischen Elite,* dann zeigt sich zwischen 1968 und 1976 ein deutlicher Rückgang der Bereiche Landwirtschaft bzw. Handel und Verkehr, verbunden mit einem dramatischen Anstieg des Dienstleistungsbereichs. Diese Entwicklung verläuft in Westerstede ausgeprägter, ist aber auch in Cloppenburg feststellbar. Eine Verschiebung in den lokalen politischen Eliten vollzieht sich in der gleichen Richtung wie entsprechende Prozesse in der Bevölkerungsstruktur, unterscheidet sich davon aber durch anfängliche Remanenzen und spätere Beschleunigung. Träger des Umschichtungsimpulses, der vor allem bisher unterrepräsentierten Gruppen zugutekommt, sind zunächst die jeweils am Ort neu hinzukommenden Parteien. Sie stoßen Verschiebungen an, die dann von den Milieuparteien übernommen werden, aber auch auf das Sozialprofil der „neuen" Parteien zurückwirken.

Insgesamt bewirkt der Prozeß jedoch keine spiegelbildliche Übereinstimmung der Sozialdaten von Bevölkerung und politischer Elite, sondern ein andersartiges Ungleichgewicht der sozialen Repräsentanz: überrepräsentiert sind nun Angestellte und Beamte bzw. der Dienstleistungsbereich. Damit verbindet sich ein starker Anstieg des auf den öffentlichen Dienst entfallenden Anteils an der lokalen politischen Elite. Dieser wächst in Westerstede von 21,1% der Ratsmitglieder auf 33,3%, in Cloppenburg von 23,8% (1968) auf 40,0% (1976). Diese Entwicklung deutet darauf hin, daß auch weiterhin die Stimmabgabe der Wähler bei Kommunalwahlen nicht vorrangig durch ein Interesse an sozialer Repräsentanz bestimmt wird.

4. Regionale Repräsentanz und segmentierte Öffentlichkeit

Bereits die erste Betrachtung der Kandidatenlisten läßt in beiden Gemeinden bei den fünf größeren Parteien das Bemühen erkennen, für siedlungsgeographisch voneinander getrennte *Ortsteile* jeweils mindestens einen eigenen Kandidaten anzubieten.[26] Dieser „Gebietsproporz" wird auch von den Vertretern der örtlichen Parteien als Kriterium der Kandidatenaufstellung selbst formuliert: „Man sucht nach Möglichkeit aus jeder Bauernschaft einen bekannten Mann (mit Vereinstätigkeit) . . .".[27] In Westerstede hat sich dafür z.T. sogar ein gewisses Ritual eingespielt: Im einzelnen Ortsteil findet im Rahmen des Ortsbürgervereins eine Art Vorwahl statt; der von den Einwohnern nominierte Kandidat des Ortsteils kandidiert dann auf einer Parteiliste seiner Wahl. Größere Ortsteile können sogar verschiedene Kandidaten auf den Parteilisten „unterbringen". Das Dorf zieht sich nur solange „in eine scheinbar unpolitische Privatheit zurück"[28], bis es darum geht, mindestens einen Dorfbewohner als „Botschafter" in die Gemeindevertretung zu entsenden.

Das gilt zunächst für alle siedlungsgeographisch voneinander getrennten Ortsteile mit deutlich ländlichem Charakter, setzt sich aber auch in den eher städtisch geprägten Siedlungskernen der beiden Großgemeinden fort. Bereits eine Globalbetrachtung bestätigt regionale Abdeckung als wichtigen Aspekt für die Kandidatenaufstellungsstrategie der Parteien: Ordnet man die Kandidaten der Parteien den Stimmbezirken zu, in denen sie wohnen, dann zeigt sich, daß in beiden Städten verhältnismäßig wenig Stimmbezirke nicht in dieser Weise von den einzelnen Parteien „bedient" werden.

Bezogen auf die Zahl der Wahlberechtigten ergibt sich für die beiden Milieuparteien im Zeitablauf sogar eine Steigerung des Kandidatenangebots: während die CDU in Cloppenburg 1968 71,6% der Wahlberechtigten einen Kandidaten aus der Nachbarschaft anbot, waren es 1972 bereits 80,1% und 1976 gar 84,9% der Wahlberechtigten. Die FDP in Westerstede benannte, bezogen auf das gesamte Gemeindegebiet, 1968 für 76,0% der Wahlberechtigten Kandidaten aus dem jeweiligen Ortsteil; 1972 wur-

26 Erste Einsichten zu diesem Zusammenhang ergaben sich im Arbeitsvorhaben „Wahlkampf und Wahlverhalten in der Kommunalwahl 1976" an der Universität Oldenburg, vgl. *Herbert Hagedorn:* Die Kandidatenaufstellung zur Stadtratswahl 1976 in Cloppenburg, S. 8 f., 11 f. und *Horst-Dieter Hinrichs:* Die Kandidatenaufstellung zur Gemeinderatswahl 1976 in Westerstede", S. 2–7, 12 (Wintersemester 1976/77).

27 Protokolliertes Interview mit einem örtlichen Spitzenkandidaten im Herbst 1976.

28 *Jakob*, a.a.O., S. 31 (vgl. Anm. 12); vgl. auch *Pflaum*, a.a.O., S. 238, 247.

Tab. 3: Sozialstruktur und politisches Personal

	Volkszählung 1970	Wahl 1968		Wahl 1972		Wahl 1976	
	1970	Kandidaten	Ratsmitglieder	Kandidaten	Ratsmitglieder	Kandidaten	Ratsmitglieder
1. Berufliche Statusgruppen[1]							
Westerstede:							
Selbständige u. Mith.	32,6	72,7	71,7	49,4	56,7	43,6	46,7
Beamte	7,2	13,6	14,3	29,9	30,0	33,3	33,3
Angestellte	23,2	10,6	14,3	11,7	10,0	20,5	16,7
Arbeiter	37,0	3,0	–	9,1	3,3	2,6	3,3
Erwerbstätigenanteil	63,1	94,3	100,0	91,7	90,9	94,0	90,9
Cloppenburg							
Selbständige u. Mith.	23,5	38,7	55,0	40,8	46,7	32,0	37,9
Beamte	10,7	19,4	20,0	16,3	16,7	22,0	17,2
Angestellte	32,0	29,0	20,0	30,6	26,7	44,0	41,4
Arbeiter	33,8	12,9	5,0	12,2	10,0	2,0	3,4
Erwerbstätigenanteil	59,7	93,9	95,2	92,5	90,9	87,7	87,9
2. Wirtschaftssektoren[2]							
Westerstede							
Land- u. Forstwirtschaft	24,6	43,8	42,9	31,1	26,7	21,9	20,0
Produzierendes Gewerbe	36,0	25,0	19,0	21,6	30,0	23,3	30,0
Handel u. Verkehr	16,9	10,9	14,3	8,1	6,7	8,2	3,3
Sonstiges/Dienstl.	22,5	20,3	23,8	39,2	36,7	46,6	46,7
Anteil der Eingeordneten	81,0	91,4	100,0	88,1	90,9	88,0	90,9
Cloppenburg							
Land- u. Forstwirtschaft	8,7	10,0	15,8	10,4	13,3	5,9	10,0
Produzierendes Gewerbe	40,0	33,3	15,8	31,3	30,0	19,6	23,3
Handel u. Verkehr	20,9	23,3	31,6	20,8	23,3	23,5	20,0
Sonstiges/Dienstl.	30,4	33,3	36,8	37,5	33,3	51,0	46,7
Anteil der Eingeordneten	81,3	90,9	90,5	90,6	90,9	89,5	90,9

[1] Angaben in Prozent der Erwerbstätigen bzw. erwerbstätigen Kandidaten oder Ratsherren; der prozentuale Anteil der Erwerbstätigen bezieht sich auf die über 18jährige Wohnbevölkerung bzw. die Gesamtheit der Kandidaten oder Ratsherren.

[2] Angaben in Prozent der Wohnbevölkerung (einschl. Ernährte) unter Ausschluß der von Rente, Pension oder Vermögen lebenden Personen bzw. in Prozent der zuordnungsfähigen Kandidaten/Ratsmitglieder.

den 79,0%, 1976 gar 94,1% der Wahlberechtigten in dieser Weise angesprochen.[29] Diese Steigerung des Kandidatenangebots läßt sich auch aus der Wettbewerbssituation der örtlichen Milieuparteien erklären: Je stärker sie Gefahr laufen, auch bei örtlichen Wahlen Stimmen an „neue" Parteien zu verlieren, um so perfekter gilt es, die Mobilisierungskraft ortsteilgebundener Kandidaten zu nutzen.

Das Prinzip regionalisierter Repräsentation kann sich gerade bei den beiden Milieuparteien so deutlich ausprägen, weil die Betonung des „unpolitischen" Charakters der Kommunalpolitik ihrem Politikverständnis entspricht. Von daher läge es nahe, von den neu hinzukommenden Parteien Impulse für eine anders geartete Interessenvertretung zu erwarten.[30] Das gilt insbesondere angesichts ihrer Impulse im Bereich der sozialen Repräsentanz. Tatsächlich ist aber bei den „neuen" Parteien eine – allerdings mit deutlichen Schwierigkeiten verbundene – Anpassung der Kandidatenaufstellung (und auch der Wahlkampfaktivitäten) an die Tradition der regionalen Segmentierung festzustellen. Trotzdem führt der Mangel an geeigneten Kandidaten bei den neuen Parteien dazu, daß sie räumliche Repräsentation nur ihm Rahmen ihrer Möglichkeiten anstreben können. Die CDU in Westerstede stellt in einigen Bauernschaften Westerstedes keine Kandidaten auf, die dortige SPD findet für weite Teile des Außenbereichs nur mit Mühe Kandidaten. In Cloppenburg kann die SPD im Außenbereich nur vereinzelt Kandidaten anbieten, die dortige FDP muß als ganz neue Partei mit insgesamt 6 Kandidaten (1976) schon rein quantitativ auf diese Form der Wähleransprache verzichten.

In welchem Ausmaß Parteien – unter den Wettbewerbsbedingungen personalisierter Listenwahlverfahren – gerade in dieser Hinsicht durch die Kandidatenaufstellung ihre Wahlchancen beeinflussen können, zeigt die bemerkenswert hohe Wählerreaktion auf ein regionalisiertes Kandidatenangebot. Obwohl Cloppenburg und Westerstede in den heutigen Gemeindegrenzen seit 1933 bestehen, führen auch heute noch siedlungsmäßige Distanzen zu politischen: primär werden die in den jeweiligen Ortsteilen wohnenden Kandidaten gewählt. So entfallen im Durchschnitt der ländlichen Stimmbezirke (Außenbereiche) Cloppenburgs 41,1% (1968), 62,1% (1972) bzw. 58,6% (1976), Westerstedes 52,8% (1968), 61,9% (1972) bzw. 62,9% (1976) *aller* abgegebenen gültigen Stimmen (einschließlich der Parteistimmen) auf die *persönlichen* Stimmen der dörflichen Kandidaten; „auswärtige" Kandidaten erreichen regelmäßig deutlich geringere Stimmenzahlen. Das trifft sogar für die beiden als sehr po-

29 Berücksichtigt man, daß in den Siedlungskernen die Abgrenzung der Stimmbezirke häufig nachbarschaftliche Zusammenhänge zerschneidet, dann ist zumindest in Cloppenburg der tatsächlich erreichte Grad der Abdeckung noch höher einzuschätzen.

30 *Luckmann* (a.a.O., S. 141) stellt die historisch entstandene ökologische Einheit und den Wandel der städtischen Gesellschaft als Grundlage zweier im Gemeinderat vertretener ideologischer Gundströmungen einander gegenüber, verzichtet allerdings darauf, diese konkreten Parteien zuzuordnen.

pulär geltenden Altbürgermeister zu, die als einzige Kandidaten mit beachtlicher Resonanz im gesamten Gemeindegebiet z.B. 1968 in ländlichen Stimmbezirken gegenüber den jeweiligen Lokalmatadoren bestenfalls das zweitbeste Ergebnis erzielen konnten.[31]

Tab. 4: Konzentration der Personenstimmen

Durchschnittlicher Anteil der von den einzelnen Kandidaten bereits in zwei Stimmbezirken erreichten Stimmen an ihrer jeweiligen Gesamtstimmenzahl (in Prozent).

	Westerstede Ortskern	Außenbereich	Cloppenburg Ortskern	Außenbereich
Wahl 1968				
FDP	44,4	84,7	–	–
CDU	47,1	74,4	36,0	54,4
SPD	41,6	91,2	26,1	39,3
NPD	59,3	90,9	18,0	–
Durchschnitt	47,5	84,5	33,2	49,4
Wahl 1972				
FDP	55,2	86,6	–	–
CDU	52,7	88,4	44,6	75,2
SPD	54,2	79,6	40,0	65,2
NPD	45,3	71,2	–	–
Durchschnitt	53,6	84,5	43,1	73,8
Wahl 1976				
FDP	61,8	86,8	34,7	–
CDU	45,0	81,1	49,0	66,3
SPD	47,9	80,3	34,0	54,5
Durchschnitt	51,6	83,5	43,0	63,6

Auch in den Siedlungskernen konzentrieren sich die Personenstimmen in erheblichem Maße auf Kandidaten aus der jeweiligen Nachbarschaft. Tab. 4 gibt an, wieviel Prozent ihrer persönlichen Stimmen die einzelnen Kandidaten durchschnittlich bereits in zwei Stimmbezirken erreichen. Dabei zeigen sich besonders die starke Konzentration der persönlichen Stimmen bei den Kandidaten der dörflichen Bauernschaften und ein charakteristischer Unterschied zwischen Milieuparteien und „neuen" Parteien am Ort. Diese Daten deuten darauf hin, daß das Wahlverhalten stärker

31 Nur diese Wahl fand ohne Wahlbezirke statt, so daß theoretisch alle Wahlberechtigten dem jeweiligen langjährigen Bürgermeister eine persönliche Stimme geben konnten. Von der im Text formulierten Regel wich jeweils ein Stimmbezirk ab.

an der Wahrnehmung raumbezogener Interessen als an der von sozialen Gruppen orientiert ist. Aus diesem Wahlverhalten resultieren aber zugleich geringere Wahlchancen für die im betreffenden Ortsteil nicht durch eigene Kandidaten vertretenen Parteien; eine Partei, die in dieser Hinsicht ein Monopol besitzt, erhält entsprechend mehr Stimmen. Bezeichnenderweise sind auch kommunale Wahlversammlungen zu sehr erheblichen Teilen nur auf einzelne Ortsteile und deren besondere Interessen bezogen.[32]

Insgesamt zeigen die Prozesse kommunaler Elitenrekrutierung, daß Zentralisierung von infrastrukturellen Einrichtungen, Massenmedien und Autoverkehr sowie die Infragestellung sozialer Milieus durch „Zuwandererparteien" überlokale Orientierungen bisher nicht haben dominant werden lassen. Bestehende Parochialitäten beziehen sich nicht auf die politische Gemeinde[33] als Organisationseinheit der kommunalen Selbstverwaltung, sondern vorrangig auf siedlungsgeographisch voneinander getrennte Teilorte. Die hier erkennbaren Verhältnisse legen die Vermutung nahe, daß die Bildung von Großgemeinden auch in Zukunft nicht zur Auflösung bestehender Parochialitäten führen wird. Den untersuchten Orten kommt hierfür besondere Beweiskraft zu, weil sie, wie andere Großgemeinden im ehemaligen Freistaat Oldenburg, in Gebietsstand und Verwaltungsstruktur durch die Neuordnungsmaßnahmen der sechziger und siebziger Jahre nicht berührt wurden. Nach über 40 Jahren verwaltungsmäßiger Einheit bestehen innerhalb der Gemeindegrenzen auch heute noch regional abgegrenzte Teilöffentlichkeiten, die mit den siedlungsgeographischen Einheiten deckungsgleich sind und bei der Auswahl des ehrenamtlichen kommunalpolitischen Personals durch Kandidatenaufstellung und Wahlvorgang ihren Niederschlag finden.

32 Noch nicht quantitativ ausgewertete Beobachtungen aller Wahlveranstaltungen im letzten Kommunal- und Bundestagswahlkampf (Cloppenburg und Westerstede im Herbst 1976).

33 Vgl. dazu die Gemeindebegriffe bei *Arno Klönne:* Zum Begriff und zur Realität von politischer Gemeinde, in: Gemeinde als Alibi, hrsg. v. Ralf Zoll, München 1972, S. 249 f.

Hans-Georg Wehling / Axel Werner

„Altes Dorf" und neue Siedlung

Konstanz und Wandel im politischen Prozeß der kleinen Gemeinde im Ballungsraum[1]

1. Sozialer Wandel und politischer Wandel

„Kleine Gemeinde in einem großstädtischen Ballungsraum zu sein, bedeutet vor allem: einem tiefgreifenden und schnellen sozialen Wandlungsprozeß unterworfen zu sein."[2] Für jeden äußerlich sichtbar wird dieser Wandel im veränderten *Ortsbild:* der alte bäuerliche Ortskern wird überlagert und verdeckt durch eine Fülle „städtischer" Mietshäuser, die Bungalows der Wohlhabenden und die „skyline" der Hochhäuser, die dem ehemaligen Bauerndorf das Aussehen einer Vorstadt geben. Sozial erfahrbar wird dieser Wandel im problematischen Zusammenleben der *verschiedenen Bevölkerungsgruppen,* vor allem der Einheimischen – die zu einer kleinen Minderheit geworden sind – und der neu Zugezogenen, wobei von einem „Zusammenleben" eigentlich nicht mehr gesprochen werden kann, sondern nur noch vom *Nebeneinanderherleben.* Ablesbar sind diese Erscheinungen am Rückgang von dorföffentlichen Veranstaltungen, an der Reduktion des Vereinslebens u.a. mehr.[3] Die große Zahl der *Außenbeziehungen* namentlich zur Kernstadt – zahlenmäßig überprüfbar in den Pendelbeziehungen: Berufs-, Ausbildungs-, Einkaufs-, ja selbst Freizeitpendeln – lassen es fragwüridg erscheinen, ob die *politisch-verwaltungsmäßig* selbständigen Gemeinden im Ballungsraum noch – im *soziologi-*

1 Dieser Beitrag beruht auf Erhebungen, die von den beiden Autoren im Rahmen ihrer Untersuchung über das Verhältnis verschiedener Herkunftsgruppen in Ballungsraumgemeinden gemacht wurden. Die Untersuchung wurde in Zusammenarbeit mit der Arbeitsgemeinschaft für Siedlungswesen Leonberg und im Auftrag des evangelischen Kirchenbezirks Leonberg durchgeführt. Ein Teil der Untersuchungsergebnisse wurde unter dem Titel „Kleine Gemeinde im Ballungsraum. Das Verhältnis verschiedener Bevölkerungsgruppen (Herkunftsgruppen) in schnell wachsenden Gemeinden" 1975 im Burckhardthaus-Verlag Gelnhausen – Berlin veröffentlicht. – Das Material für den hier vorgelegten Beitrag ist bislang unveröffentlicht. Die Hinweise auf die Situation nach der Gemeindereform beruhen auf Schlüsselpersonengesprächen, die Hans-Georg Wehling im Sommer 1977 geführt hat.

2 *Hans-Georg Wehling/Axel Werner,* Kleine Gemeinde im Ballungsraum, a.a.O., S. 19

3 Vgl. dazu den Beitrag von Herbert Schwedt, Das Dorf im Verstäderungsprozeß, und Hans-Georg Wehling/Axel Werner „Schlafgemeinden", beide abgedruckt in diesem Buch.

schen Sinne – als eigenständige Gemeinden anzusprechen sind: Die Frage stellt sich, ob die kleine Gemeinde im Ballungsraum mehr ist als eine neue Siedlung der Kernstadt.[4]

Soweit der *soziale Befund*. Entspricht dem auch der *politische* Befund? Zu definieren ist der politische Befund einmal als politische Verhaltensweisen, zum anderen als Ablauf politischer Prozesse. Zur Verschiedenheit oder zur Veränderung politischer Verhaltensweisen haben wir fast keine Daten erhoben.[5] Beobachtungen sprechen allerdings dafür, daß bei den Zugezogenen vorwiegend das Verhalten „urbaner Mittelschichten" anzutreffen ist, wobei die inhaltliche Bestimmung und Zuordnung dieses Begriffes wenig präzise ist (wenn damit mehr gemeint sein soll, als „sozialliberale" Stimmabgabe und berufliche Zugehörigkeit zum Dienstleistungssektor).

Vergleichsweise genaue Aussagen lassen sich über den politischen Prozeß in der Gemeinde machen, wenn damit der Bereich der Kommunalpolitik gemeint ist und wir uns dabei auf den Vorgang der Kandidatenaufstellung bei Gemeinderatswahlen beschränken können. Es geht also darum, zu fragen, ob die Kandidatenaufstellung zur Gemeinderatswahl in der kleinen Gemeinde im Ballungsraum anders abläuft als in der Stadt, ob es ein spezifisch „dörfliches" Ablaufmuster gibt. Da die untersuchten Gemeinden inzwischen „Opfer" der Gemeindereform geworden sind und nunmehr politisch-administrativ Bestandteile der nächsten größeren Stadt (nicht der Kernstadt!) geworden sind, wird weiter gefragt, ob und in welcher Weise sich dieses Muster geändert hat. Da ein solches spezifisches („dörfliches") Muster der Kandidatenaufstellung nachgewiesen werden kann, stellt sich schließlich die Frage, wie dieser Befund mit unserer Aussage zu vereinbaren ist, die kleine Gemeinde im Ballungsraum besitze – soziologisch gesehen – längst keine Eigenständigkeit mehr, sondern sei nichts weiter als eine neue Siedlung der Kernstadt.

2. Der Gemeinderat und das „alte" Dorf

Die Gemeinde, die wir uns hier exemplarisch vornehmen, hatte im Untersuchungszeitraum etwas über fünftausend Einwohner. Diese Einwoh-

4 Wehling/Werner, „Kleine Gemeinde ...", a.a.O., S. 99

5 Bei der Rerpäsentativbefragung lautete unsere Frage 82: „Welcher Meinung würden Sie zustimmen?
Meinung A: Parteien haben auf dem Rathaus nichts zu suchen, denn hier geht es um Sachfragen,
Meinung B: Ohne Parteien wird die Kommunalpolitik leicht zur Kirchturmspolitik"
Zur Meinung B tendierten vor allem Männer, die Jüngeren und die Einwohner mit geringerer Wohndauer. In der der Kernstadt sehr viel näheren Untersuchungsgemeinde stimmten 39% der Meinung B zu, in der anderen waren es 26% (die Zustimmung zu A war in beiden Gemeinden mit 44% bzw. 45% annähernd gleich groß, die Unterschiede kommen von den Unsicheren).

nerzahl ist das Ergebnis eines stürmischen Wachstumsprozesses innerhalb der letzten fünfzehn Jahre. Bis 1945 hatte der Ort fünfhundert Einwohner, nach dem Kriege kamen rund 270 Heimatvertriebene hinzu. Unter dem Druck der Neuzuziehenden aus dem Ballungsraum wuchsen Einheimische und Heimatvertriebene – trotz deutlicher jahrelang bestehender Spannungen – zu einer einzigen Bevölkerungsgruppe zusammen, die heute ein knappes Fünftel der Gesamtbevölkerung des Dorfes ausmacht.

Der letzte Gemeinderat des Dorfes vor der Eingemeindung in die Nachbarstadt umfaßte 12 Mitglieder. Davon sind zwei Heimatvertriebene und einer DDR-Flüchtling, nur ein Mitglied des Gemeinderats gehört der Gruppe der später Zugezogenen an. Von den drei Heimatvertriebenen (einschließlich DDR-Flüchtling) haben zwei in einen landwirtschaftlichen Betrieb des Dorfes eingeheiratet. Nur ein Gemeinderat ist katholisch (obwohl der ursprünglich rein evangelische Ort heute einen Katholikenanteil von 38% hat). Bis auf ein Mitglied des Gemeinderats sind alle Hausbesitzer, teilweise sind sie namhafte Grundbesitzer.

Die Sozialstruktur zeigt somit, daß der Gemeinderat das „alte" Dorf widerspiegelt, d.h. das Dorf vor dem Zuzug der „Städter". Ein Blick auf den jeweiligen Kirchengemeinderat zeigt, daß diese Aussage auch auf den evangelischen Kirchengemeinderat zutrifft. Die evangelische Kirche bleibt weitgehend die Kirche der Einheimischen, während die katholische Kirche – gemessen an der sozialen Zusammensetzung des Kirchengemeinderats – sehr viel besser der Struktur des Ortes entspricht (was ihr auch leichter fiel, da sie von Anfang an eine Kirche der „Neuankömmlinge" war).

3. Kandidatenaufstellung nach frühkonstitutionalistischem Muster

Die soziale und herkunftsmäßige Zusammensetzung des Gemeinderates ist Ergebnis der Kandidatenaufstellung, die nach dem Muster des Frühkonstitutionalismus des 19. Jahrhunderts abläuft. In der kleinen überschaubaren Gemeinde – die faktisch kleiner ist als die Einwohnerzahl absolut angibt, da ein Großteil der Neuzugezogenen sich nicht (oder noch nicht) zugehörig fühlt – macht man Kandidaturen unter sich aus ohne Einbeziehung der Öffentlichkeit. Parteien gibt es faktisch nicht, allenfalls Parteimitglieder. Die Kandidatenaufstellung liegt in den Händen von drei/vier einflußreichen Bürgern: ein alter wohlhabender Bauer aus alteingesessener angesehener Familie, der zu allen Zeiten – auch im Dritten Reich – von hohem Einfluß war; ein DDR-Flüchtling, Landwirt, der in einen stattlichen landwirtschaftlichen Betrieb eingeheiratet hat: klug, besonnen, ausgleichend, hilfsbereit, kirchlich, aktiv, über das Dorf hinausdenkend und in überlokalen Gremien engagiert; ein Heimatvertriebener der ersten Stunde, überall zupackend, mit scharfem Blick und rechnerischer Begabung; ein Notar, der in der Kernstadt seine Kanzlei hat; ein Hauptlehrer, der es vor allem mit der Jugend kann. Und natürlich hat der

Bürgermeister bei der Kandidatenaufstellung seine Hand im Spiel, indem er sagt, den oder jenen könnte oder sollte man nehmen . . .

Kandidaturen zum Gemeinderat entstehen durch Kooptation. Die bisherigen Gemeinderäte, die wieder kandidieren, fragen sich, wen man nehmen, an wen man herantreten sollte, um die Lücken zu schließen, die sich durch Tod oder altersbedingtes Ausscheiden ergeben haben, und um die Liste überhaupt zu füllen (schließlich kandidieren ja mehr als gewählt werden). Lücken entstehen auch, indem man in einer Art Selbstreinigungsprozeß jemanden ausschließt, der sich nicht mehr einfügte, der nicht integer ist, weil er Gemeinderatsmandat und Maklergeschäft – nach Meinung der anderen – allzu deutlich vermischt und weil er überhaupt menschlich unsympathisch und wenig beliebt ist.

Halten wir fest: Gemeinderatskandidaten werden von bisherigen Gemeinderäten kooptiert; Kandidaturen werden an einen herangetragen; man macht das „unter sich" aus, d.h. im Kreis der lokalen Honoratioren: größerer Bauern, angesehenen Familien, Handwerkern, Lehrern usf. Die Öffentlichkeit ist ausgeschaltet: Auf die Frage, warum man keine Wählerversammlung zur Listenaufstellung einberufen habe, antwortet man: „Da wäre doch keiner gekommen." So konnte man unter sich bleiben.

Kluge Dorfpolitiker müssen darauf achten, daß der Nominierungsvorgang offen genug ist, alle Prätendenten auf Listen unterzubringen. Dazu gehört ein guter Blick, politisch Begabte, Ehrgeizige, Angesehene und „Sozialaktive" rechtzeitig auszumachen. Versäumt man das, muß man mit Konkurrenz und dorfpolitischer Spaltung rechnen. So trägt man einem zugezogenen Ingenieur, der Mitglied des katholischen Kirchengemeinderats ist, die Kandidatur an, auch wenn der Listenführer nicht sonderlich gut auf Katholiken zu sprechen ist, und man holt sich die Frau des bekanntesten SPD-Mitglieds im Ort auf die Liste, auch wenn man nicht gerade SPD-freundlich eingestellt ist und die Betreffende sich nicht allzu gut in örtlichen Belangen auskennt. Im letztgenannten Fall antizipiert man zudem, daß heute auch die Frauen in der Politik ihr Recht verlangen (die genannte Frau wird denn auch auf Anhieb gewählt). In beiden Fällen hat die Überlegung eine Rolle gespielt, daß den Katholiken (vielleicht als CDU) und den Sozialdemokraten am ehesten die eigene Liste zugetraut werden kann (auch wenn die Zahl der im Ort bekannten SPD–Mitglieder – noch? – kaum ausreicht, eine eigene Liste zu füllen).

Bis dato gab es in dem Dorf bei Gemeinderatswahlen die traditionelle Einheitsliste, aus der die Wähler durch Wegstreichen und Stimmenhäufung die Mitglieder des Gemeinderats nach dem Mehrheitswahlrecht bestimmten. Diese Liste stellte keinen einigermaßen repräsentativen Bevölkerungsquerschnitt dar, sondern ein Arrangement der Ortshonoratioren, der Angesehenen und Erfolgreichen. Konkurrenzlisten aufzustellen (aus denen dann nach dem Verhältniswahlsystem – allerdings auch mit Panaschieren und Kumulieren – der neue Gemeinderat zu wählen gewesen wäre), galt als die Dorfharmonie störend und war von daher verpönt. Von anderen Dörfern wissen wir, daß dort existierende, organisatorisch funktionierende und miteinander in Konkurrenz stehende Parteien sich deshalb scheuten, den ersten Schritt zu tun und mit einer eigenen Liste herauszukommen. Das Odium, die Dorfgemeinschaft aufgekündigt zu haben, wollte keine Partei auf sich nehmen (anders war es dann, wenn eine Partei bereits den ersten Schritt getan hatte, dann folgte die nächste augenblicklich nach).

Wird ein Einflußreicher und „Sozialaktiver" ausgeschlossen – wie in dem geschilderten „Selbstreinigungsprozeß" geschehen – provoziert man damit allerdings die Konkurrenz mehrerer Listen (was man nicht bedacht hatte und hinterher auch als „Fehler" eingestand). Der Ausgeschlossene wird versuchen, eine eigene Liste aufzustellen. Im genannten Fall gelang das auch: der Ausgeschlossene konnte dafür sogar den Sohn des alteingesessenen alten Landwirts gewinnen, der auf diese Weise glaubte, aus dem Schatten des einflußreichen Vaters heraustreten zu können (der angesehene Familienname brachte denn auch der Liste etliche Stimmen). Die andere Seite machte jetzt zwei Listen auf, um die Vorteile des Verhältniswahlsystems (das bei mehr als einer Liste gilt) voll nutzen zu können. Die beiden Listenführer sprachen sich bei der Zusammenstellung der Kandidaturen ab; es kamen sogar „Abtretungen" vor, als die eine Liste nicht vollzuwerden drohte und der andere Listenführer zuviel Kandidaten hatte.

Die Kooptation, das Ausmachen unter sich, die vom Nominierungsprozeß ausgeschlossene Öffentlichkeit, das Erfassen aller „Sozialaktiven", Angesehenen und Einflußreichen (das notwendig ist, um die Dorfharmonie nicht zu zerbrechen) – das alles sind Merkmale des Nominierungsprozesses für die Kandidatur zum Gemeinderat. Die Einheitsliste ist sinnfälligster Ausdruck dieses Nominierungsmusters. Die Einheitsliste stellt das Arrangement der Dorfhonoratioren dar, das dann den Wählern zur „Punkteverteilung" (sprich: Wahl) vorgelegt wird. Dieses Muster zeigt, daß sich in der kleinen Gemeinde die Politik noch nicht vom etablierten Sozialgefüge abgelöst und verselbständigt hat: „Kommunale Ämter (werden) hier noch immer als ‚Ehrenämter' verstanden in dem ursprünglichen Sinne, daß sie die herausgehobene soziale Stellung unterstreichen, die . . . bestimmten Berufen und Häuptern angesehener Familien mit ererbtem Besitz – den ‚Honoratioren', also ‚besonders Geehrten' – zukam."[6]

Anzufügen bleibt, daß die Gemeinderatssitzungen entsprechend ablaufen: Man diskutiert offen, im Plenum, ohne Vorabsprachen in Fraktionen; das Gewicht der Person und des Arguments zählt, nicht die politische Gruppierung als Machtfaktor; es wird diskutiert, bis ein Einvernehmen hergestellt ist, das man gemeinsam der Öffentlichkeit „verkaufen" kann. Vorabsprachen und Vorklärungen finden zwischen Bürgermeister und den Einflußreichsten und Angesehensten der Einflußreichen und Angesehenen, den Meinungsführern also, statt. Politik wird so verstanden als

6 *Gerhard Lehmbruch,* Der Januskopf der Ortsparteien. Kommunalpolitik und das lokale Parteiensystem, in: Der Bürger im Staat, Jg. 25, 1975, H. 1, S. 3–8, hier S. 4

Ringen um die „sauberste" Lösung, der dann alle zustimmen können, als Harmonie, als im Grunde unpolitisch.

Gebunden ist Politik nach solchen Ablaufmustern an eine bestimmte Gemeindegröße, an Gemeinden, für die die Bezeichnung „überschaubar" noch zutrifft. Was ändert sich, wenn staatliche Gebietsreform Gemeinden dieser Größenordnung aufhebt, sie miteinander fusioniert oder – wie in unserem Fall – einer Nachbarstadt einverleibt?

4. Veränderungen im Gefolge der Gemeindereform

Unsere Beispielgemeinde ist seit 1.1.1975 – entgegen ihrem eigenen Willen[7] – Bestandteil der Nachbarstadt. Sie verhalf der Stadt damit über die wichtige 20.000-Einwohnergrenze.[8] Zwischen Stadt und neuem Stadtteil liegen rund 3 km unbebautes Land, auch zwei kleinere noch entferntere Gemeinden gehören nun zur Stadt. Die Hauptsatzung der Stadt legt fest, daß 15 der 32 Gemeinderatsmitglieder Vertreter der eingemeindeten, räumlich getrennten Ortsteile sind, die allerdings von der Gesamtbürgerschaft der Stadt zu wählen sind (sog. Unechte Teilortswahl).[9] 7 davon sind als Vertreter unserer Beispielgemeinde ausgewiesen; nominiert werden dürfen jeweils bis zu 11 Kandidaten.

Die erste Gemeinderatswahl in der neuen Stadt (die bislang auch die einzige ist) zeigte: Es gibt keine politisch ungebundenen Listen mehr, sondern nur noch Parteilisten (einschließlich der „Freien Wähler", die ja mit den „Unabhängigen" der kleinen Dörfer wenig mehr gemein haben).[10] Dem entspricht, daß der neue Gemeinderat sich in Fraktionen aufteilt, die vorberaten, ihre Haltung intern abstimmen, die ihre Fraktionssprecher in die Debatte schicken und geschlossen auftreten.

Die Aufstellung der Listen ist in die Hand von politischen Profis übergegangen, beispielhaft greifbar in der Person des CDU-Fraktionsvorsitzenden, der hauptberuflich Referent in der Landesgeschäftsstelle seiner Partei ist. Hiermit scheint sich *Lehmbruchs* These zu verifizieren, wonach die Ablösung der Politik vom etablierten Sozialgefüge, die Ausdifferenzierung eines eigenen politischen Bereichs, auch eine Frage der Gemeindegröße ist.[11]

7 Bei einer Bürgeranhörung entschieden sich 91% für die Beibehaltung der Selbständigkeit – allerdings betrug die Stimmbeteiligung nur 42%. Unserer Umfrage zufolge waren 48% für die Selbständigkeit, 32% für den Anschluß an die Stadt. – Vgl. Wehling/Werner, Kleine Gemeinde . . ., a.a.O., S. 74

8 Berechtigung für den angestrebten Rechtstitel „Große Kreisstadt", der der Stadtverwaltung Kompetenzen aus dem Zuständigkeitsbereich des Landratsamtes überträgt und dem Stadtoberhaupt den Titel „Oberbürgermeister" bringt. Zugleich erhofft sich die Stadt davon eine zusätzliche Absicherung gegen die Eingemeindungsgelüste der Kernstadt.

9 Vgl. § 27 GO von Baden-Württemberg i.d.F. vom 22.12.1975

10 Vgl. Lehmbruch, a.a.O., S. 6

11 Ebd. S. 4 f.

Allerdings muß auf die bisherigen Muster des Ablaufs politischer Prozesse in kleinen Gemeinden Rücksicht genommen werden. Man bemüht sich um die bislang in den Teilorten Einflußreichen, setzt bisherige Dorfgemeinderäte an die Spitze der jeweiligen Ortsliste und sichert ihnen zu, auch nach ihrer Wahl dürften sie parteilos bleiben. So wird im neuen Gemeinderat ein Parteiloser – eine Schlüsselfigur in unserer Beispielgemeinde, der besonders viel Stimmen gewinnen konnte – sogar stellvertretender Vorsitzender der CDU-Fraktion.

Doch die Rücksichtnahme auf die bisherigen Muster geht von den Partei- und Fraktionsvorsitzenden der Stadt aus, ist Teil einer klugen Taktik. Allenfalls werden angesehene Männer im Dorf eingeschaltet, als Mittelsmänner. Daß aber jetzt neue Muster gelten, wird in dem Bemühen erkennbar, die Liste insgesamt repräsentativer zu gestalten, bei der CDU deutlich ablesbar am Konfessionsproporz (ein Manko – wie wir sahen – bei den „alten" Listen in der Beispielgemeinde).

Die Wähler sind noch die alten Muster gewöhnt und verhalten sich entsprechend: Sie picken bei der Wahl die parteilosen Honoratioren von ehedem heraus und lassen die zugezogenen und in der örtlichen Sozialstruktur noch nicht verorteten oder nicht besonders angesehenen Parteimitglieder beiseite.

Ist ein solches Verhalten ein Nachklang einer vergangenen Zeit? Kann es nur noch weiterleben, weil auch in der Klein- (und Mittel-)stadt die Politik sich noch nicht völlig vom etablierten Sozialgefüge gelöst hat?

5. Die lokalpolitische Abstinenz der Gruppe der Zugezogenen

Erstaunlich ist – auf den ersten Blick zumindest –, daß auch in der kleinen Gemeinde, die Teil eines Ballungsraumes ist, die alten Verlaufsmuster politischer Prozesse gelten; vermutlich nicht viel anders als in Dörfern abseits der Verdichtungsräume. Selbst die Eingemeindung in eine Stadt vermag das – zunächst wenigstens – nicht völlig zu ändern. Wie verträgt sich das mit der Deutung der kleinen Gemeinde im Ballungsraum als neue Siedlung der Kernstadt? Eine Deutung vermag zunächst die Größendimension („überschaubar") anzubieten: Mag die kleine Gemeinde auch *faktisch* – im Sinne der funktionalen Integration[12] – Bestandteil des Ballungsraums sein und keine Eigenständigkeit in diesem Sinne mehr besitzen, (kommunal-)*politisch* sind die Handlungsgrenzen mit den administrativen Gemeindegrenzen identisch.

Hinzu kommt, daß die politischen Ablaufmuster nicht deutlich getrennt sind, sondern ineinander überlaufen: auch in der Klein- und sogar der Mittelstadt haben sich bedeutende Reste der alten Ablaufmuster bewahrt.

12 Zum Begriff „Integration" vgl. unseren Beitrag „Schlafgemeinden" in diesem Buch S. 103 u. 105

Entscheidend jedoch ist, daß gerade der Charakter der kleinen Gemeinde im Ballungsraum als neue Siedlung der Kernstadt das Fortleben überkommener dörflicher politischer Ablaufmuster erlaubt. Gerade weil die Gruppe der Zugezogenen, die die große Mehrheit der Einwohner stellt, nicht in die Wohngemeinde integriert ist, sondern an der Kernstadt orientiert bleibt, können die alten politischen Ablaufmuster überleben. Die Ausrichtung an der Großstadt und die vorzugsweise Nutzung des Wohnortes als Schlafstatt führt dazu, daß man sich um das Dorf nicht kümmert und die Lokalpolitik den Alteingesessenen, die längst zur Minderheit geworden sind, überläßt.

Die Analyse politischer Ablaufmuster, exemplarisch durchgeführt an der Nominierung von Gemeinderatskandidaten, bestätigt somit die These, daß kleine Gemeinden im Ballungsraum letztlich nichts weiter sind als neue Siedlungen der Kernstadt.

Roland Hahn / Rosemarie Wehling / Hans-Georg Wehling

Das Postulat nach der Gleichwertigkeit der Lebensverhältnisse

Hinweise zur Analyse von Stadt-Land-Disparitäten im Unterricht

I. Zielsetzung

Die Lebensverhältnisse in Stadt und Land sind ungleich. Diese Erfahrung ist dem Schüler unmittelbar zugänglich. Ein langer Schulweg, beschränkte Einkaufsmöglichkeiten am Ort, ein geringes Angebot an Freizeit- und Vergnügungsstätten, schließlich ein schmales, nur wenig Auswahl bietendes Angebot an Ausbildungs- und Arbeitsplätzen lassen ihm das Land gegenüber dem Ballungsraum als benachteiligt erscheinen. Er weiß aber auch die augenfälligen Vorzüge des ländlichen Raums im Vergleich zum Ballungsraum zu schätzen: der größere Freiraum, die vielfältigeren Spielmöglichkeiten, die geringere Verkehrsgefährdung, die geringere Umweltbelastung.

Die Konzeption einer Unterrichtseinheit über die Probleme des ländlichen Raumes kann folglich an diese unmittelbare Erfahrung anknüpfen: sie geht von der didaktischen Kategorie der *Betroffenheit* aus. Vor dem Hintergrund der Durchschnittswerte für das Bundesgebiet und das jeweilige Bundesland und im Vergleich mit Werten ausgewählter *Vergleichsräume* (etwa der nächstgelegenen Großstadt) soll versucht werden, die unterschiedlichen Lebensverhältnisse zu erkunden. Diese Erkundung geschieht im Hinblick auf das vom Grundgesetz abgeleitete Postulat nach der Gleichheit der Lebenschancen.

Dieser Ansatz hat bestimmte Konsequenzen für die Zielsetzung des Unterrichts und die Unterrichtsorganisation. Wenn die Schüler die Entleerung des ländlichen Raums, die Minderausstatttung mit Infrastruktur feststellen, die das Land im Vergleich zum Ballungsraum als unterversorgt und benachteiligt erscheinen lassen, dann sollte das nicht die Resignation verstärken oder die Bereitschaft zur Abwanderung fördern, sondern es soll Antrieb liefern, um konkrete Handlungsstrategien zu entwikkeln, Motivation für Aktivitäten, die Benachteiligung vermindern zu helfen. Dabei wird man sich immer vor Augen halten müssen, daß eine *völlige* Angleichung der Lebensverhältnisse nicht zu erreichen und wohl auch nicht erstrebenswertes Ziel sein kann. Denn der „Preis" für das umfangreiche Angebot an Gütern, Dienstleistungen und Arbeitsplätzen im Ballungsraum sind Knappheit an Raum, Verkehrs- und Umweltbelastung. Es geht also nicht um eine schematische „Egalisierung", sondern um eine ausgeglichene Bilanz von Vor- und Nachteilen auf beiden Seiten – weshalb manche lieber von der Gleichwertigkeit als von der Gleichheit der Lebensverhältnisse sprechen.

Der Unterricht darf folglich nicht bei der Erkundung und Analyse der Probleme stehenbleiben, sondern analysiert werden soll im Hinblick auf mögliche *Alternativen* und *Veränderungen.* So sollen die Schüler auch die sozialen und politischen Institutionen kennenlernen, die bislang die Interessen des ländlichen Raums artikulierten und über ihn entscheiden, und zwar unter dem Gesichtspunkt, ob hier nicht institutionelle und inhaltliche Korrekturen vorgenommen werden müßten. Die Erkundung – die Beschaffung von handfesten Daten und Informationen – soll dabei die Fertigkeiten der Interessenwahrnehmung und Artikulation vermitteln: Die Schüler sollen lernen, wie man sich zur Interessenwahrnehmung „harte" Daten beschafft und sie zu Argumentationszwecken einsetzt.

Diese handlungsorientierte Zielsetzung erfordert die Beschäftigung mit einem *konkreten* ländlichen Raum: Die Schüler sollen die Probleme des Raumes, in dem sie leben, die Probleme *ihrer* eigenen räumlichen und sozialen Umwelt, kennen und einordnen, ihre spezifische Lebenssituation einschätzen lernen. Die vorliegende Unterrichtskonzeption liefert folglich keine Materialien für eine *allgemeine* Beschäftigung mit dem Problem des ländlichen Raums generell, sondern will Hilfen und Hinweise geben, wie die jeweiligen *spezifischen* Situationen und Probleme aufzufinden sind, wie die Lebenssituation im jeweiligen Raum im *Vergleich* mit der übrigen Bundesrepublik einzuschätzen und zu bewerten ist.

Konzipiert ist diese Unterrichtseinheit für Schüler aus dem ländlichen Raum[1] (dabei bleiben die herkömmlichen Ortsklassifizierungen wie „Dorf" oder „Stadt" außer Betracht). Möglich erscheint ein solches Vorhaben schon zum Ende der Sekundarstufe I im Gymnasium, in den Abschlußklassen von Hauptschule und Realschule, sowie in Berufs- und Berufsfachschulen. Diese Konzeption könnte aber auch in der *außerschulischen Bildungsarbeit* und in der *Erwachsenenbildung* auf dem Lande verwendet werden: in Volkshochschulen und besonders in Kursen der ländlichen Heimvolkshochschulen.

Geht man von der herkömmlichen schulischen Fächereinteilung aus, dann wäre diese Unterrichtseinheit in Erdkunde- und Sozialkundeunterricht anzusiedeln.

Die Zielsetzung der Problemanalyse und Interessenwahrnehmung erfordert in starkem Maße das Erlernen und Üben von *operationellen Fähigkeiten:* Teilnehmende Beobachtung, Befragung von Schlüsselpersonen (wie Behördenvertreter, Pfarrer, Lehrer, Arzt, Vereinsvorsitzende), Umfrage (bei einer Gruppe der Bevölkerung oder der Einwohnerschaft eines Ortes); Auswertung und Interpretation von statistischem Material;

1 Wegen der Ausrichtung auf einen konkreten Raum und der Handlungsbezogenheit erscheint uns diese Unterrichtseinheit für Schüler aus einem städtischen Ballungsraum höchstens während eines Schullandheimaufenthaltes auf dem Land – der Beschäftigung mit den dort anstehenden Problemen – sinnvoll.

Lesen und Interpretieren von Karten und Plänen (z.B. Flächennutzungs- und Bebauungsplan, Entwicklungspläne usw.).

Der didaktische Entwurf, den wir hier vorlegen, umfaßt einen Hinweis auf die notwendige Grundausstattung mit Materialien, zum anderen Vorschläge für ein Erhebungsprogramm. Materialien (Karten) sind nur dann beigefügt, wenn sie zum Vergleich unerläßlich und nicht leicht zu beschaffen sind.

II. Grundausstattung mit Materialien

Ein zentrales Ziel der Unterrichtseinheit ist, die *Disparitäten* zwischen Stadt und Land, zwischen Verdichtungsraum und ländlichem Raum herauszuarbeiten. Disparitäten aber erschließen sich nur im Vergleich. Deshalb ist eine Grundausstattung mit Vergleichsmaterialien notwendig.

1. *Statistische Jahrbücher* des Bundes und der Länder, hrsg. vom Statistischen Bundesamt Wiesbaden bzw. vom jeweiligen Statistischen Landesamt. Vorhanden im Bürgermeisteramt, Landratsamt, öffentlichen Bibliotheken. Anschaffung durch Schule lohnend. Vielfach geben Statistische Landesämter Kurzfassungen (Statistische Taschenbücher) heraus, die für unsere Zwecke ausreichend sind; Anschaffung im Klassensatz lohnend. Daneben gibt es Sonderveröffentlichungen der Statistischen Landesämter, die bei den genannten Stellen einsehbar sind.
2. *Materialien zur Raumordnung und Landesplanung:*
   a) Raumordnungsbericht der Bundesregierung (erscheint alle zwei Jahre neu; neuerdings in der Zuständigkeit des Bundesminsters für Raumordnung, Bauwesen und Städtebau);
   b) Landesentwicklungsplan des entsprechenden Bundeslandes (im Regelfall vom Landesinnenministerium herausgegeben);
   c) Regionalpläne;
   d) Fachpläne einzelner Landesministerien (Landwirtschaft, Fremdenverkehr, Gesundheit u.a.).

   Die Materialien zur Raumordnung und Landesplanung sind reich an statistischem Material und Karten; besonders nützlich für unsere Zwecke sind sie, weil sie bereits auf Vergleich angelegt sind. Man kann versuchen, sie von den zuständigen Stellen (Ministerien) zu beziehen. Auf den Ämtern (Bürgermeisteramt, Landratsamt, Landwirtschaftsamt etc.) sind sie zumeist vorhanden und können dort eingesehen werden.

III. Unterrichtsorganisation

Von der Ausgangssituation – unmittelbare Betroffenheit – und von der Zielsetzung des Unterrichts – Vermittlung von handlungsorientierten Kenntnissen und Fertigkeiten – muß die Unterrichtsorganisation stark auf die *Eigenarbeit* der Schüler abgestellt sein.

Ausgangspunkt bietet am besten ein *akuter Anlaß,* eine Situation, an der er für die Schüler die Disparität der Lebensverhältnisse, die Ungleichheit der Lebenschancen offen erkennbar ist, z.B. das unzureichende örtliche Angebot an Lehrstellen für Entlaßschüler, die (beabsichtigte) Stillegung der Bahnverbindung, die Nichtbesetzung der örtlichen Arztpraxis.

1. Von der *Feststellung eines Defizits* in einem Teilbereich ergibt sich die Möglichkeit, den Ansatz für die Problemanalyse zu finden: einen umfassenden systematischen Katalog von Merkmalen, Indikatoren zur Disparität der Lebensverhältnisse von ländlichem Raum und Ballungsraum zu entwerfen.

2. Dieser Merkmalskatalog liefert die *Aufgliederung* für die einzelnen Untersuchungsgebiete.

3. Der nächste Schritt ist die *Problemerkundung bzw. -analyse.* Für diese zeit- und arbeitsaufwendige Phase sollten unbedingt arbeitsteilige Arbeitsgruppen gebildet werden, die sich mit einer (evtl. auch mehreren inhaltlich zusammengehörenden) Untersuchungsaufgaben befassen. Unter Umständen kann es sinnvoll sein, daß einzelne Arbeitsgruppen auch schon Alternativen zum bestehenden Zustand, Verbesserungsvorschläge, entwerfen.

4. Die *Ergebnisse* der einzelnen Gruppen werden allen Schülern in Form von Berichten, Schaubildern, Kartenskizzen zugänglich gemacht als notwendige Voraussetzung für die

5. *Diskussion von Veränderungen,* Alternativen und den zu ihrer Durchsetzung notwendigen Handlungsstrategien.

Sicher wird diese Diskussion viele nicht realisierbare, sogar utopische Vorschläge einbringen, aber sie erscheint unerläßlich, wenn der Unterricht nicht in einer Apathie und Resignation fördernden Negativbilanz enden soll. Möglicherweise ergeben sich – allein schon durch die Thematisierung des Problems im Unterricht – Diskussions- und Handlungsanstöße für die Entscheidungsträger. Und keineswegs aussichtslos erscheinen die Vorschläge von Schülern, die kurzfristig und mit verhältnismäßig geringen Mitteln auf lokaler Ebene zu erreichende Ziele anstreben (z.B. Renovation eines leerstehenden Hauses im Ortskern, um dort Räume für Jugendgruppen zu schaffen). Unabhängig von einer konkreten Realisierungschance für Änderungen ist es generell ein wichtiges Ziel des Unterrichts, im gesellschaftswissenschaftlichen Fachbereich das Denken in Alternativen zu entwickeln und zu fördern.

IV. Erhebungsprogramm

Ziel des Erhebungsprogramms ist, herauszufinden, wie weit die Gleichheit der Lebensverhältnisse verwirklicht ist. Von daher ist *stets der Vergleich notwendig:* Zu den jeweiligen *Ortsdaten* werden zunächst die *Kreisdaten* erhoben (allein schon deshalb, weil Schul- und Wohnort oft nicht identisch sind). Diese Daten werden mit den Durchschnittswerten für das jeweilige Bundesland und die Bundesrepublik verglichen. Außerdem sollte eine Stadt aus einem *Verdichtungsbereich* (möglichst die nächstgelegene und den Schülern von gelegentlichen Besuchen vertraute Großstadt) zum Vergleich herangezogen werden. Um einen aussagekräftigen Vergleich zu ermöglichen, sollten mindestens drei Vergleichsdaten nebeneinandergestellt werden (Ort oder Kreis – Großstadt – Land oder Bund). Um Veränderungen festzustellen, sollten die Daten als *Zeitreihe* vorliegen, mindestens müssen die Daten aus einigen zurückliegenden Vergleichsjahren vorliegen, denn es kommt darauf an, zu sehen, daß es sich bei der Stadt-Land-Disparität nicht um einen *Zustand*, sondern um eine *Entwicklung* handelt. Die Zeitreihe kann Hinweise geben, in welche Richtung diese Entwicklung verläuft.

Unser Entwurf für ein Erhebungsprogramm will aufzeigen, welche Daten eine solche (möglichst umfassende) Erhebung ermitteln sollte (bei einer Kürzung des Vorhabens sollten als Minimum erhoben werden: Daten zur Ausbildungssituation, Bevölkerungsstruktur, wirtschaftlichen Lage, Wohnverhältnisse, ein Teilbereich der Infrastruktur).

1. Ausbildungssituation
   a) Welche Schulen gibt es in welcher Entfernung? Welcher Zeitaufwand ist erforderlich, um sie zu erreichen? (Ergebnis in Form einer Kartenskizze)
   b) Wieviel Prozent eines Jahrgangs besuchen weiterführende Schulen?
   c) In welchem Umfang bleiben Absolventen weiterführender Schulen im Ort/Kreis wohnen? (Das Fehlen von qualifizierten Ausbildungs- und Arbeitsplätzen führt zur Abwanderung in die Verdichtungsräume).
   d) Wieviel Lehrstellen und Ausbildungsplätze gibt es im Ort/Kreis?
2. Bevölkerungsstruktur
   a) Wie hat sich die Einwohnerzahl von Ort/Kreis seit 1900 entwikkelt? (Dabei ist zu beachten, daß manche Besonderheiten durch Ereignisse wie Krieg, Zuzug von Heimatvertriebenen bedingt sind.)
   b) Wie hat sich die Altersstruktur verändert (Anteil der einzelnen Altersgruppen: nichtschulpflichtige Kinder – Schüler – Erwachsene im erwerbsfähigen Alter – Rentner?)
   Geburtenfreudigkeit und Wanderungsbewegungen sollen als zentrale Ursachen der Bevölkerungsentwicklung erkannt werden.
   c) Wie hoch ist der Anteil der Gastarbeiter? (Zuwanderung ist ein Indikator für Arbeitsplatzangebot)
   d) Wie hat sich der Anteil der Beschäftigten in den einzelnen Sektoren (Landwirtschaft – Industrie – Dienstleistung) entwickelt?

   Zu b) und d) sollten ab 1950 für einige Vergleichsjahre die Daten erhoben werden. Die Daten zu b) (Altersstruktur, besonders Anteil der Erwachsenen im erwerbsfähigen Alter) sollen in Beziehung gesetzt werden zu den Ergebnissen von 1c) und 1d) (Angebot an außerlandwirtschaftlichen Arbeitsplätzen. Die Karte 3 zeigt, welche Gebiete nicht genügend außerlandwirtschaftliche Arbeitsplätze haben und die Karte 2, wohin die Binnenwanderung in der Bundesrepublik geht.

3. wirtschaftliche Situation
   a) Wieviel nichtlandwirtschaftliche Arbeitsplätze gibt es?
   b) Wieviel Berufspendler gibt es? (Ein- und Auspendler, Pendelbilanz, Zielorte der Auspendler und Entfernung der Zielorte sollten auf einer Kartenskizze dargestellt werden.
   c) Wie hoch ist das Bruttosozialprodukt pro Kopf (das Bruttosozialprodukt, die Summe aller markt- oder geldwerten Güter und Leistungen ist ein gängiger Indikator für die wirtschaftliche Entwicklung).
   d) Wie hoch ist die Realsteuerkraft? (Die Realsteuerkraft ist ein Indikator für die wirtschaftliche Lage einer Gemeinde. Die Grund- und vor allem die Gewerbesteuer waren bis zur Steuerreform von 1970 die entscheidenden Einnahmequellen der Gemeinden. Gemeinden ohne nennenswerte Industrie waren zwangsläufig finanz- und damit leistungsschwache Gemeinden. Leistungsschwäche der Gemeinde förderte die Tendenz zur Abwanderung. Die Finanzreform beteiligte die Gemeinden an der Einkommensteuer und verringerte die übergroße Abhängigkeit von der Gewerbesteuer.)
   e) Wie hoch ist die Arbeitslosenquote?
   f) Wie hoch ist das Durchschnittsfamilieneinkommen?
   g) Welche Arten von industrieller Produktion gibt es? Handelt es sich bei den orts- (kreis-)ansässigen Betrieben um eine krisenanfällige Produktion (z.B. Textilindustrie?) Monostruktur? Ist die Produktion eher kapital- oder eher arbeitsintensiv? (Je kapitalintensiver die Produktion, desto weniger fällt sie bei Konjunkturrückgang der Schließung zum Opfer.) Haben die Betriebe ihren Firmensitz oder nur ein Zweigwerk am Ort? Handelt es sich um Betriebe, die eher Ungelernte oder Facharbeiter, die eher Männer oder vorwiegend Frauen beschäftigen? (Betriebe mit einem hohen Anteil an ungelernten Kräften und Frauen werden in Rezessionsphasen eher geschlossen als Betriebe mit qualifizierten Arbeitskräften.) Handelt es sich um Produktionsbereiche mit tendenziell hohen Löhnen oder mit niedrigen Löhnen?
   Je geringer die Lohnhöhe, Vielfalt und Sicherheit der Arbeitsplätze, desto größer ist die Tendenz zur Abwanderung. (Die Karten 4 und 5 zeigen Problemgebiete der industriellen Produktion in der Bundesrepublik.)
   h) Wie ist die Struktur der landwirtschaftlichen Betriebe?
   Wie hat sich die Zahl der landwirtschaftlichen Betriebe seit 1950 verändert, wie der Anteil der in der Landwirtschaft Beschäftigten? Wie hat sich die Größe der landwirtschaftlichen Betriebe verändert? Wie der Arbeitskräftebesatz? Gibt es eine Veränderung in der Produktionsstruktur, z.B. Spezialkultur? Monokultur?
4. Wohnverhältnisse
   a) Wie hat sich das Ortsbild seit 1950 verändert?
   Neubaugebiete? Ortskernverfall oder Sanierung? Ausbau der Ortsdurchfahrt? Umgehungsstraße?

b) Wie hoch ist der Anteil von Altbauten und Neubauten? Wie steht es mit der Ausstattung von Wohnungen mit Bad, WC, Balkon?

c) Wie ist das Verhältnis Mietwohnung – Eigenheim?
Vor allem die Daten zu Relation Mietwohnung – Eigenheim weisen auf eine für den ländlichen Raum vorteilhafte Stadt-Land-Disparität hin: Das große Angebot an Siedlungsfläche (vgl. dazu Karte 6); Baulandpreise, die um so niedriger liegen, je weiter der Ort vom Ballungszentrum entfernt ist (vgl. dazu beispielhaft Karte 7). Im ländlichen Raum ist es auch für einkommensschwächere Bevölkerungsgruppen möglich, ein Eigenheim zu erstellen, ein Sachverhalt, der ein gewisses Gegengewicht gegen Abwanderungstendenzen herstellen kann. Die niedrigeren Grundstückskosten, die niedrigeren Kosten für den Hausbau (oft mit einem starken Maß an Eigenleistung in dörflicher Verwandtschafts- und Nachbarschaftshilfe), aber auch die niedrigeren Mieten für Wohnungen im ländlichen Raum müssen in Bezug gesetzt werden zu 3f) und 3g) (Familieneinkommen und Lohnniveau im ländlichen Raum): das im Vergleich zum Ballungsraum niedrigere Einkommen wird teilweise kompensiert durch eine günstige Kostenstruktur.

5. Lebenshaltungskosten
Wie hoch ist das Preisniveau am Ort bezogen auf die Bestandteile des Warenkorbs der amtlichen Statistik? (abgedruckt im Jahrbuch des Statistischen Bundesamts.) Auch hier ist zu beachten, daß die evtl. höheren Kosten des Warenkorbs auf dem Land kein unbedingt realistisches Bild geben, da sehr viele Güter des täglichen Bedarfs (besonders Lebensmittel) auch in nichtlandwirtschaftlichen Haushalten selbst erzeugt werden (Garten, Obstgut).

6. Infrastruktur I: Gesundheit
   a) Gibt es am Ort (oder in welcher Entfernung gibt es) Gemeindeschwester, Arzt, Facharzt, Apotheke?
   b) Wieviele Einwohner muß ein Arzt versorgen?

Infrastruktur II: Einrichtungen der öffentlichen Verwaltung
Gibt es am Ort (oder in welcher Entfernung gibt es) Post, Polizei, Paßausgabe, Kraftfahrzeugzulassung? (Hier könnte man auch noch fragen nach Kirche, Pfarramt)
Die Daten zur Versorgung mit öffentlichen und privaten Dienstleistungen (Ia und II) sollten in eine Kartenskizze eingetragen werden. Ihre Ergebnisse werden ergänzt durch

Infrastruktur III: Handel – Gewerbe – Banken
Die Ergebnisse zu den Fragen: Welche Arten von Ladengeschäften gibt es am Ort? Welche Handwerks- und Reparaturbetriebe, Banken zeigen die Versorgung des Ortes mit privaten Dienstleistungen.

Infrastruktur IV: Öffentliche und private Dienstleistungen im Freizeitbereich
Gibt es am Ort (in welcher Entfernung gibt es) Gasthaus, Schwimmbad (Freibad, Hallenbad), Sportplatz, Sporthalle, Festhalle, Öffentliche Bücherei, Diskothek, Kino, Theater?

Die zunehmende Entfernung vom Ballungszentrum verringert die Chance, Güter und Dienstleistungen, besonders der höchsten Stufe in Anspruch nehmen zu können (vgl. Karte 8).
Auch bei diesem Ergebnis ist aber zu bedenken, inwieweit der Minderausstattung z.B. auf dem Gebiet der Freizeiteinrichtungen nicht der höhere Freizeit- und Erholungswert des ländlichen Raums z.B. aufgrund bestimmter naturräumlicher Gegebenheiten entgegengestellt werden muß: Wald, Berge, Wasser.
Bei der Diskussion von Verbesserungen der Versorgung des ländlichen Raums mit öffentlichen und privaten Gütern und Dienstleistungen sollten die Konzepte der Landesregierungen zum Ausbau der Infrastruktur, wie sie die Landesentwicklungspläne vorsehen, mit einbezogen werden. (Vgl. z.B. hierzu Karte 9: Konzept der zentralen Orte.)
Die Zufriedenheit bzw. die Unzufriedenheit mit einem Wohnort, die sich dann schließlich in Wegzugsabsichten niederschlägt, ist nicht allein bestimmt von dem Vorhandensein und der Wahrnehmung objektiver Daten und Gegebenheiten. Unser Untersuchungsprogramm hat bisher, vor allem aufgrund der Erhebung von sozioökonomischen Daten, Dispariäten zwischen ländlichem Raum und Ballungsraum festgestellt, die den ländlichen Raum – bis auf wenige Ausnahmen – als benachteiligt erscheinen lassen. Andere Faktoren, die sich nur schwer in Daten fixieren lassen, sind bisher eher außer acht gelassen worden. Das heißt aber nicht, daß sie für das subjektive Gefühl der Zufriedenheit nicht von erheblicher Bedeutung sein können. Diese, sich der Quantifizierung entziehende, eher gefühlsmäßige Einschätzung der „Lebensqualität" des Wohnorts, läßt sich vielleicht am ehesten durch eine Umfrage in Griff bekommen (der Bundesraumordnungsbericht versuchte, den Faktor Zufriedenheit/Wegzugsabsicht durch dieses Instrumentarium zu ermitteln.)

7. Zufriedenheit mit dem Wohnort

Mindestens die Schüler – besser aber noch eine repräsentative Gruppe (evtl. die Eltern in einer Schulversammlung), in kleineren Orten ist durchaus auch eine Befragung der Ortsbewohner möglich – sollten befragt werden:
In welchem Ausmaß bestehen Wegzugsabsichten? Wer ist besonders abwanderungsfreudig? Was wird zur Begründung von Wegzugsabsichten angeführt? (Da Vergleichsmaterial dazu nicht ständig in den Raumordnungsberichten angeboten wird, drucken wir die Ergebnisse einer Repräsentativerhebung aus dem Bundesraumordnungsbericht 1972 ab.)
Andererseits: Was gefällt – bei Bleibewilligen wie Abwanderungsentschlossenen – am bisherigen Wohnort? Hier kämen die Vorzüge des ländlichen Raums zum Ausdruck wie auch die große Bedeutung von Bekanntschaften, persönlichen Bindungen, Nachbarschaft als wesentliche Faktoren für die Zufriedenheit mit dem Wohnort.

V. Institutionen und Entscheidungsträger

Unser Ziel der Handlungsorientierung einer solchen Unterrichtseinheit erfordert, daß zur Vorbereitung der Diskussion von Alternativen und Verbesserungsvorschlägen die Schüler Informationen erhalten über die *politischen Institutionen* und die *Träger der politischen Entscheidungen* in der Gemeinde. Es müssen Kenntnisse erworben werden über den Verfassungstyp der Gemeinde: Einheitsgemeinde – Verwaltungsgemeinschaft – Verbandsgemeinde. Es muß geklärt werden, ob es Ortschafts- oder Bezirksverfassungen für die Teilgemeinden gibt. Die Alters-, Geschlechts-, Konfessions- und Berufsstruktur des Gemeinderats sollte untersucht werden im Hinblick auf seine Repräsentativität (im Vergleich mit den Daten 2b und d). Bei Gemeinden mit verschiedenen Ortsteilen sollte festgestellt werden, wie weit die einzelnen Ortsteile im Gesamtgemeinderat vertreten sind. Darüber hinaus muß deutlich werden, daß die Lokalpolitik nicht nur von den von der Gemeindeordnung beauftragten Institutionen und Amtsträgern gemacht wird, sondern auch von Verwandtschaftsgruppen, Vereinen und informellen Gruppen.

Aufgrund der in dem Erhebungsprogramm festgestellten spezifischen Defizite ergeben sich die Adressaten für eine *Befragung von Entscheidungsträgern* im Hinblick auf Veränderungs- und Verbesserungsmöglichkeiten. Das können neben Bürgermeister, Landrat, Ortsvorsteher, Gemeinderäten auch Beamte des Landwirtschaftsamtes, Vertreter der Industrie- und Handelskammer, des Bauernverbandes oder Vorsitzende von Sport- und Gesangverein sein. Die konkreten Fragen werden sich aus der jeweiligen Defizitsituation ergeben, die Leitfrage wird sein: Was wird getan, was könnte man noch tun, um die Abwanderung aus dem ländlichen Raum zu bremsen, seine weitere Entleerung zu verhindern? Mit welchen Maßnahmen können die Chancen der Bewohner des ländlichen Raumes denjenigen des Ballungsraums angeglichen werden, ohne daß der ländliche Raum seine spezifischen Vorzüge verliert?

Die Abbildungen

zu diesem Beitrag wurden den nachstehend genannten Quellen entnommen:

Landesentwicklungsplan I
Als Separatum mit Genehmigung der Staatskanzlei des Landes Nordrhein-Westfalen.

Häufigkeit der Besuche in Versorgungsorten höherer Stufe
Aus „Versorgungsorte und Versorgungsbereiche", Stuttgarter Geographische Studien Bd. 92, herausgegeben vom Geographischen Institut der Universität Stuttgart mit Genehmigung des Instituts.

Bevölkerungsdichte in den Kreisen am 31.12.1972
Aus „Statistisches Jahrbuch für die Bundesrepublik Deutschland" mit Genehmigung des Statistischen Bundesamtes, Wiesbaden.

Lohn- und Gehaltssumme je Beschäftigten in der Industrie September 1973
Anteil der Beschäftigten rezessiver Industriezweige
Siedlungsfläche je Einwohner 1973
Sämtlich aus „Raumordnungsbericht der Bundesregierung" mit Genehmigung der Bundesforschungsanstalt für Landeskunde und Raumordnung in Bonn.